此专著受西昌学院2022年度"两高"人才科研支持计划项目的支持：高校教师心理健康——压力之下的自致与预防。项目编号：LGLS202201

高校心理健康教育教程

王新珠　付开贤　编著

光明日报出版社

图书在版编目（CIP）数据

高校心理健康教育教程 / 王新珠，付开贤编著 . --
北京：光明日报出版社，2023.5
ISBN 978－7－5194－7282－5

Ⅰ.①高… Ⅱ.①王… ②付… Ⅲ.①大学生—心理
健康—健康教育 Ⅳ.①G444

中国国家版本馆 CIP 数据核字（2023）第 096163 号

高校心理健康教育教程

GAOXIAO XINLI JIANKANG JIAOYU JIAOCHENG

编　　著：王新珠　付开贤

责任编辑：李壬杰　　　　　　　责任校对：李　倩　李海慧
封面设计：中联华文　　　　　　责任印制：曹　净

出版发行：光明日报出版社
地　　址：北京市西城区永安路 106 号，100050
电　　话：010－63169890（咨询），010－63131930（邮购）
传　　真：010－63131930
网　　址：http：//book. gmw. cn
E － mail：gmrbcbs@ gmw. cn
法律顾问：北京市兰台律师事务所龚柳方律师

印　　刷：三河市华东印刷有限公司
装　　订：三河市华东印刷有限公司

本书如有破损、缺页、装订错误，请与本社联系调换，电话：010-63131930

开　　本：170mm×240mm
字　　数：266 千字　　　　　　印　　张：14
版　　次：2023 年 5 月第 1 版　　印　　次：2024 年 1 月第 1 次印刷
书　　号：ISBN 978－7－5194－7282－5
定　　价：68.00 元

前　言

　　大学生是国家的未来。大学生心理健康是一个社会普遍关注的话题。近些年来，一些极端的心理问题频上报端，说明部分大学生确实有比较严重的心理疾病，同时也说明更多的大学生正处于心理亚健康状态。如同身体疾病一样，心理疾病或者心理亚健康同样会给个体带来痛苦。心理的不健康大大影响了大学生的学习与生活，也影响了他们未来的路径选择。

　　实际上，几乎所有大学生都有一定的心理知识。在基础教育阶段，如小学、初中与高中，很多学校就开始以不同的方式来开展心理健康教育了。进入大学以后，学生也会被要求选择公共心理课，接受进一步的心理健康教育。但目前我国并未形成连贯的、由浅入深的、一体化的心理健康教育，而是小中大各层次学校各自为战，这样学生接受到的心理知识便是零碎的、不成体系的，这大大削弱了心理健康教育的健康促进效果。

　　目前的高校心理健康教育也存在着一些明显的不足。比如，心理知识浅薄而狭窄。公共心理学课程教授给学生的心理健康知识太浅薄，根本不足以帮助大学生深刻认识心理疾病的来源与规律，以至于当他们自己不幸处于心理亚健康状态时，不知道如何去分析与自助。而且一有心理不适，就去寻求专业心理咨询师的帮助，在现实生活中几乎是不可能的。因此，将大学生的心理知识拉向深入、扩向全面，是一种必然的趋势。另外，主动心理健康重视不够，也是一个不足之处。心理健康重在预防，预防远重于治疗。但预防并不仅仅是心理知识的学习，还包括整个健康生活方式的学习以及理论迈向实践的能力提升。心理疾病预防不能头痛医头，从心理到心理，而是应该从整个人、整个生活出发，如提升健康责任意识、注意健康饮食、适当运动、认知改变、情绪调控等。

　　本书有四个显著特点。第一个特点是，比较深入地介绍了主要的心理健康理论。除了精神分析、行为主义、人本主义、认知主义与积极心理学理论之外，还补充了生命历程理论、主动健康理论以及身心交互理论。理论上的完备非常有利于大学生更为清楚地认识常见心理疾病的发生原因与发展过程，也非常有利于大学生了解分析自己的心理状况，以及提升自我调适的能力。认真学习本书内容，可以更好把握自己的健康禀赋，为自己未来身心健康打下良好的理念基础。

第二个特点是，强调主动健康理念及其实践。这部分内容具有创新性。社会发展到今天，心理疾病已经成为重要的致残因素。生活中很多人因为心理疾病而不能为家庭与社会做出应有的贡献。殊不知，心理疾病在很大程度上是自己不作为或不当作为导致的。比如，很少运动、不健康饮食、自虐式工作、不顾健康的过高追求等。与身体疾病一样，心理疾病与生活方式和工作方式有着极为密切的关系。每一个人都是自己健康的第一责任人。只有认真践行主动健康理念，才能获得良好的身心健康。特别是，那些经历早期逆境而致健康禀赋较差的人，主动健康就显得格外重要。学以致用是最重要的，知行分离是主动健康的敌人。

第三个特点是，强调身心交互理念。身体是心理存在的基础，身体健康是心理健康的基石。实际上，几乎所有的心理疾病都与身体有关，特别是与大脑有关，而大脑又是身体的一部分。很多心理疾病的发生与发展都伴随着生理的病理变化，但这些生理的病理变化常常仅限于微观层次，如基因的表现遗传特征、细胞炎症或其他腺体的分泌等。比如，现在有一种学说认为，抑郁症的根源在于肠道菌群紊乱。本书从中医理论来论证身心交互，这样可以从整体上把握身体健康与心理健康的关系。身心交互理论的意义在于，它提示我们，要想维护心理健康、预防心理疾病，可以主动、有控地刺激我们的身体，包括健康饮食、科学运动、呼吸调理，甚至是针灸、按摩等。此外，我们也可以通过心理调适而增进身体健康。总之，身心交互理论给我们提供了主动健康、预防心理疾病的身体刺激途径。

第四个特点是，重视一般轻度心理问题的自助技能。目前，相当一部分大学生在某一个时期都有某种轻度的心理不适或异常。尽管还没有发展为明显的心理疾病，但预防在先，小病不理会成大病。对于这些"小病"，全部去求助于专业的心理咨询是不现实的，这样自助就成为最现实的选择。本书提供了常见心理问题的测量量表，如SCL-90、抑郁、焦虑、强迫、A型人格与C型人格等的简易测量工具；同时，又介绍了认知分析、情绪调整、呼吸、放松等技能，还介绍了理性情绪疗法、内观认知疗法等专业技术。认真学习这些内容，并仔细对照自己，然后去实践，可以在相当大程度上改变自己的心理状况。

此外，本书认真推荐了几种健身方法，包括快走、慢跑、太极拳、睡眠管理和412经络锻炼法等。这些方法都是极好的，它们的身心改善效果都有大量的循证支持。笔者认为，要想获得心理健康，改变认知、调整情绪固不可少，但改善身体状况是绝对必要的。与别人一起来一场运动，情绪、认知以及身心状态，都会获得很大改变！412经络锻炼法基于中医理论，可以有效调理多种心身疾病（如高血压和冠心病），是一种很好的健身方法，值得练习。

　　主动健康是一种先进的健康理念，它重在实践，而不是上课的宣讲。从心理疾病的预防视角来看，首先让学生深入理解心理健康的相关理论，然后就是让学生认同健康责任、主动健康理念，并在生活学习中实实在在地去改变自己的生活方式，去践行主动健康观念，这就达到了心理健康教育的目的。

　　本书由王新珠与付开贤共同编写。每章节后的思考练习与拓展阅读部分皆由付开贤编写，共约3万字。其余部分由王新珠编写，共约26.6万字。

目　录
CONTENTS

第一章

心理健康的含义与标准

本章是最为基础的一章，主要介绍心理的概念、精神的含义、心理健康的含义以及评价标准，最后补充介绍心身疾病的含义。

在阅读本章之前，请思考下面的问题：

（1）什么是心理？其主要内容是什么？

（2）为何不把"心理"称为"脑理"？

（3）心理健康的含义是什么？

（4）在日常生活中，人们评价心理是否健康，常常遵循哪些标准？

第一节　心理的概念

什么是心理？不明白心理的含义，便难以理解心理健康的含义。由于中西文化不同，人们对心理的定义也不相同。此外，心理并不等于精神。正确理解心理与精神的含义，有助于正确理解心理健康的内涵以及心理疾病产生与发展的原因，也有助于心理异常的预防与治疗。

一、心理的概念

心理是什么？每一个追求心理健康的人都应该首先明确心理的具体含义。从字面意思来看，"心"不是指解剖学上的心脏，而是指与"心脏"有关的功能。在我国传统医学文化中，人的意识与认知活动都是"心脏"的功能，即"心主神明"。只是在近代，才有医学家认为人的意识与认知不是来自"心脏"，而是来自大脑。实际上，解剖学上的心脏确实与意识和认知紧密相关，因为心脏主血，大脑血液的供应主要依靠心脏的动力，当心脏动力出现问题而导致大脑供血不足时，人的意识就会出现问题，如头昏、晕倒甚至失去意识。可见，根据传统文化语境，心理的"心"是指功能上的心，而非解剖学上的心脏。

《素问灵兰秘典论》记载："心者，君主之官也，神明出焉。"这里的"神"，按照现代医学来说，主要指高级中枢神经机能活动。在中国传统文化中，它主要指意识活动与七情（喜怒忧思悲恐惊）。"神明"就是指意识、认知、情绪与意志过程。这表明，功能上的心脏是"神明"的主要来源，即人的正常思维活动、意志过程与情绪体验皆出自心的健康功能。

"理"即道理、事理或条理。凡事皆有理，任何现象的发生与发展皆有其自身的道理与规律。"心理"在中国传统文化语境中就是指意识、认知与情绪在发生与发展过程中的道理与规律。当然，为了与西方文化中的心理（mentality 或 psychology）的含义保持一致，传统文化语境中的"心理"得到了扩展，不仅包括意识、认知与情绪过程，也包括外部行为以及内在的行为动力过程。

以现代科学语言来说，心理是人的大脑对外部客观世界的主观反映，其具体内容包括意识或认知过程（感觉、知觉、记忆、想象、判断）、情绪过程（如喜怒忧思悲恐惊）、外部行为模式（如外向性、内向性）以及内部的动力过程（如动机、意志、内心冲突）等。[①]

从心理的概念可以看出，人的心理是相当复杂的。一个健康的人，在所有这些心理内容上应该是正常的，无论哪一个方面出现消极的偏常，其整体的心理功能就会出现异常。比如，如果感觉中的视觉出现偏常，如暂时性的视觉障碍，那么很可能与焦虑症有关；情绪上的惊恐偏常，如在广场中感到特别惊恐，则为广场恐怖症；外部行为上的消极偏常，如总是漠视社会规范，常常故意伤害别人，则可能是反社会人格；内部动力上的消极偏常，如特别想在考试中获得成功而显得很紧张，则很可能是考试焦虑症。总之，心理健康的人在各个方面都是比较正常的，而心理不健康的人至少有一个方面有明显的消极偏常。

二、心理不等于精神

在学术界，心理健康与精神健康是出现频率很高的两个专业名词。在一些学术研究中，心理健康与精神健康几乎是同义词。为了后面的深入学习，我们在这里将"心理"与"精神"在含义上进行区分。

从我国传统医学来看，"精神"是指精与神。"神"的含义与内容已经在上面进行了解释。"精"是构成人体的极微小物质，人体五脏皆藏精，其中肾精是先天之精，是五脏之精的根本。肾精充足，则人多健康，肾精不足，则百病丛生。精血互生，即五脏之精，尤其是肾精，能够化生血液，而血液也可化生

---

① 张积家. 普通心理学［M］. 广州：广东高等教育出版社，2004：46-49.

为精。

精可化神。精作为一种极微小的物质，可以生化神明。因此，身体健康是心理功能正常的基础。神可驭精，神含五志，即怒、喜、思、悲与恐，五志失常，则五脏之精不能潜藏而遭过分损耗，也即身体健康受到损伤。因此，心理功能正常是身体健康的前提。尽管中国传统医学中的"精神"不可能得到现代科学思维的认同，但不能说传统中医中的"精神"是错误的。中医思维是一种基于类比与辩证的建构，并得到了数千年实践经验的证明。即使在现代语境中，也可以轻松找到支持的实例。比如，人过度焦虑时，头发容易变白，主要是因为阴精受损而不能濡养；学习思虑过度，脾精受损，人会变得萎靡不振。

当然，在现代汉语里，精神是一个词汇，其含义与传统中医文化中的精神已经有些不同。但这种不同也只是意思的延伸与扩展。在现代学术语境里，精神似乎被更多地应用到正规医学领域里，如精神失常、精神卫生、精神健康或精神病学等，而精神障碍一般被认为是更为严重的心理异常。绝大部分精神健康领域的著作都把大部分心理异常或心理疾病的内容囊括了进去，但是绝大部分心理健康领域的著作极少提到精神卫生、精神不健康或精神疾病这样的字眼。因此，可以说，在现代语境中，精神健康属于现代医学范畴，它包括心理的绝大部分内容，而心理健康是只属于无医学背景的心理学家的天空。

第二节　心理健康的含义

心理健康是心理功能的一种状态，它有着丰富的内涵。不同学者对这一状态的表述是不同的。正确理解心理健康的内涵与判断标准是自我评估与追求主动心理健康的第一步。本节主要介绍中国文化背景下心理健康的内涵及其主要特征。

在前面心理概念的解释中，我们发现心理的内容很丰富，从感觉、知觉到想象、记忆，再到情绪、行为与内部动力过程。一个健康的人，其心理内容的每一个方面都是基本正常的。但是，当谈到心理健康时，并不是对每个方面都要进行诊断，而是从心理的整体功能上进行评价，以判断心理健康与否。

心理学家达成这样的共识：心理健康是一种积极的精神状态，在这种状态下，个体能够充分展现自己的能力，有效应对正常压力，使工作有效率，生活有意义，并能够在自己的领域中对社会做出贡献。

这个共识是一个整体上的功能性描述。对诊断一个严重心理不健康的患者来说，这个描述足够了。但是，当评价心理健康或不健康的不同水平时，它是远远不够的，因此对心理整体功能的分析是非常必要的。

美国人本主义心理学家亚伯拉罕·哈罗德·马斯洛（Abraham Harold Maslow）和米特尔曼（Mittelman）提出了 10 个特征①，来判断心理健康与否：

（1）有较为充分的心理安全感；

（2）对自己的能力有比较恰当的认识与评价；

（3）生活目标符合自己的情况，有比较切合实际的理想；

（4）能够从生活经验中学习；

（5）能够保持良好的人际关系；

（6）能够控制自己的情绪，同时也能够适当地表达自己的情绪；

（7）在遵从社会规范与社会文化要求下，能够有自己的个性；

（8）在符合社会规范以及不伤害他人的情况下，能够适当满足自己的需要；

（9）不脱离现实环境，行事符合客观实际；

（10）有完整与和谐的人格。

基于中国传统文化、社会竞争的要求以及社会主义核心价值观，我们认为现代人心理健康应包括九个方面的特征，下面逐一阐述。

（1）智力正常

现代社会是智能化的社会，如果一个人没有正常的智力，其社会适应能力就会出现明显的问题，这就谈不上心理健康了。因此，正常的智力是心理健康的重要前提。这里的正常智力，是指不低于常人智力，智力超群尽管不正常，却不会损害其适应能力。智力正常与否未必需要精准的测量，通过日常观察也可以识别出明显的智力低下者，如"呆傻愚笨"者，在生活中明显不能掌握基本生存技能。有良好智力的人社会适应能力一般较强，人际关系、事业追求、家庭建设等领域都能比较顺利，因此会有更好的健康水平。

（2）能够适应社会环境

现代社会是一个充满竞争的环境，各色各样的人共同构成了可能的人际网络，社会的复杂性与多样性增大了适应与生存的难度。但任何一个人都需要面对现实的环境，不能逃离。陶渊明式的生活只是个别人的选择，不是生活常态。一个心理健康的人，应该能够融入这个复杂的社会，努力去适应它、改造它；既坚持向善向上的原则，又要适时妥协以待发展。水至清则无鱼，人至善则不立。灵活圆滑而又能坚持心中的原则，主动选择环境，融入环境，再去发挥主

---

① 顾瑜琦，马莹.变态心理学［M］.北京：人民卫生出版社，2009：31-38.

观能动性改造环境，这就是最高形态的适应。

（3）认识自我，悦纳自我

"知人者智，自知者明"，比较客观地认识自我是形成自我概念的基础，也是行为适当的前提。不能客观评价自我，则行为失当，举止越矩，最终与现实抵牾，与环境脱离。当然，一个人对自己能力的认识也是随着生命的画卷逐渐展开的，是在社会实践中慢慢进行的，没有丰富的社会实践，就没有自己能力的展示，也没有观察别人能力的机会，便没有正确客观的自我评价。因此，认识自我也是一个实践的过程。

悦纳自我是指承认自己的不足，但同时认可自己，积极评价自己的价值。金无足赤，人无完人。在接受自己的同时，要充分发挥自己的主观能动性，尽量去弥补自己的不足，更要去发挥自己的长处，在社会实践中实现自己的价值，肯定自己的生命意义。

（4）人格健全

人格健全是指意识清醒，内心所想、口头所说、行为所做以及情绪体验都是一致的，不矛盾的。健全的人格是心理健康的必备要件。心理健康的人对自己的内心需要与情绪体验会有比较清晰的认识，同时会评估外部环境，通过行为达成自己的目标。这是一个情绪与认知参与的意志过程。因此，其行为是一致的，有目的的，连贯的，统一的。人格不健全的人行为表现往往没有内在连贯性，其意识、情绪体验常常充满矛盾，不协调。比如，那些双重或多重人格的人，其原有人格系统被破坏，同一肉体之内还有其他不完整的衍生人格，这导致个体行为、意识与情绪呈现紊乱特征。

（5）心理、行为与生理年龄相符

人的心理发展与生理成熟是一致的，什么样的生理年龄就应该有什么样的心理与行为。当心理与行为严重不符合生理年龄时，就是心理不健康。当然，随着社会的发展，人们越来越追求个性化的生活，但个性化与社会化是统一的，严重背离社会化的个性化就是反常的不健康行为。如果一个50岁老者，还有着30岁的认知、情绪与行为，若不是逆向生长，就是心理健康出了问题。心理年龄比生理年龄年轻或者老化3岁到5岁，都是正常的。

（6）人际关系和谐

人是在社会化中成长的。社会化，就是在人际网络中生存与生活。能够建设良好的人际关系，是适应环境的前提，也是心理健康的关键要素之一。当然，任何一个人都不能与所有人同时建立良好的人际关系。能够与那些和自己工作与生活有紧密关系的人和谐相处、融洽互助，就是人际关系和谐。实际上，人际和谐才能适应环境，人际矛盾往往说明个体在行为、认知与情感上抵牾别人，这便谈不上融入环境之中了。人类从来就是群居动物，没有人脱离人际网络还能保持心理健康。

（7）有较好的情绪管理能力

情绪是心理的重要内容，一个人心理健康与否，从情绪表达上就可以看出来。如焦虑症、抑郁症或其他心理问题，皆可使面部情绪具有明显的特征。中医诊断病情时要望闻问切，把"望诊"放在第一位，又把"望神"放在"望诊"首位，就是强调了神志（情绪与意志的复合体）在健康中的重要性。情绪可以表达内心态度，但如果让情绪掌控了理智与行为，则是不成熟不健康的标志。在人际交往与社会适应过程中，情绪往往传达重要甚至关键信息，如果不能有效调节与管理情绪，则会使沟通失败。如果情绪表达常常与情境要求严重不符，或者与个体主观意愿明显相矛盾，这往往意味着某种心理不健康。

（8）有基本的道德感

道德包括道德认知、道德情绪与道德行为。心理健康应该具有基本的道德感，能够在人际交往中遵守道德规范，做到"己所不欲，勿施于人"。能够有一定的同情心，当别人痛苦时，能够体会到别人的痛苦。反社会人格、精神质患者往往丧失了基本的道德感，他们喜欢将自己的快感建立在别人的痛苦之上，往往会在暗地里做出不道德或者伤害别人的事情。

（9）生活有意义，有追求

现在是物质丰富的时代，也是充分内卷的时代。物质富有而心理空虚，很容易产生生命无意义感，而欲寻求非常的刺激；而生活于贫困中虽努力挣扎却不见希望的人，很容易产生佛心与无助而躺平，这都不是健康的心态。"空心病"或者"丧文化"正是这两类的代名词。生命的意义在于有价值的追求，而追求又不能过于执着。因无意义感或颓废而产生严重心理疾病的人日益增多，这正是我们这个时代需要格外关注的。去做有价值的事情，让生活充满意义感，让生命活得充实，是这个时代心理健康的重要构成。

以上所列内容是现代社会中人们心理健康的主要特征，也是心理健康的一般标准。当然，一个心理健康的人也未必能够符合上面的所有特征，但是必须符合绝大部分的特征。心理健康是一个相当复杂的概念，同时与文化、信仰以及环境有很大关系，很难将心理健康的含义具体体现出来。现代社会心理健康的含义比以往更多元化，甚至更个性化。尽管如此，我们要坚信，心理健康必须包括积极向上，人际和谐，适应环境，情绪正常，人格健全，生活有意义、有理想和有追求。

第三节 心理健康的评价标准

心理状态可以被视为一个连续体，心理健康在最左端，心理亚健康在中间，而临床心理疾病在最右端。这是一种很直观形象的表述。为了行文方便，我们将后两种情况简称为心理不健康，或心理异常。

我们刚才详细地讲述了心理健康的主要特征，但同样地，每个特征也可以被看作一个连续体。比如，人际和谐，相信很少人能够与所有同事或认识的人皆保持良好的人际关系，而"和谐"与"不和谐"本身也是一个程度上的差异。

一、统计学标准

统计学标准的前提是心理现象呈正态分布，以接近均值为正常，偏离均值为异常，偏离越远，则越不正常。当研究某一群体的心理现象时，统计学标准是合理的，并且通常被认为是科学的。因为在正态分布中，接近均值的面积占绝大部分，这就意味着绝大多数人是心理健康的。但是，这里有一个例外，就是智商出众者，显然，在智商方面，他们是远离平均值的，但如果说他们心理不健康，显然是不对的。

这又涉及理论界存在的一个争议，即"众数原则"与"精英原则"。所谓众数原则，就是指生活中绝大多数人的心理是健康的，正常的；而只要偏离这一众数，就是不正常的，不健康的。精英原则是指，心理健康与否，应该以社会精英或者成功人士的心理状况为参照标准，因为人是发展的，只有达成自我实现的人，才是心理健康的。人本主义者经常持有这种观点，他们批评统计学的"众数原则"是贬损了人类的心理健康。

从统计标准来判断心理健康与否，实际上就是与多数人的一般平均状态相比较，再去做出判断。比如，在日常生活中，绝大多数人都是在周末出去与人交往，建设人际关系，而只有很少部分的人几乎不出去与人交往，总是将自己关在家中。这时候就要考虑这一小群人心理可能不健康。需要注意的是，统计标准所依据的常模一般是量化的，有具体的分值要求，而我们平时根据绝大多数人的常态去做出判断时，往往主观性较强，没有具体的量化指标，这样更容易出现较大的偏差。

常模看似量化与客观，但也有很大缺点。第一，现实生活中，很多心理特征可能并非严格正态分布的。比如智力，损伤一个人的智力远比提高一个人的智力要容易得多，这样，低智力的人所占比例可能要高于高智力的人所占比例。第二，人们的心理一直在发生变化，这要求测量工具的常模也要经常更新，这很难办到。第三，在现实生活与临床干预中，很难对来访者逐一进行测量，有时，甚至不知道使用何种量表进行测量。因此，统计常模在评价心理状态时，更多地用于科学研究，在实际咨询与个人心理调适时很少使用。

二、社会规范标准

人总是生活在一个具体的社会中，这个社会包括道德、风俗习惯、宗教以及法律等诸多规范。这些规范一来调节人与人的关系，二来维持社会功能的运转。每个人都必须遵守这些规范，与社会相互协调，才可以心理健康；如果背离这些规范，就谈不上心理健康。以社会规范来判断心理健康与否，具有明显的道德与价值判断性质。

但社会规范标准存在着一个重要的前提，就是这个具体社会中的规范是正确的、健康的与积极的。显然，这个前提并不总是成立的。在不成立的情况下，对社会规范的遵从显然不是心理健康的表现。社会规范被扭曲、被践踏在很多国家都出现过，它裹挟与蒙蔽当时的一般大众，要求他们去愚昧地遵从、顺从，从而导致整个社会普遍性的病态心理。在这种情况下，少数心理健康者反而被认为是异端与变态者。

此外，社会规范具有道德评价意义，这与心理健康相契合吗？这是有争议的。心理健康主要指一种心理机能，而道德具有层次性，不同人的道德水准是不一样的。社会的发展也导致人们的道德观念多元化与层次化。从这一点来看，不能用道德来绑架心理健康。但从另一方面来看，人们的行为是其内心道德观念的外在实践，当内隐道德观与社会要求相背离时，个体的行为肯定会与社会期望相冲突，这必定导致个体的社会适应不良，这又谈不上心理健康了。因此，道德健康是心理健康的内隐前提，适应社会的方式必须符合伦理与道德。

我们认为，评价心理健康时，必须兼顾社会规范中的道德意义。人是社会中的人，社会化就是将人的心理规范化的过程。个体与社会是统一的，心理功能的完好必然包括社会适应的道德规范性。

三、内心体验标准

鞋子合适与否，只有自己知道。内心体验也是判断心理健康状况的重要方法。实际上，内心体验是主观体验的口头诉说，而心理测量是主观体验的纸笔表达，两者在本质上常常是一致的。一般而言，心理健康时的内心体验是平静而偏向积极的，当经常感觉到痛苦、矛盾、压抑、焦虑或愤怒时，心理状态可能就要走向不健康的一端了。正如中医所说"五志过及"皆为不健康、不正常。高兴是积极情绪，但是如果太过高兴，就是亢奋，是狂喜，是明显的不健康。担心或者伤心在适当时候也是正常情绪，但过于担心或者伤心就会成为焦虑或者悲痛，如果延续时间较长，也是一种不健康的心理状态。

内心体验在心理健康自诊时是非常重要的。在更多的时候，人们只是在健康与亚健康的连续区间内，这时的主观体验往往具有提前警示意义。当内心经常感觉到不舒适如情绪低落时，很有可能是滑向抑郁的开始；而经常无故担心则可能是焦虑的发端。但是，当心理明显异常甚至发展为临床心理疾病时，内心体验往往变得不再可靠。因为内心体验到的感觉可能在一段时间后变成了一种自适应状态，个体已经对这种经历日久的情绪产生了适应，逐渐接受或者可以忍受其带来的痛苦或不适。

四、临床检查标准

一般而言，临床检查被认为是最客观的方式，也是心理健康与否的最终答案。临床检查包括生理指标与量表测量指标。生理指标常常依赖神经系统功能与结构的生物学检查，比如，对大脑中脑电波的扫描，或者检查某种腺体的分泌。临床诊断还包括症状检查、问诊、心理实验与心理测验等方式。常见的心理测验包括智力测验、记忆测验与人格测验等。这里就又回到了统计常模的方法，因为心理测验的解释必须使用常模，没有常模，则不知道来访者的测量结果在整个人群中处于什么位置，也就不能判断其心理健康或是不健康。但是在临床诊断中，心理测验结果一般是作为辅助性和参考性的指标，严重心理疾病的判断还是要依靠客观的生理或生化指标。

五、生理症状标准

症状来自医学术语，其含义是患者向医生主诉自己感觉到的不适。比如，头痛、心悸、感觉冷等。症状不等于体征，体征是客观的，是医生检查的结果，如发烧、贫血、心率过速等。生理症状标准指出，判断心理异常与否，主要看是否存在异常生理症状以及导致这种症状的原因。症状存在具有明显的生理学倾向，显然更适合判断心身疾病或者那些具有躯体化的心理疾病。并不是所有心理异常状态都会出现明显的生理症状，因此，生理症状标准在判断心理健康与否时，适合的范围比较狭窄。

此外，症状只是指自我感觉，具有明显的主观性。很多生理病变过程是缓慢的，非常隐匿的，同时也在逐渐影响心理过程，但个体并不会感觉到，更难以说出症状了。随着现代微观层次生理检查的发展，生理症状标准逐渐向生理体征标准转变。

六、心理成熟标准

成熟是指在一定的社会条件下，身体机能发展完备时个体应有的心理机能状态。成熟与生理年龄有紧密关联。成熟标准实际上也是一个统计学标准，即以每一个年龄段人群在身心方面的平均发展水平为常模，偏离此常模较多时，即为身心不健康。

个体在社会化过程中会形成四个含义不同的年龄，即自然年龄、心理年龄、生理年龄与社会年龄。自然年龄就是我们通常所说的年龄，具有自然属性；心理年龄是指个体整体心理特征应该属于的自然年龄；生理年龄是指个体的生理发育或功能应该属于的自然年龄；社会年龄是指为人处世、适应社会的整体能力应该属于的自然年龄。从这个意义来看，成熟标准就是这四个年龄要基本上统一协调，也就是说，当个体到达一定的自然年龄时，其心理、生理以及社会表现应该有这一年龄段的一般表现。

但是，时代的发展常常导致这四个年龄极不相称。比如，现在30多岁的城市男女，还显得像70年代10多岁的孩子，对异性不感兴趣（心理特征）、不结婚（社会适应特征）、平均血压如同以前40岁的人（生理特征）。这时，似乎不能说这些城市男女心理不健康。

需要指出的是，心理健康与否，是很难判断的。这与生理疾病的诊断是一样的，误诊或错诊的概率是相当高的，在很多时候，即使做出了错误的决策，也不为人知。在现实生活中，有些人的行为方式与大多数人有明显的不同，与当前的主流文化要求也不相符，但其内心体验并无明显不适，也有比较好的人际关系，在组织中的工作表现也较好，这时很难判断他们是否心理健康，或者是否属于变态心理。比如，身体穿刺、文身或自求虐待，这些行为尽管发生在少数人身上，但能说他们心理不健康吗？

第四节 心身疾病

在前面提到心理不健康的连续性状态时，并没有涉及心身疾病这一类别，因为在一般的学术研究中，从来没有把心身疾病视为心理不健康的范畴。但是，在一些著名的心理健康测量表中，确实有部分项目涉及身体不适症状。比如，在症状自评量表 SCL-90 中，"身体发麻或刺痛""呼吸有困难""心跳得很厉害""恶心或胃部不舒服"等都是典型的身体症状项目。在中医诊断中，如果患者在问诊中诉说到这些，会极大影响医生的病机诊断。比如，如果病人说自己经常感觉到身体发麻或刺痛，那极有可能是气滞血瘀；而如果说自己经常恶心或胃部不舒服，则极有可能是脾胃不和。那么为什么心理测量工具中会出现测量身体症状的项目呢？这是因为人的身体健康与心理健康是相互影响的，即身心交互。关于这一理论，我们会在后面再详细讲解。在目前主流的心理学界，很少人是医学背景出身，因此，即使量表中涉及身体症状的项目，也将之视为参考性问题。由于知识的局限性，或者说"术业有专攻"，一般的心理学研究者不会将身体不适视为心理健康的一部分，而是将其单独称为躯体症状。

实际上，现代医学与心理学的交叉研究表明，人的生理与心理是非常紧密地联系在一起的。这就是为什么焦虑症或抑郁症患者经常要吃药的原因——当情绪发生严重变化时，身体内部的生物化学过程会发生明显的变化；或者说，当这些生物化学过程发生变化时，情绪就会发生明显变化，这是一个循环。有深厚医学背景的心理学家面对心理疾病时，更倾向于用"药片"来解决，而对没有医学背景的心理医生来说，也只能用"谈话疗法"了。

我们要以整体观来看待心理健康，时刻记住心身疾病这个概念。或者说，要始终记得身心交互这一事实。心身疾病也就是生理与心理同时发生异常状况的过程，并且在体征或症状上能够有明显的身体与心理不健康的表现。在现代社会，心身疾病很多，如从西医病名来看，冠心病、高血压、胃病、偏头痛，甚至是感冒和皮肤瘙痒等，都是情绪异常与生理异常的结合。当然，在心身疾病的发展过程中，心理不健康与身体不健康可能不会同样严重，可能是主要矛盾与次要矛盾的关系。

心理不健康的原因往往要比我们想象得更为复杂。在很多时候，怪异的脾气、多变的情绪，可能往往是生理病理在悄悄变化的表象。而同时，身体上无法解释的疼痛或异常，也可能是心理疾病的躯体表现。比如，那些抑郁症病人，很多在前期都会有肩背部的疼痛经历，出现胃口不好或者不思饮食的情况。焦虑症患者很多有心悸、心慌、心跳加快、血压升高、心前区不适（呈针刺样或隐痛、钝痛）等感觉，但他们到医院做身体检查却查不出明显的生理异常。越来越多的研究表明，在异常心理之下，往往隐藏着生理上的病理变化——分子层次、细胞层次上的变化是不容易被常规检查手段观察到的。

在西方的主流心理学中，心身二元论占据统治地位，心身疾病常常被称为"心理疾病的躯体化"①。现代医学研究似乎正在以不同的表述方式来验证中医心身观念的正确性。比如，现代研究发现，抑郁与焦虑的人更可能罹患缺血性心脑病，而且有缺血性心脑病并伴有抑郁的病人更有可能出现死亡。② 这个机制最有可能涉及自主神经活动和血小板功能，而这两者都会受到抑郁的影响。这个解释与中医所讲"情志影响气血运行"是相似的。

按照西方主流心理学的观点，出现"心理疾病躯体化"的躯体化症状最多的是：晕厥、月经问题、头痛、胸痛、头晕、心悸、性问题、恶心、呕吐、消化不良、便秘、腹泻、腹痛、呼吸困难、疲乏、失眠、关节或肢体疼痛和背痛等。在很多心理咨询案例中，也经常会出现这些症状描述。

课后练习题

1. 名词解释：心理、心理健康。

2. 辨析题。请分析下面的观点，看其是否有道理，并列出支持和反对该观点的事实或理由。

有人认为，所谓心理健康，就是指在特定文化或社会价值背景下，能够正确扮演并有效率地完成家庭角色与社会角色的心理状态，这一心理状态的反面就是心理不健康或心理疾病。

3. 建议阅读文献：

（1）Yang B，Wei J，Ju P，et al. Effects of regulating intestinal microbiota on anxiety symptoms：a systematic review［J］. General psychiatry，2019，32（2）：9.

这篇文章提出了一个"肠脑轴说"，即大肠与大脑是有关联的，焦虑与抑郁

---

① 叶浩生. 身心二元论的困境与具身认知研究的兴起［J］. 心理科学，2011，34（4）：7.

② TULLY P J，WINEFIELD H R，BAKER R A，et al. Depression, anxiety and major adverse cardiovascular and cerebrovascular events in patients following coronary artery bypass graft surgery：A five year longitudinal cohort study［J］. BioPsychoSocial Medicine，2015，9（14）：220-232.

等心理疾病可能是大肠中发生了某种异常生理变化。

（2）胡江霞.“从心所欲不逾矩”——心理健康的定义及标准分析［J］.教育研究与实验，1997（2）：4.

这篇文章涉及心理健康的定义与评价标准，值得一读。

4. 心理案例分析与判断。根据自己的常识，请评价下面两个学生的心理健康状况。

（1）李某，女，19岁。家庭较为贫困。第一次高考失利，大专线也没有上，后来进了乡镇一所高中的高三复读班。平时学习很努力，但成绩一直不理想。她对自己要求很高，志向也很大。她曾经对班主任说：我感觉大半个中国任我驰骋，我一定要考上中国人民大学。

（2）赵某，大学一年级学生。从小与父母分离，因为父母远到广东打工，他与爷爷一起生活多年。在一次与辅导员的谈话中，他说自己尽管是一个留守儿童，但通过努力考上了大学，自己与班里的同学关系也很好，也乐于助人。还说，尽管很多人认为留守儿童一般会有心理问题，但自己心理很健康。在结束约10分钟的交谈后，临走时，他问了辅导员一个问题：“老师，我一直在思考一个问题，人活着到底有什么意义？”

拓展阅读

心理健康的快速判断方法

作为非心理学专业的大学生，如何快速判断别人或自己是否处于心理亚健康或心理疾病状态？可以从四个方面来进行直观判断。

1. 察看行为表现

外部行为是内部情绪、动机与认知的结果，是判断心理健康状态的重要依据。

（1）是否依然保持着正常的学习、生活功能。

（2）行为活动是否与环境、身份相符合。

（3）是否表现出与风俗习惯相背或让人难以理解的言行。

（4）日常行为活动是否明显增多或减少，行为模式是否发生了明显变化。

（5）是否能与身边人正常沟通交流。

（6）是否表现出厌世情绪或流露出自杀的想法，或者极端的言论。

（7）是否有威胁身边人群或特定个人的言论或行为。

2. 考虑情绪体验

在很多时候，极端的行为是由内心的极端情绪所推动的。尽管人类具有强大的理智约束力，但在很多时候，理智并不能约束情绪，反而可能被情绪操纵。因此，察看情绪也是判断心理状态的重要依据。

（1）整体上的情绪感受如何。高兴，极端愤怒，非常消沉，抑或特别具有敌意？

（2）情绪反应是否与环境要求、事件大小相匹配。

（3）情绪是否像往常一样稳定。如果有波动，波动程度如何。

（4）情绪是否受本人控制。

（5）情绪是否存在混乱、颠倒或前后不一致的情况。

3. 察看认知情况

这里的认知主要指注意力、分析能力、记忆能力、判断或推理能力等。如果从言谈举止发现认知不如平常，可以轻易判断心理处于异常状态。

（1）对常见问题的解释是否符合实际。

（2）是否能够有效地解决工作、生活或人际中的常见问题。

（3）注意力水平如何，是否如同往常。

（4）记忆力如何，是否有短期记忆或长时记忆的损害。

（5）逻辑思维能力是否正常，特别要看是否存在思维混乱。

（6）是否有正常连贯的自我认知，是否有自我怀疑或否定的情况。

（7）是否有强迫思维、幻想、幻听等情况出现。

4. 察看生理表现

身心是统一的，心理异常经常伴随身体健康异常。所以，察看生理表现也是判断心理状态的重要依据。

（1）睡眠模式是否改变，如变得不易入睡、睡得很浅、醒得很早等。

（2）饮食行为是否明显改变，如是否厌食或过度饮食。

（3）是否出现物质依赖，如突然吸烟、喝酒或使用其他不健康的东西来麻醉自己。

（4）是否抱怨身体不适，如头痛、恶心、身体部分疼痛、呼吸困难等。

（5）学习或生活节奏是否突然明显改变。

在这里需要提醒的是，如果在行为、情绪、认知或生理上有短暂的异常表现，并且这种表现多次出现，也要引起注意。这很可能是疾病初期的表现。

第二章

心理疾病的基础

本章内容较短，主要介绍心理疾病产生的常见原因。在学习之前，请思考下面的问题：

（1）人们发现不吃早餐的人，更容易有较高的抑郁水平。那么，不吃早餐是导致抑郁情绪的原因吗？为什么？

（2）遗传与心理疾病有关。请上网查阅这一方面的案例。

（3）环境中事件的压力或刺激可以使人产生心理疾病，请查阅这方面的案例。

（4）在心理健康方面，遗传与环境哪个作用更大？请查阅资料进行分析。

第一节　心理疾病的归因

心理疾病已经成为一个非常普遍的社会问题，并且给国家与家庭造成沉重的经济负担。每个年龄阶段的人都有可能罹患这样或那样的心理疾病。近些年来，学者们对心理疾病的产生原因进行了非常深入的研究，同时也提出了很多有效的应对策略，但人们的心理健康状况似乎并没有太大的改观，相反，因心理疾病而带来的苦痛不断冲击着我们的心灵。问题总是在研究中变得日趋严重。那么，究竟是什么原因导致心理异常如此普遍而又顽固？这需要从心理健康异常的产生机制谈起。

导致心理健康异常的因素非常多，也相当复杂。因为心理的内容相当丰富，其功能维持的机制更是复杂。无论是哪一方面的功能受到破坏，都容易导致心理异常。从精神医学的研究来看，影响心理健康的因素与心理异常之间存在着三种关系，第一种是因果关系，即由于这些因素的存在，个体罹患上了某种心理异常。比如，接连三个亲人去世后，一个孩子患上了严重的抑郁症。第二种是相关关系，即某种因素可能与某种心理异常有关联，但是不能在科学程序上确定它是致病原因。比如，一位女士身体不好，并患上了焦虑症。这里，很难说身体健康是导致其心理焦虑的原因，也有可能是焦虑导致了其身体不好。第三种，某种因素与心理异常是互为因果的关系。比如，冠心病与脾气暴躁的关系。脾气暴躁可以伤害血管壁，而血管壁受到伤害后，又会引起脾气暴躁，两者相互为因、相互为果。因此，心理异常的发生原因是非常复杂的，在生活与工作中，非常多的事件在同一时间内共同作用于心理的整体功能，最终导致某种心理异常，很难精准确定到底是哪些因素起了主导作用。

此外，很多心理疾病的产生、发展与表现是一个较为缓慢的过程。比如，从小受过情感忽视的个体，在小时候可能表现比较正常，但是到了青少年或成年时期，甚至是老年时期，才发展成为抑郁症。无论是身体疾病，还是心理异常，都是预防为先，预防远重于治疗。有志于终身健康成就的人，一定要记住这一点。总之，心理异常的归因很困难。

目前相当多的研究都是在探讨心理疾病的起因。因为只有归因正确了，才能找到克服或预防心理疾病的有效方法。可惜目前绝大多数研究都是一种相关研究，并不具有因果推论的性质。比如，研究发现饮食不健康、大量喝酒、早期家庭贫困、工作压力、基本需要得不到满足等，都与心理异常有紧密的关系。但它们真的是导致心理疾病的直接原因吗？从科学的视角来看，不能得出因果结论。但是在现实观察中，上述因素确实可以诱发心理疾病。我们只能说，上述这些消极事件能够提高心理不健康的风险。在追求主动健康的道路上，要远离这些事件或相关的环境。

第二节　心理疾病的个体因素

一粒米养百种人。在相同的环境中，有些人发展成心理疾病，而有些人能始终享有较为健康的心理状态。这主要是因为心理健康状况与个体差异有紧密关系。本节主要介绍生物学因素与个体心理特征在心理疾病发展中的作用。

一、生物学因素

在生物学因素中，首先是遗传因素。用我国医学的话语来讲，就是"先天不足"。现代精神医学的研究已经证明，很多心理疾病的发生可归因于遗传，比如，抑郁症、精神分裂症与人格障碍等，甚至是一般的焦虑倾向。由于同卵双生子的基因相同，因为某种原因他们从小被分开抚养，成年后一个罹患心理疾病，另一个也更有可能如此。也就是说，同卵双生子在心理疾病上具有很高的共同发病率。这与身体健康的情况是一致的。在严重心理障碍的研究中，如抑郁症，单卵双生子的共同发病率远远高于双卵双生子。其实，遗传对人心理的影响，何止于心理疾病？研究表明，即使是婚姻中出轨的概率，也与遗传有显著的关联。

现代医学研究表明，遗传常常与环境、生活方式相互作用来决定疾病的发生。比如，我们每一个人身上都有一些坏的基因，但并没有罹患与之相应的疾病，这是因为良好的生活习惯与环境抑制了这些坏基因的充分表达，使它们"有意见也不能出声"。这个道理同样适用于生物因素与心理疾病之间的关系。因此，在追求健康的过程中，要努力选择与改善自己所处的环境，如尽量远离压力过大的情境，同时改变自己的行为方式，如养成健康的生活习惯，摒弃不健康的生活行为，都可以抑制"坏基因"的性状表达，从而将疾病的苗头扼杀在摇篮中。

性别与年龄也与心理异常存在着一定的关系。焦虑症、抑郁症与精神分裂症等的患病率在性别上有显著的差异，一般来说女性患病率要高一些。儿童的心理发育与年龄有关，当心理发育明显滞后时，也会表现出明显的心理问题，比如，中医所说的因肾精不足而致脑髓缺少濡养，那么婴儿会表现出智力低下的特征。也有一些特发于儿童与青少年时期的情绪或行为异常，如多动症、注意力缺乏症与分离性焦虑症等，这些都与先天因素有关。当然，有时也与后天抚育有关。

二、个体心理特征

先天禀赋与早年生活环境的不同，导致每个人都有不同的心理特征。因为心理特征不同，每个人在面对类似的环境因素时，就会有不同的心理反应。比如，经历早期逆境（如童年时间丧失父母）的人，会特别缺乏心理安全感，这样，在未来的生活中，当处理亲密关系时，与别人相比，他们的反应可能会更为强烈，甚至让人不可思议。

在心理学家看来，预测心理异常的重要个体心理特征就是人格。所谓人格，就是个体在日常生活中表现出来的稳定的情绪倾向以及行为模式。这里的"日常生活"是指没有特殊情境要求或者压力的情况。比如，在一般的日常生活中，有些人总是主动与人打交道，同时与人交往时，也会体验到积极的情绪，这就是外向型人格；而有些人则相反，他们一般不会主动发出交往邀请，在更多时候，宁可单独相处；对他们而言，与人交往很无趣，很不舒服，因为他们很少体验到交往的快乐，这就是内向型人格。这两种人格中，哪一种更容易导致心理异常呢？较多的研究指出，内向型人格的人更倾向于出现心理异常。

在这里请注意两个方面的含义。首先，人格特征并无好坏之分，但人总是在人际交往的社会中生存与发展的，因此，那些有利于社会交往的人格特征更有利于维护心理健康；其次，人格未必是导致心理异常的直接原因，或者说并非前因后果的关系。某些人格特征也可能本身就是心理异常的外在表现。

根据目前研究，有两类人格特征与较为严重的心身疾病有明显的关系。一类是 A 型人格。这种人格的显著特征是：很有进取心与事业心，追求成就感，容易紧张，做事讲究效率，甚至走路很快，吃饭也快，总是有时间紧迫感。A型人格的人更容易罹患心脑血管疾病。[①] 另一类是 C 型人格，其典型特征是：情绪通常比较抑郁，倾向于害怕竞争，逆来顺受，有气往肚子里咽，爱生闷气，甚至过分自我克制、迁就、忍让。有这一类人格特征的人更容易罹患癌症。[②] 这也是为什么萎缩性胃炎的患者在就诊时，医生经常要叮嘱，在生活中情绪一定要开心，要乐观，不要生闷气。

避免心理健康异常，就要关注我们的情绪模式与行为模式。任何情绪模式如果有过分或极端的倾向，都是不好的、不健康的；任何行为如果过多或不足，也是不好的、不健康的。努力把握好度，让它们与当前事件或情境相一致，尽量向正常的、不过分的模式靠拢，就能增强心理素质，从而维护心理健康。当然，人格常常很难彻底改变，但我们可以让它在关键方面变得中和、适中一点儿。

第三节　心理疾病的诱因

心理异常的产生是个体本身因素与环境因素相互作用的结果。由于先天禀赋不可更改，后天的诱因就成为重要的关注点。这里的诱因主要包括生活事件、持续的压力与生理上的变化。

一、生活事件

这里的生活事件是指对个体心理甚至生理产生明显冲击或影响的突发性的、重大的事件。它既包括积极的事件，如结婚、生育、突然获得大奖或者升职等；也包括消极事件，如亲人意外去世、丢失钱财、离异或事业失败等。当然，也有一些中性的事件，由于牵涉生活方式、人际交往或者职业变动，也被包括在重要的生活事件之中。比如，出国留学、工作岗位变化与居住地变化等。无论

① 陈文贵. A 型人格者如何远离心血管病［J］. 心血管病防治知识，2014（1）：2.
② 洪韵琳，张冀岗. 癌症与 C 型性格［J］. 中华医学杂志，1993，73（1）：2.

是积极、中性还是消极的重大生活事件，都可能会对心理健康产生不良影响。原因可能在于，环境一旦发生变化，个体就需要付出更多的精力、时间去应对与适应新环境，这常常产生应激反应，即导致心理和生理上的紧张状态。这种紧张状态意味着原有的心理平衡与生理平衡状态被打破，而需要去形成新的平衡状态。在这个过程中，往往产生心理异常，甚至是生理异常。因此，在工作与生活中，无论发生什么重大事件，一定要管理好自己的情绪与心态，尽量不使自己的情绪或心态发生过大的波动，这样才能够避免事件对心理健康的冲击。

二、持续的压力

无论是工作还是生活，都可能带来持续的不可逃避的压力。一过性的重大事件对心理健康有很大的冲击，而无尽的绵绵压力对心理健康的伤害也不可小觑。诸多研究表明，现代社会的压力对人们身心健康的影响是非常巨大的。压力导致情绪异常，如焦虑、抑郁、紧张甚至无助，也可导致诸多身体疾病，如慢性胃炎、高血压、身体疼痛，甚至癌症。目前，有效管理压力已经成为维护心理健康的重要方法。

需要关注的是，生活中的细小琐事如果长期积累，也足够压垮一个人的心理健康。这些小事儿不断带来小的挫折或微小不如意，渐渐侵蚀身心健康。如同运转的齿轮被不断撒入几粒沙子，很快就会导致齿轮的老化。这些微小不如意包括日常工作中的人际冲突、材料丢失、客户投诉、家庭关系不太和谐、子女学校表现较差，以及马桶被堵、钥匙遗忘家里等。单独来看，每个芝麻小的事件带来的心理挫折似乎是可以忽略不计的，但是，每一个小事件足以毁坏日常心境，尤其是对那些身处逆境的人而言，它们常常成为不良情绪爆发的导火索。

三、生理上的变化

生理上的变化（包括身体疾病或生理亚健康）与心理异常是紧密关联的，当两者同时可观察地发生时，往往被称为心身疾病。实际上，非常多的心理异常往往伴随着生理异常，只是这种生理异常经常处于很微观的水平，不容易被肉眼观察到。比如，神经系统的内在创伤可以导致非常明显的心理与行为异常。早期逆境（如儿童期贫困或父母离异）常常导致细胞水平的炎症存在，从而导致青少年或成年人的心理问题（如抑郁倾向或焦虑）。大脑中的生物化学物质发生变化时，也可能产生心理异常，如抑郁症与焦虑症。在我国传统医学中，心血不足而致心神失养，或阴虚火旺而上扰心神，两种情况皆可导致妇人"脏躁"，表现为精神忧郁，烦躁不宁，无故悲泣，哭笑无常，喜怒无定，哈欠频作，不能自控。有些女性在经事期间，会有"经行情志异常"，表现为烦躁易怒、悲伤啼哭，或情志抑郁、喃喃自语等。没有健康的身体，就不会有健康的灵魂，的确如此。

物质成瘾（如嗜酒、吸毒）会导致体内生物学意义上的变化，从而改变个体的情绪、意识状态与外在行为。而当外力强迫进行戒断时，也会产生剧烈的心理异常变化，即戒断反应。物质成瘾对身心健康的伤害是巨大的，同时也很难矫正。

课后练习题

1. 辨析题。请分析下面的观点，看其是否有道理，并列出支持和反对该观点的事实或理由。

有人认为，逆境出人才。儿童期的贫困与生活压力，可以锻炼其心志，坚韧其毅力，终将使其成长为心理健康、努力向上、珍惜生活的人。

2. 建议阅读文献：

（1）祁双翼，西英俊，马辛. 中国人心理健康研究综述［J］. 中国健康心理学杂志，2019（6）：7.

这篇文章回顾了1998—2018年关于中国人心理健康的主要研究成果，包括心理健康的研究对象、评价、测量方法，以及未来的方向等。

（2）LEVESQUE M L，SZYF M，BOOIJ L. Epigenetic Mechanisms in Depression-ScienceDirect［J］. Systems Neuroscience in Depression，2016：181-207.

这篇文章介绍了重度抑郁症、环境与基因表观遗传之间的关系。不良环境可能会改变我们的表观遗传，从而导致抑郁。

3. 心理案例分析与判断。请分析下面患者心理问题产生的原因是什么。

张某，女，19岁，大一学生。自述有广场恐怖症，即一到面积很大的空旷之地，便会有心慌的异常感觉，有时甚至会出汗、呼吸短浅，同时心里恐慌，总是很快逃离空旷场地。后来，一想到要去或者经过空旷的场所，就会有心慌心跳的感觉。西医检查没有发现任何身体异常，中医检查发现心血虚与胆气虚。心理医生认为这可能与小时候经历有关，因为在其5岁时，曾经在广场上遭到一只狗的追咬。

拓展阅读 1

健康的标准

这里健康侧重于身体健康，当然，身体健康是心理健康的基础。世界卫生组织提出的身体健康的 10 条标准如下：

（1）有充沛的精力，能从容不迫地担负日常生活和繁重工作，而且不感到过分紧张与疲劳。

（2）处事乐观，态度积极，乐于承担责任，事无大小不挑剔。

（3）善于休息，睡眠好。

（4）应变能力强，能适应外界环境的各种变化。

（5）能够抵抗一般性感冒和传染病。

（6）体重适当，身体匀称，站立时，头、肩、臂位置协调。

（7）眼睛明亮，反应敏捷，眼睑不易发炎。

（8）牙齿清洁，无龋齿，不疼痛；牙龈颜色正常，无出血现象。

（9）头发有光泽，无头屑。

（10）肌肉丰满，皮肤有弹性。

拓展阅读 2

青年人健康生活要点

青年人正处于人生美好的阶段，养成健康的生活方式非常重要。下面是健康生活方式的要点：

（1）吃得正确。保持饮食平衡和有规律，有助于现在健美将来健康。

（2）喝得正确。干净的水和果汁是有利于健康的，不要饮酒，喝醉是不明智的。

（3）远离吸烟。吸烟伤害身体所有器官，包括血管。长期吸烟让人变得丑陋，如黑色的牙齿，身体或衣服上都是烟的味道。

（4）适当放松。运动、音乐、艺术、阅读以及与其他人交谈，既可使人放松，也可使人见多识广。

（5）积极自信。要积极自信和富有创造性，要珍惜青春。

（6）善于思考。遇事能三思而后行，大多数事故是可以避免的。

（7）负责的性行为。了解自己的性行为并对此负责。

（8）运动有好处。运动可以使人健美和感觉良好；参加运动的每一个人都可获得健康收益。

（9）经常散步。散步是一种轻缓的运动，而且能使人感到舒适。

（10）远离毒品。吸毒是一条死胡同，要坚决说"不"。

第三章

传统心理健康理论

掌握一定的心理健康理论非常有利于理解心理异常的规律，也有利于自身心理健康的调节。本章主要介绍传统的心理健康理论，包括精神分析理论、行为主义理论、认知主义理论以及人本主义理论。

在学习第一节内容之前，请思考下面的问题：

（1）潜意识、前意识与意识之间的关系如何？

（2）在精神分析理论中，性欲就是指异性之间生理性接触的欲望吗？为什么？

（3）在人力无所为的自然或社会灾害面前，人们经常使用哪些自我防御机制？能否举例说明？

在学习第二节内容之前，请思考下面的问题：

（1）什么是经典条件反射？

（2）什么是操作性条件反射？

（3）什么是行为的强化？

（4）小孩子抽第一根烟后，得到了同伴的羡慕与尊重，以后这个孩子就学会了抽烟。请用行为主义解释这个孩子学会抽烟的心理机制。

在学习第三节内容之前，请思考下面的问题：

（1）请举例说明，对事件的不同解释，可以带来不同的情绪感受与行为反应。

（2）请回顾自己情绪低落时，自己内心的想法与脑海里浮现的图像或情景。并尝试分析认知与情绪的关系。

（3）认知可以影响情绪，那么，情绪可以影响认知吗？请举例说明。

（4）请回顾自己的经历，说明不合理的认知或观念可以导致不健康的情绪或行为。

在学习第四节内容之前，请思考下面的问题：

（1）以自己的经历为例，描述获得别人的尊重时的内心体验。

（2）理解别人的内心世界或让别人理解自己的内心世界，哪一个更难？难在什么地方？

（3）"走自己的路，让别人去说吧"，是否能够促进心理健康？请列举支持与反对的案例或理由。

第一节　精神分析理论

在几乎所有的心理学教材中，凡是谈到心理学理论时，精神分析理论一定是开篇之作。其著名的代表人物弗洛伊德也被认为是 20 世纪最伟大的心理学家。他所提出的潜意识、无意识与本能，已经深刻影响了心理学之外的诸多领域。现在有很多学者认为，人类相当部分的心理与行为确实深受潜意识或无意识的影响。而很多心理咨询者也以能够使用精神分析理论来进行心理治疗而感到自豪。甚至很多非心理学专业的人士，也自诩经常使用精神分析理论来分析和评价别人的心理与行为。现在就开始认真学习这一理论吧。

一、潜意识与本能

在心理异常的理论解释上，无论如何也躲不开弗洛伊德的精神分析理论。弗洛伊德认为，人类的心理活动可以分为意识、前意识与潜意识三个层次。所谓意识，就是指个体能够直接体验到的心理内容，是一个人始终保持足够理性的外显部分。潜意识又常被称为无意识，其基本含义是，人们在做出某些行为后，并不能真正理解自己为什么要这样做。弗洛伊德认为，在潜意识中，充满着本能的、文明所不允许的原始欲望，特别是一些与性行为有关的欲望。当心理功能正常时，这些原始欲望是被意识有效管辖的，它们被压抑在心灵的最底层世界中。但原始欲望也是一种需要得到满足的欲望，那么，健康的意识就会在现实条件下（如宗教、习俗与法律允许的条件下）去以合理的形式满足或部分满足它。前意识是介于无意识与意识之间的一种状态，无意识中的内容可以通过前意识而到达意识层面，而意识层面的内容也可以通过前意识而蛰居于潜意识之中。根据弗洛伊德的看法，个体在生活中遭受到严重的心理创伤后，与此创伤有关的记忆就会逐渐透过前意识而压抑在潜意识之中，当然，也会有部分记忆的线索若隐若现地存在于前意识之中。

在精神分析学家看来，意识、前意识与潜意识具有不同的功能。心理功能的正常需要三者达成和谐。意识能够清醒地认识现实情境，根据现实条件去实现自己的本能或原始欲望；而无意识是心理动力的源泉，尽管其中有很多内容是文明社会不允许的、不接受的。前意识是意识与无意识之间的沟通媒介，无意识中的内容只有通过前意识才能被意识捕捉到，从而通过理性与现实的方式去满足无意识的欲求；而意识中的内容也只有通过前意识，才能将现实中的痛苦或创伤体验蛰藏于潜意识之中，这样意识就无须经常品尝与体会痛苦的体验。

根据精神分析理论，人的潜意识中潜藏着大部分的心理内容与活动，好比是海洋上的冰山，露在水面上的一小部分只是意识层面，水下的部分才是重点，才是推动行为的动力来源。本能与原始的欲望一直在积极的活动之中，力求通过前意识发表自己的主张。但由于文明社会的习俗、宗教、道德以及法律的约束，意识不可能用行动去忠实地满足这些欲望。愈是不能满足，愈是感到压抑。压抑到一定程度，意识、前意识与潜意识之间的关系就会失衡，从而心理功能不再正常，表现为心理异常。

弗洛伊德的本能观念认为，人从出生就开始带有原始欲望，这种原始的本能是生理与心理交界领域的未知部分，是生理能量在心理上的表达。这种本能是人类一切行为的动力来源，它包括性本能与自我本能。后来，弗洛伊德进一步将本能阐述为生的本能与死的本能。本能具有生物性，是生理状态的表达或需要的诉求，是生理上对某种物质或精神刺激的呼唤。本能的最终目的是寻求一种满足，以消除自身的紧张。

二、心理性欲的发展

弗洛伊德持有泛性论，认为人类的一切行为动机都有性的成分，性本能是所有动机的基础。很多心理疾病的发生与发展，都与性本能不能得到疏泄与满足有关。他甚至认为，性是人类最深刻的潜力，它推动着人类去追求刺激与快感，其能量被称为"力比多"。健康人格与病态人格都与力比多的表达有关。弗洛伊德认为，在力比多的促动下，人格发展可以分为五个阶段。

第一阶段为口唇期（0~1岁）。这一阶段以口唇区域为快感中心，婴儿用口唇来感知这个世界，他们的饮食、撕咬、含住、吐出等，都是口腔活动的主要模式。如果婴儿在这个时期不能得到口唇快感的满足，日后就会产生口唇区域的心理固着，如对烟酒零食和口香糖等有过分的依恋，在心理上也表现为依赖、悲观、被动与退缩的人格特征。如果口唇快感得到了满足，成年后就会显示出乐观、积极、开放与进取的良好品质。

第二阶段是肛门期（1~3岁）。这一阶段的快感区域在肛门。粪便排泄时解除内急压力所得到的快感经验，使幼儿对肛门活动特别感兴趣，并因此获得满足。同时父母为了养成子女良好的卫生习惯，常常对幼儿的便溺行为订立规矩，加以训练。如果父母训练过严，则会导致所谓肛门性格，心理表现为邋遢、浪费、无条理、放肆、凶暴等；另一种是肛门便秘型性格，心理表现为过分干净、过分注意条理和小节、固执、小气、忍耐等。因此，弗洛伊德特别强调父母应注意儿童大小便的训练不宜过早、过严。

第三阶段是性器期（3~5岁）。这一阶段儿童的快感区域集中在生殖器与其周围。这时儿童开始对性别有了初步认识，会因为性别的不同而产生异性偏好，并对同性产生排斥。一般地，把这种异性偏好称为恋母情绪，或者俄狄浦斯情结。从这个阶段开始，儿童开始发展超我的力量，用来压抑内心对异性父母的过分欲望。如果超我力量发展得恰如其分，儿童就会形成积极的人格、正确的价值观与态度；如果没有得到恰当的发展，儿童就会深陷本我僭越的泥潭，未来会形成仇恨、自卑、嫉妒等不良人格特征。

第四阶段是潜伏期（5~12岁）。这一阶段依然以生殖器及其周围为中心寻求快感。此时儿童开始脱离原生家庭的影响，并开始深受学校教育的塑造。由于受到家庭教育与社会规范的影响，儿童将内心的性本能倾注到学习、运动与同性交往中（升华过程），这使原始的性冲动处于蛰伏状态。他们倾向于回避异性，多与同性交往，并形成与性别一致的行为方式。

第五阶段是生殖器期（12岁之后）。这一阶段生殖器与其周围依然是快感中心。不同的是，由于性压抑的解除，先前口唇期与肛门期的性欲会减少，而主要集中于生殖器上。如果早期的力比多得到了释放，性本能得到了较好的满足，这个阶段就会向着正常的人格发展；但是，如果早期没有得到恰当的释放与满足，这时的人格发展方向就会产生不健康的偏离，最终发展为变态人格。

弗洛伊德认为，在心理性欲发展中所形成的"固着"与"倒退"是心理疾病发生的重要原因。在人格形成的关键时期，无论是满足过多还是缺失较多，都会使心理性欲停留在那个发展时期，从而使成年人表现出这个时期的人格特征。此外，即使勉强发展出正常的人格，也会在成年时期由于遭受生活打击或应激事件而出现人格的"倒退"，即从成熟特征返回到幼稚水平。在生命早期的心理性欲发展阶段，力比多的适当释放与满足是健康人格形成的关键所在。成年人在遭受打击后出现的心理倒退，必须经过精神分析找出先前力比多受伤的具体情况，然后通过分析技术进行调整，从而使心理健康得以恢复。

三、自我防卫机制

弗洛伊德认为，来自本我和超我的对峙会给自我带来压力与紧张，所以自我为了保护自己的心理功能，发展出了不同的防御机制。焦虑、内疚、罪恶感与敌意等，都可能来自本我与超我的冲突。为了协调两者的关系，自我以某种歪曲现实的方式来缓和人格内部的矛盾。自我防卫机制一旦形成并获得有效实践后，常常成为一种无意识的行为。尽管防卫机制可以保持人格功能，对心理健康有维护价值，但防御机制也可能是病态的。看穿防卫机制的真实面目，可以有效治疗心理疾病。

（1）压抑。压抑就是将引起消极情绪或认知的欲望、观念以及心理事件排除到意识范畴之外。比如，丧失钱财是让人痛苦的，那么就有意地不要提起这一事件。压抑具有两层含义：一是，消耗心神，主动遗忘；二是，将需要压抑的心理内容深深地隐藏于潜意识之中，但这种蛰伏有时会再进入意识。压抑是人们最重要的、最为基本的心理防御机制，是自我心理功能保持基本正常的重要途径。

（2）升华。升华就是将本我那些不符合道德与法律要求的欲望和冲动巧妙地转化为社会期许的追求。比如，攻击是来自本能的罪恶力量，个体可以通过拳击格斗或者其他方式的体育运动，将攻击中的心理能量消耗掉。来自本我的原始欲望包含着巨大的心理能量，自我通过有意或无意的升华机制，将这些能量倾注到社会鼓励的事业之中，从而产生巨大的成就。在弗洛伊德看来，很多艺术家、科学家与政治家等，他们的丰功伟业皆可能是原始欲望华丽转身的结果。

（3）替代。替代就是为本能中的原始欲望寻找一个嫁祸对象，从而达到欲望发泄的目的，但同时又不会给自己带来足够大的威胁与伤害。比如，将针对领导的愤怒与攻击转嫁到一只猫的身上，对它连踹三脚。替代与升华都可以将源于本我的能量发泄出去，但升华的实现是符合社会规范的，而替代只是嫁祸于人，其实现过程不符合社会规范。替代有时是有意的，但也可能是无意识的。

（4）拒绝。拒绝就是指有意否认那些能够引起痛苦或焦虑的事件的存在。这是一种鸵鸟策略，故意无视，甚至自我欺骗。拒绝是比较极端的防御方式，它常常使自己与现实隔离，影响心理功能的完整与正常。当运用拒绝时，我们拒绝接受某些事实的存在。和压抑不同，拒绝不是说不记得了，而是坚持某些事情并不是真实的，尽管所有证据都表明是真实的。

（5）反向。当个体的欲望和动机不为自己的意识或社会所接受时，又唯恐自己会做出与之相应的行为，于是将其压抑至潜意识，并再表现出与之相反的行为，这种防御方式就是反向。换言之，使用反向者，其所表现的外在行为与其内在的真实动机是成反向的。在性质上，反向行为也是一种压抑过程。比如，十分痛恨某人，并欲以攻击，但又不能，于是将这种恨意深埋心底，反而在交往中表现出热情和善意。

反向行为如果使用适当，在一定程度上有利于适应现实；但如过度使用，不断压抑自己心中的欲望或动机，且以相反的行为表现出来，轻者不敢面对自己而活得很辛苦、很孤独，重者将导致严重的心理困扰。在很多心理疾病患者身上，常可见到此种防卫机制被过度使用。

（6）投射。投射是指将自己内心不被社会接受的欲望与想法归为别人所有。通过把邪恶的欲望或冲动投射归于别人，可以使自己摆脱意识中伦理或道德的压力。比如，我们拒绝承认自己有异常性欲，却认为别人有。宣称世界充满猜疑和欺骗的人，无意识中承认他自己是猜疑别人的骗子。通过投射，保证了自我的道德性与伦理性，从而去除了羞耻感与内疚感。

（7）退行。退行就是个体在遭受挫折或失败时，放弃已经学到的比较成熟的应对技巧和防御机制，退行到早期的某种习惯或应对方式，以满足自己的某些欲望，如获得别人同情，或减少内心焦虑。比如，在面临工作压力而产生焦虑时，会吃大量零食来减轻焦虑，而不是去积极放松自己。这时，就是退行到了儿童口唇期，通过口唇部位的刺激来减缓焦虑。

四、防御风格

防御风格就是个体在生活中经常或习惯性使用的防御机制。防御风格具有个性化，不同的早期经历使人们形成自己独有的防御风格。比如，某些人总是在工作中将自己的愤怒发泄到服务员或其他级别较低的员工身上，或者总是把自己的怀疑和担心投射到别人身上。

一般而言，不同的防御机制对自我的保护作用是不同的。明白一个人的防御风格有助于评价这个人的心理健康状况。弗洛伊德经常用防御机制来解释人们的抑郁、焦虑与神经质行为。尽管心理健康的人在生活中也可能经常使用某种防御机制，但一般而言，较多使用防御机制并非适应性的，而是病态的。甚至升华过程也会因为过于关注事业而形成自我剥削式或虐待式的工作行为。

防御风格是健康的、适应性的，还是病态的、消极的，并不总是取决于防御机制本身，而是取决于具体事件、个人的依赖程度以及其自然年龄。如果一个成年人在面临挫折时，还是像小孩子一样倒地哭闹，这种退行防御，显然是非适应性的。一般来说，儿童常常依靠拒绝、否认或投射来应对他们面对的焦虑感，6岁孩子可以否认他们曾经做过的羞耻事情，而使自己心安理得。但是，如果一个成年人常常使用拒绝、否认或投射这样的防御机制，他们就很难建立起良好的人际关系，从而出现社会适应困难。

为什么一些成年人明明知道拒绝或否认这样的防御机制是可笑的，却还是会使用呢？精神分析理论认为，这是因为他们在生命早期经历了不利于人格正常发展的压力事件。一些学者曾经测量了一组 3 岁儿童所经受的压力的数量。在 20 年后，这些学者又联系到这些人，测量了他们在 23 岁时习惯使用的防御机制。结果表明，成年后经常依赖于拒绝或否认这种防御机制的男性，在生命早期经历过最高水平的压力。儿童在遭受创伤导致的压力时，最常使用拒绝或否认这样的防御机制，这样可以在最大程度上减轻他们的心理压力与紧张，所以，他们在成年后还会有意无意地继续依赖于这种防御机制。

简单拒绝或否认并不能真正地解决存在的问题。实际上，使用不成熟的防御机制与心理机能出现问题有紧密的关系。与使用有效成熟的防御机制的成年人相比，经常依赖于拒绝或否认之类的不成熟并且无效的防御机制的成年人，更容易陷入抑郁与敌意之中，并且在生活方式上会有更多问题，如酗酒或吸毒。所以，成年期不成熟的防御机制与儿童期的经历有显著的相关性。

通过分析自己或他人的防御风格，也可以理解人们心理问题的根源所在。比如，在日常生活中，经常有些夫妻因为新生儿的降生而相互埋怨，生活充满冲突。细究他们所依赖的防御机制，就会发现，夫妻双方皆倾向于使用投射或者否认，甚至退行等防御机制，而不是理智地去解决新生儿所带来的家庭压力。相反，那些使用升华防御机制的夫妻，可以感觉到照顾新生命是一种成就感，是一种甜蜜的负担，夫妻之间的感情会更深，生活幸福感也会更高。

五、精神分析心理治疗的方法

弗洛伊德认为，婴幼儿期未能满足的原始欲望常常被压抑到潜意识中而形成心理症结，它是成年后心理疾病产生的根源。这些心理症结所包含的观念与愿望常常是不符合伦理规范的，并且会通过前意识而进入意识之中，与自我构成心理冲突。病人如果能够理解看透这些心理症结在意识中的各种乔装表现，就会有所领悟，心理症结也就会解开并释然，心理疾病就会很快缓解。如何有所领悟呢？自由联想与梦的解析是最有效的方法。

（一）自由联想

自由联想就是将心中所想所愿毫无保留地说出来。人们的所想所愿往往是杂乱无章、不合逻辑、违反道德伦理甚至是痛苦不堪、不愿让别人知晓的内容，但在弗洛伊德看来，这些内容往往没有经过意识的加工，更能反映潜意识的本能欲望。同时，这些内容逃避了意识的审查，僭越指导行为与情绪，从而导致心理疾病。通过自由联想内容的分析，咨询师可以帮助病人获得领悟，打开心理症结，从而改善心理状况。

弗洛伊德发现，人们的潜意识之中隐藏着早年生活中被压抑的大量冲动、欲望与观念，以及强大的心理动力。人们要么不愿意表达这些隐藏的内容，要么愿意表达，但不能真实表达，而是通过象征、装饰或伪装等形式表现出来。因此，获得并穿透这些潜意识中的内容是打开心理症结的关键。

在自由联想的表达过程中，病人不能受到任何干预，咨询师也不能对病人的表达进行任何评价，也不能给予任何暗示与指引。病人也必须是非常坦诚地把自己所有的感受、所有的愿望都表达出来，哪怕是最为荒唐和羞耻的事情，最为无聊或无意义的想法。病人不能认为有些想法观念是毫无意义的，就不说出来，这恰恰是受到了意识的阻碍，违背了自由联想的原则。

（二）梦的解析

弗洛伊德认为，梦是一种潜意识现象，是心中的本能欲望通过伪装后的象征性满足。经过自由联想的方法达到精神分析的效果，可以证明梦的分析也是有意义的。

梦的意义包括显意与隐意。那些明确表现愿望达成的梦就是显意，并不需要进行过多的分析与解释。而那些痛苦、担忧、羞耻的梦，往往隐藏了真实的愿望，需要深入分析与解释，以揭露其隐意。如同人清醒时同时经历意识与无意识一样，梦也同时包括意识与无意识内容。这样，隐意的梦就可以被视为一种潜意识的过程。梦的隐意可以反映潜意识中的本能欲望。

在清醒状态下，人们的潜意识内容会受到前意识的审查而不能表达出来，因此需要使用自由联想的报告方式；同样，在梦的状态下，潜意识内容也会受到前意识的阻碍，而不能被自我意识到，这时，自由联想是非常必要的。人们可以通过自由联想，将梦中的所有内容都自由表达出来，再结合生活经历、平时的兴趣爱好以及生活中的新近事件，对梦的内容进行解构与分析。

弗洛伊德在对梦进行解析时，往往使用象征或隐喻的方式，比如，他认为房子代表人体，小动物代表儿童，出生与水有关，父母代表权力等。此外，他经常从性的角度来对梦进行解释，从而形成了泛性论，认为梦中意境更多是对性的渴望与欲求。这一点很可能是过犹不及。

弗洛伊德认为，神经症与精神病都是病态压抑的结果。由于个体缺乏自省或者分析自己的能力，不能清楚知道自己潜意识的本能呼唤，更不知道那个冰山之下的"本我"是自己行为的动力之源，所以会有很多即使自己也不能理解的异常行为表现，如强迫症、恐惧症或焦虑症等。精神分析的目的，就在于通过前意识中的线索，帮助来访者探究潜意识中的心理动力，寻找未被满足的欲望，并指导来访者以合适的方式来满足这种欲望，从而使心理功能恢复正常。

根据精神分析理论，个体早年遭受的心理创伤可能会通过意识层面而蛰伏于潜意识之中，但情绪上的创伤并不是"藏起来"就会一了百了，它会通过某种非常隐蔽的方式，穿透前意识而进入意识层面，由于它是"隐蔽"的，甚至可以说是"乔装打扮"的，意识也不能认清其真面目，所以个体会在不自知的情况下受其摆弄。比如，一些早期丧失父亲的女子，会发现自己喜欢上了年龄大自己很多的男人，但她的理由可能是这样的男人很成熟，或者很会照顾人。实际上这是潜意识之中父爱缺乏的隐蔽性摆布。

第二节　行为主义理论

行为主义理论是心理学理论流派中非常重要的一个。它诞生于 20 世纪 20 年代的美国，其早期创始人是美国心理学家约翰·华生。这一流派的主要内容包括经典条件反射、操作性条件反射以及社会观察学习。尽管这三个理论在内容上有较大差异，但它们都围绕着个体学习的发生机制和产生条件来展开阐述，都是以"刺激—反应"为基础来解释人类的学习过程。在行为主义者看来，人类的学习行为，包括心理疾病，都是环境刺激的产物；人和动物的学习行为没有本质区别，都可以通过科学的观察进行描述、测量、控制以及预测。人类行为（包括情绪与认知）是在一定环境中学习的结果，治疗心理疾病就是一个改变行为的学习过程。

一、经典条件反射

经典条件反射是以无条件①反射为基础而建立的"刺激—反应"过程。在一定的环境中，一个中性刺激先出现，然后很快是无条件刺激出现，伴随的是无条件反应。这一过程反复出现多次后，"刺激—反应"就发生了质的变化：学习行为产生了。首先，中性刺激变成条件刺激。所谓中性刺激，就是个体接触这样的刺激后，不会产生任何反应。条件刺激，就是指经过一定环境下的学习，这个刺激出现后个体会做出某种应答性的反应。其次，无条件反应变成了条件

---

① 所谓条件（condition），就是在一定情境下的影响或学习过程。"无条件"就是没有经历后天特定环境中学习这一过程。

反应。所谓无条件反应，就是在一个无条件刺激出现后，必然会出现的应答反应。比如，杏子出现（无条件刺激），个体口腔有涎液分泌（无条件反应）。条件反应就是通过后天一定环境中的学习，当刺激出现后就会伴随相应的反应。"杏子"这两个汉字一出现（条件刺激），个体口腔有涎液分泌（条件反应）。最后，学习行为产生了。因为个体学会了这样的"刺激—反应"联结："杏子"汉字——口腔有涎液分泌。

现在完整地重新表述经典条件反射原理。

第一步，呈现中性刺激："杏子"这两个汉字（所谓中性刺激，就是看到它没有任何反应）。

第二步，呈现无条件刺激：杏子实物（所谓无条件刺激，就是说这是先天或遗传形成的，不需要后天学习，见到它就会有相应的反应）。

第三步，出现无条件反应：口腔有涎液分泌（之所以是无条件反应，是因为看到杏子实物，就会分泌涎液，这不需要后天学习，是先天形成的）。

重复这样的过程，最后达到这样的效果：

出现杏子两个汉字，而不出现杏子实物，个体就会口腔分泌涎液。

注意，在最后的效果里，杏子两个汉字由原来的中性刺激，变成了条件刺激，而涎液分泌由原来的无条件反应，也质变为条件反应。总之，个体学会了看到汉字"杏子"，就会产生行为"分泌涎液"。

经典条件反射原理是由俄国生物学家巴甫洛夫发现的。他以狗来进行实验。给狗投喂食物时，他把食物放在狗的嘴边，狗就开始分泌唾液，这当然是一种无条件反应的行为。如果在给狗投喂食物时，首先呈现一个中性刺激（如铃声），然后再很快呈现食物，这样反复几次，就会发现，狗听到铃声（而不出现食物）也会分泌唾液。当一个中性刺激跟随无条件刺激反复出现几次后，最后即使在无条件刺激不出现而只有中性刺激（此时已变成条件刺激）出现时，也会引起只有无条件刺激才会导致的反应（此时已变成条件反应），这就是初级条件反射的形成。在初级条件反射的基础上，还可以引入一个新的中性刺激，而建立次级条件反射。由于人类具有概念与语言能力，这样概念与语言就变成了条件刺激，从而可以通过语言与概念建立起复杂的条件反应系统。实际上，人类难道不正是通过语言来学习复杂的行为吗？

经典条件反射原理包括如下几个非常重要的概念。

（1）强化。就是在呈现条件刺激后，要给予无条件刺激，以便来增强条件反应的强度、频率或延时。强化是形成并且维持条件反应的基础。如果没有强化，即使是间歇性的强化，条件刺激也将慢慢地退化为中性刺激，最终使学习效果大大减弱，甚至消失。

（2）泛化。是指对一个特定的条件刺激形成的条件反应，可以由类似的其他条件刺激引起。或者说，条件反应也可以迁移到一个类似于原来条件刺激的情境中。比如，蛇是无条件刺激，它会引起害怕反应；蛇常出现在稠密的草丛中，结果人们看到草丛就会产生害怕反应。泛化可能是很多心理疾病能够发展的原因，因为在一种情境中学会的行为，在类似情境中可能会得到强化。

（3）分化。分化是与泛化相反的过程。在泛化发生后，为了达到只对特定条件刺激起反应的目的，对类似条件刺激导致的反应不给予强化（不给予无条件刺激），这样，类似条件刺激导致的反应泛化就会慢慢消失。也就是说，个体能够把特定的条件刺激与其他类似的条件刺激区分开来，只对这个特定的条件刺激做出条件反应。分化反应是选择性强化与消退共同作用的结果。

（4）消退。已经形成的条件刺激——条件反应这一联结不再被强化，从而这个联结逐渐变弱，最终消失。这就是条件反应的消退。比如，如果狗只听到铃声就会分泌唾液，则开始时唾液分泌会很多，但如果不继续给予（间歇）强化（在铃声响后给予无条件刺激——食物），慢慢地，铃声将不会再诱发唾液分泌。

二、操作性条件反射

尽管经典条件反射可以解释部分人类的学习过程，但它所揭示的是人类被动应答外部刺激的过程。实际上，人类对环境有主动的适应性，在更大范围内，人类的学习是一个操作性条件作用的过程。操作性条件反射的关键在于，有机体（动物或人类）在环境中发出一个行为，这个行为会对环境产生影响，并导致某种结果。这个结果可能是消极的，也可能是积极。如果是积极的，那么，有机体会继续重复前面的行为；相反，如果是消极的，那么有机体很可能会抑制前面的行为。这样，有机体就知道，在环境中应该发出什么样的行为，因为它知道了特定行为所带来的结果。也就是说，有机体学会如何去主动适应这个环境。根据学者斯金纳的观点，人类在后天学会的一切行为，都可以用操作性条件作用来解释。尽管这有夸大之嫌，但人类相当多的行为确实可以用这一原理来进行解释。

那么，既然人类的行为可以由行为的结果所塑造，是否可以设置一定的环境结构，使特定的行为能够导致特定的结果，这样就可以有目的地预测、控制和塑造人们的行为。基于操作性条件作用而产生的行为疗法，在很多行为问题的矫正中有非常好的效果。

操作性条件反射的一些关键概念如下：

（1）强化。简而言之，强化就是指行为由其结果所增强。强化分为正强化与负强化。正强化是指行为可以带来积极的事物，这个事物是个体所趋向的，所以行为得到了增强。而负强化是指行为可以导致某个厌恶性的刺激消失或者减弱，所以这个行为也得到了增强。比如，孩子尖利的喊声是母亲所厌恶的，母亲打了孩子一巴掌，孩子停止了哭喊，母亲所厌恶的刺激消失，这样母亲打孩子巴掌的行为得到了负强化，以后孩子一旦哭喊，母亲定会再给巴掌。人们喜欢金钱，努力工作后工资会提高，所以努力工作的行为被高工资正强化了。

（2）惩罚。如果说强化总是增强行为的频率、强度或延时，那么，惩罚则会减少或抑制某种行为。比如，教师不喜欢学生迟到，如果某位学生迟到了，教师就会让他课堂外站立 10 分钟，这样学生的迟到行为减少了。这就是惩罚过程。必须注意的是，强化总是增强行为，而惩罚则是减少行为的发生。

（3）消退。此处的消退与经典条件反应原理中的消退概念是一致的。即某个行为被学会之后，如果强化逐渐淡出，那么，这个行为也将慢慢减弱，直到消失。比如，努力工作的行为是被奖金正强化的，但随着奖金停发，努力工作行为也不再被正强化，这样努力工作的行为就减弱直到消失。需要注意的是，要达到彻底消退，就必须完全消除强化；如果偶尔强化，那么，行为很可能被增强，而不是消退。比如，售卖产品时的抽奖活动是一种偶尔强化，它非常有力地强化了人们的购物行为。

为了使行为不出现消退，但同时也为了节省强化的成本，可以使用间歇强化，或者偶尔强化。这就是强化程序的设置。斯金纳发现，固定比率程序、变动比率程序、固定时距程序以及变动时距程序，都是非常有效的强化程序，它们可以使行为一直保持在较高水平，但同时也节省了强化的成本。

三、社会观察学习

早期的行为主义倾向于用"刺激—反应"这一联结来解释人类的学习行为，认为强化是影响学习过程的决定因素，而忽视了人类的内部心理过程，如欲望、动机、认知与情绪等。早期行为主义者认为，人们的内部心理过程是不可以观察的，是主观的，是不可以控制的，因此不具有研究的价值。而后期的行为主义者如班杜拉等人，则意识到人类内部的心理过程在"刺激—反应"中的作用。他们认为，人们的认知、情绪或动机等意识内容在"刺激—反应"联结中发挥着非常重要的作用，如果没有这些内容的参与，那么学习就不可能发生。这实际上是肯定了人们在学习中的主观能动性。

班杜拉很重视学习过程中的社会变量，他很少用动物来做实验，而是喜欢用人来做实验。比如，他在实验中发现，儿童在观看电视中的攻击行为后，在现实生活中更可能表现出攻击行为。由此，他建构了自己的观察学习理论。这一理论认为学习包括四个过程，即注意过程、保持过程、动作再现过程以及动机过程。通俗解释，就是个体认真观察榜样的行为，并且记住这些行为，然后在适当情境中就会表现出这些行为；在整个过程中，动机贯穿其中。比如，如果认为这种行为很有用，则个体就会很想学会它（动机强），那么，个体注意力就会更为集中，更认真观察榜样示范，对榜样的行为也会记得更为牢固，而未来在一定情境中也更倾向于重复榜样的行为。

班杜拉并不否认强化对学习的作用，相反，他非常重视强化的作用。他把强化分为三种类型。一是外部强化，个体通过观察，发现某种行为会带来有价值的结果，因为榜样这样做时就获得了好的结果。班杜拉在研究中发现，当榜样向儿童们示范一些行为时，儿童更喜欢学习那些得到奖赏的行为，而不愿意学习那些没有奖赏或受到惩罚的行为。同时，班杜拉指出，强化物是多种多样的，未必都是物质形式，它可以是微笑、社会赞许或朋友欣赏等。二是替代强化，即看到与自己情况类似的他人做出某种行为后，获得了有价值的结果，这时，这种行为的学习就会被强化。也就是说，别人这样做可以得到好处，我自己这样做也应该可以，所以这种行为值得学习。三是自我强化，即人们在发出某种行为后，积极肯定自己、赞许自己，这种行为也会得到增强。人们更倾向于表现出让自己满意的行为，而厌恶做那些自己不认可的行为，这就是自我强化。

四、行为主义疗法与心理健康

行为主义理论认为，很多异常行为是通过后天环境中的学习而形成的，因此，也可以通过学习来矫正这些异常行为。行为主义疗法不关注与行为有关的内部心理过程，如潜意识、动机、欲望或情感等，而是关注外部环境变量。行为主义认为，通过分析环境，巧妙使用经典条件作用、操作性条件作用以及强化程序，就可以改变患者的异常行为，从而矫正心理疾病。后面要学习到的肌肉放松方法也是基于行为主义理论而发展起来的。此外，现在人们一般将认知与单纯的行为主义相结合，发展出了认知行为疗法。比如，先分析异常行为的认知原因，如背后隐藏的非理性观念，然后代之以合理的观念，并用行为主义的方法来观察记录合理观念的实践过程。在后面章节中，我们将会谈到一些异常人格的自助矫正，实质上也是基于行为主义原理。

第三节 认知主义理论

人类为万物之长，根本原因在于人类的认知能力远超其他生命。那么，何为认知？认知就是指接受信息、对信息进行处理并且利用的过程。具体而言，它包括感觉、知觉、注意、记忆、想象、推理与判断等活动。只有通过认知过程，我们才可以更好地认识自身以及外部世界。

在心理学的知识体系中，存在着认知主义流派，他们主要研究人类如何接受信息以及利用信息，包括信息对行为与情绪的影响。很显然，在所有的人类行为中，认知具有非常重要的作用，尽管情绪也在推动行为。从根本上来说，所谓心理，就是指大脑对外部信息的一种主观反映。这里的主观反映主要就是指认知活动与情绪过程。认知可以引导我们的行为，决定我们的交往对象与方式。心理健康与否，在很大程度上取决于认知。可以说，认知出现偏差，就会在情绪与行为上出现偏常。比如，认为别人都充满恶意的人，更倾向于对所有人抱有敌意，并表现出敌对行为。态度、信念、价值观与人生观等，都属于认知范畴。认知在一定程度上可以决定个体的身心健康水平。

一、信息偏向与情绪问题

人类在关注外部信息，以及对信息进行加工处理时，会出现对特定信息的偏好，即存在着明显的认知偏向。这种认知偏向对情绪问题的产生、维持以及康复有重要的影响。大量研究表明，孤独、焦虑和抑郁人群在关注外部世界时，更倾向于注意那些有消极意义的信息；或者，即使是中性的事件，也会被他们看成消极事件。这本质上是负性认知偏向。

一个总是离群索居的孤独症患者，是如何看待周围世界的？一般而言，在其认知中，会更多地看到交往威胁性信息，会更多地注意到别人脸上的愤怒与悲伤的表情，会更多地看到让人恐惧的线索。脑电观察表明，孤独症患者的这类信息偏好与常人相比在神经反应上有明显的差异。

焦虑症患者看待周围世界时，也会表现得与常人不同。通常情况是，容易焦虑的个体，在事件发生后，会更多地注意到阻碍自己摆脱困境的线索，而对于那些积极有利的信号则熟视无睹。他们会较快地注意到环境中对自己非常不利的事件或信息，并且很难摆脱对消极信号的注意。

抑郁症患者以很消极或悲观的方式来看待自己以及生活。在临床中观察到，抑郁病人非常容易回忆起以往的伤痛，包括亲人去世、朋友欺骗、自己的缺点，甚至是下雨的天气，而这些消极回忆又增强了其悲伤的情绪。如果让抑郁症患者阅读一份报纸，他们会更倾向于阅读那些悲欢离合的故事，会对那些分离的情节有更好的记忆。近期的研究发现，如果母亲罹患过严重的抑郁症，其年幼子女即使没有出现明显的抑郁症症状，他们的注意偏向也会发生问题——他们会对生活中的消极事件有更准确的注意与记忆偏向。[1] 这意味着，这些子女在今后的人生中也更可能罹患抑郁症。这还可能暗示，具有遗传能力的生物因素改变了大脑的情绪调节功能，使大脑更倾向于加工消极信息，从而导致抑郁情绪。[2]

二、信息解释与情绪问题

同样的信息可能有不同的解读方式，也就是说，信息的解读可能因人而异。通常而言，人们认为理智肯定会战胜情感，实际上，在日常生活中，认知与情绪总是相互纠缠，很难判断在信息解读中哪一个占据了主导作用。近年来的研究发现，孤独症、抑郁症以及焦虑症患者，在面对模棱两可的信息时，往往会进行非常消极的解读，总是倾向于将"好事"看成"不是什么好事儿"，最后再将"不是什么好事儿"看成"坏事儿"，然后就是紧张、唉声叹气或坐卧不宁。

两项元分析表明，当社会信息，比如，言语行为、面部表情等，是模棱两可或者说是明显中性时，高焦虑水平的成年人和青少年都倾向于解读出不利于自己的消极含义。[3] 此外，患上社交焦虑的病人更是经常以"灾难化"的方式来解释自己生活中遇到的交往细节，并以"打折"的方式来看待生活中积极的小事儿，认为好事儿后面总是隐藏着未知的坏事儿苗头。[4] 如果说"塞翁失马，焉知非福"是经常用来安慰遭遇不幸的人，那么，对抑郁或焦虑的患者来说，往往是"塞翁失马，福从何来"式的自问。

[1] BECK C T. The effect of postpartum depression on maternal-infant interaction: a meta-analysis [J]. Nursing Research, 1995, 44 (5): 298-304.
[2] PLATT B, WATERS A M, SALEMINK E, et al. A review of cognitive biases in youth depression: attention, interpretation and memory [J]. Cognition and Emotion, 2016, 31 (3): 1.
[3] 李涛，冯菲. 社交焦虑解释偏差：研究范式、特征及矫正 [J]. 心理科学进展，2013，21 (12): 2196-2203.
[4] STUIJFZAND S, PEARCEY S. Research Review: Is anxiety associated with negative interpretations of ambiguity in children and adolescents? A systematic review and meta-analysis [J]. Journal of Child Psychology and Psychiatry, 2018, 59 (11): 1127-1142.

那些抑郁症患者的认知充满着解释偏向，这也可能是加重他们抑郁情绪的一个重要因素。研究发现，在贝克抑郁量表上评分超过 14 的青少年，相比于正常组的青少年，更倾向于从含义模糊的情境任务中读出消极意义，并且抑郁得分越高，读出的消极意义就越多。此外，与那些父母从未患过抑郁症的同龄人相比，父母患过抑郁症的女孩在生活中也表现出明显的消极解释偏向。临床经验表明，消极解释倾向能够显著预测抑郁症的严重程度。

在生活中，人们总是倾向于对事件的发生进行归因，也就是探究事情为什么会如此发生。归因过程与情绪也有关系，并且会深刻影响情绪的发展。研究发现，抑郁症患者更倾向于将消极事件进行自我归因，即将那些结局不好的事件归责于自己，认为都是自己的错才导致事情如此结局。但是，即使事情发展顺利明显归功于自己，抑郁症患者也不会这样认为。那些从小经常遭受无理由打骂的孩子，可能已经形成了一种"自责"的归因方式，他们会认为正是由于自己的"错"，才使父母这样生气，"都是自己不好""自己很没有价值"这样的信念会深植于他们的内心。消极的归因方式一旦确立，很难再纠正过来，相反，会不断得到非理性的强化。因为这些孩子在成长过程中，会选择性地注意生活中的信息，无意识地悄然强化这种归因方式。这就是小时候遭受虐待与冷暴力的孩子在人生历程中更容易罹患抑郁症的原因。

三、执行功能的作用

认知是大脑的功能。认知发生偏差与大脑相应部位的生物化学因素改变有关。研究表明，执行功能是大脑前额皮层有关的一组通用的控制机制，属于高级认知功能，负责对思想和动作的动态过程进行监督、控制与调节，是自我控制行为和目标追求行为的核心部件。大脑前额发育水平以及其内部的生物化学过程发生改变，常常导致执行功能发生变化。

执行功能所涉及的认知过程相当广泛，如注意过程、信息记忆、反应抑制、行为计划以及自我监控等。从心理发展来看，执行功能从出生到成年期一直在不断发展，特别是 2 岁到 5 岁之间是一个发展的关键时期，而 12 岁时，就可以基本达到成年人的水平。这意味着，在生命早期所遭受的心理创伤可以显著影响终身执行功能。[①] 我们可以发现，在日常生活中，有些人自制能力比较差，比如，他们不能抵御不良刺激的诱惑，吸烟、吃垃圾食品或过度饮酒等，而有些

---

① 李美华，白学军. 执行功能中认知灵活性发展的研究进展 [J]. 心理学探新，2005，25（2）：5.

人则容易产生冲动行为，尽管在理智上也知道冲动是魔鬼。总之，个体在控制、调节与计划自身的行为方面，大脑前额皮层的发育至关重要。

执行功能很可能与主动健康行为有紧密的关联。主动健康行为需要个体发挥自己的主观能动性，很好地计划与监控自己的行为，而执行功能较差时，个体往往不能做到这一点。比如，有研究发现，在青少年儿童中，执行功能差者有更多的物质使用、食用垃圾食品与久坐行为，而健康行为则较少，如较少食用水果蔬菜、较少日常锻炼等。① 因为执行功能较差，导致肥胖干预的效果不好。

四、理性情绪疗法

理性情绪疗法由阿尔伯特·艾利斯等人创立，是目前世界上较为流行的治疗方法之一。这一方法将认知疗法与行为疗法相结合，也被称为理性情绪行为疗法。艾利斯等人认为，人之所以会陷入抑郁、焦虑或其他不良情绪之中，主要是因为错误的认知，如不健康的态度、信念、价值信条等。在这些错误认知的指引下，个体在行为上陷入了困境，从而产生了不健康的情绪。艾利斯将这一过程描述为一个"A-B-C"过程。举例来说，假设你的异性伴侣在电话中说打算与你分道扬镳，这就是 A。在艾利斯看来，A 就是诱发事件。然而，在心理咨询过程中，你作为患者，常常认为是 C，即情绪结果，因为此时你情绪抑郁、焦虑，甚至有自杀意念。如果从逻辑上来看，你是如何从 A 发展到 C 的呢？为什么生活中的挫折或困境会带来这样的情绪结果呢？答案是，你在 A 与 C 之间加入了 B，即非理性观念。异性伴侣分手是非常常见的事情，月无百日圆，有合有分，关键是你听到分手消息后会有这样的内心对话："我怎么这么没有能力，连一个对象也拴不住？""离开了他，我怎么办呀？"等等。类似的内心对白显然是不合理的，是站不住脚的。但很多人确是在不合理信念的驱使下，慢慢陷入抑郁的泥潭而不能自救。

艾利斯认为，很多人由于生活经验的原因，总会形成这样那样的不合理信念，并且有意无意地在生活中践行这种信念，直到他们陷入心理困境之后才会发现自己的荒谬之处。假如你大学毕业后没有找到理想的工作（A），但同时你内心中又抱有"考上大学定会有好的工作"（B）这样的非理性信念，你就会得

---

① RIGGS N R. Relationships between executive cognitive function and lifetime substance use and obesity-related behaviors in fourth grade youth [J]. Child Neuropsychology, 2012, 18 (1): 1-11.

出这样的结论：我的命运怎么这样不济！并因此而陷入了抑郁与焦虑，一蹶不振（C）。相反，如果你认为大学毕业也未必能够找到好工作，那么，面对目前的情况，你的心境肯定不会这么差！艾利斯在研究中发现，人们所践行的非理性观念有时是非常隐蔽的，甚至是潜藏在无意识之中，但它们又能够偷偷地指挥人的行为与情绪，因此，在治疗过程中非常棘手。

使用理性情绪疗法，要达到两个目标：其一，心理患者要意识到，他们是如何在生活中践行非理性信念的，并要彻底意识到这些非理性信念；其二，咨询师与患者要一起努力，使用合理信念来取代非理性信念，并且帮助患者在日常生活中践行理性信念。比如，当遭遇伴侣背弃时，尽管心情非常抑郁，但也要知道，背弃本身就是情感世界中的一种常态，一段关系结束也是另一段关系的开始，可以在生活中再去寻找新的情感关系。这样，尽管 A 的内容是相同的，即伴侣背弃了自己，但 B 的内容截然不同。这种情况尽管确实让人不愉快，但也不是灾难，没有必要用抑郁与焦虑来惩罚自己。

下面是艾利斯咨询案例的一部分，从中可以看出他是如何解决非理性信念的。

来访者：好了，就是这些事情经常困扰我，我总是害怕自己做错事情！

艾利斯：为什么？你到底在害怕什么呢？

来访者：我也不知道我害怕什么。

艾利斯：你刚才说你是一个愚蠢的女人，当你发现自己又做错事情时，你会觉得自己是一个愚蠢的人。

来访者：但是我总是这个样子。每次做错事情时，我就会抑郁、焦虑很长时间，走不出来！

艾利斯：你责备、贬低自己，但是为什么？你内心害怕什么？你这样对待自己能够使自己改进吗？能够使你自己少犯错误吗？

来访者：我知道我这样对待自己无济于事。

艾利斯：那你为什么还责备、贬低自己呢？为什么说一旦做错事情，自己就是一个愚蠢的人呢？有谁这样说过，做错事情就是愚蠢的女人吗？

来访者：我想那只是我的感觉。

艾利斯：这是你的想法或观念。这种观念是"我是一个愚蠢的女人！"然后你内心就会有这种念头："哎，我真是没有价值，真是无能！"然后再进一步，你就会内心特别难受，情绪低落、紧张，不知道怎么办才好。

来访者：我就是这样想的，做错事，就是愚蠢；如果不做错事，别人都会尊重你，看得起你！如果我把所有事情都做得完美，别人就会很尊重我！

艾利斯：是的，问题就在这里。这是一个很要命的错误观念：如果你从不做错事情，别人就都会尊重你，看得起你！但世界真的是这样吗？即使你从来没有做错事情，人们都会尊重你吗？他们也许会嫉妒你，你知道吗？

心理咨询师要努力帮助患者找到那些支配情绪的非理性信念，让患者认识到非理性信念的荒谬之处与害处，这就意味着咨询成功了一半。当然，这并不是一件容易的事情。很多人能够轻易地识别别人所践行的非理性信念，但是当自己身处之中时，茫然不知。尽管如此，但是理性情绪疗法简单直白，在心理咨询中也起到了很好的效果。

第四节　人本主义理论

人本主义心理学是 20 世纪 60 年代在美国兴起的一个心理学派。这一学派是在批判精神分析理论与行为主义理论的基础上建立起来的。其主要观点是：心理学应该关心人的价值与尊严，研究人类成长的潜能与人生的意义，而不是探讨人类邪恶的无意识以及动物一般的行为规律。

在心理健康观念上，人本主义和精神分析、行为主义有根本的区别。人本主义认为，免于神经症或精神疾病并不意味着心理健康，只能说明满足了心理健康的基本条件。实际上，严重的心理疾病以及真正心理健康的人只占整个人类很小的比例，而大部分人位于较为健康的状态之中。这些人虽然没有临床水平的心理疾病，并且对日常生活也比较满意，情绪较为稳定，行为也算正常，但也难免遭受无聊、厌烦、孤独、呆板等消极情绪的折磨。他们在生活中很少体验到欢乐、热情以及强烈的责任感与义务感。也就是说，他们没有成为真正的自己，没有能够酣畅淋漓地发挥自己真实的能力。人本主义理论认为，真正心理健康的人应该是内心非常充实丰富、精神满足、潜能得以发挥、人生价值得以体现的人。

一、罗杰斯对人的看法

罗杰斯认为，人基本上生活在自己建构的主观世界之中，就像他常常沉溺于数学或其他科学领域之中，因为这是他的主观选择与追求。我们必须记住人是主观的，每个人通过感知客观的外部世界而构造了自己的主观世界。每个人都有自己的主观目的与选择，心理咨询应该以当事人为中心，而不是以客观情境为中心。

人们处于特定的情绪状态是由于主观世界的原因，而不是因为某种腺体分泌这样客观的因素。发怒则怒有所指，示爱则爱有所向。一个人总是朝着自我选择的方向前进，因为他是一个能思考、有感觉、有偏好、能体验的活生生的人，他要通过选择与行动来实现自己的主观需要。

每个人的生活经验都是独特的，因此对外部客观世界有着独特的认识，包括态度、价值观与信仰等。每一个人都有独特的地方，心理咨询必须尊重其独特的主观世界，不能将咨询师本人的精神世界强加于来访者身上。凌驾于人是不能够从认知、情感以及行为上改变任何人的。

罗杰斯指出，人基本上是诚实的、善良的、可以信任的。这些良好的品质是与生俱来的，而人们内心中比较"恶"的品质也不是来自其本性，而是因为客观世界的伤害而导致的自我防御的产物。不良环境严重影响了人们的自我实现进程。如果环境适宜，每个人都可以用决策来引导自己、指导自己的生活、调整自己的目标行为，从而在具体的环境中不断走向自我实现。以当事人为中心的治疗就是要唤醒当事人内心的积极力量与良好品质来战胜生活中的困境，从心理阴霾中走出来。

二、人具有实现自我的倾向

所谓自我实现，就是指个体充分发挥自己的潜能，真正成为自己想成为的那个人。每个人都有实现自我的倾向，这是人类行为的基本动力，也是人类主观能动性的具体体现。自我实现不仅包括努力追求生命本身之外的事业，而且包括人类自身的再生产，即繁衍后代。

自我实现是积极的、有意义的，可以使生命体充满幸福感与活力。当自我实现的进程被现实生活的客观因素阻碍时，个体的精神世界就会出现问题，从而产生心理疾病。而以人为中心的人本治疗，就是要帮助来访者重新分析与建构自己的主观世界以排除这种障碍，重新确立正确的前进方向。

每个人的自我实现都是独特的、主观的，是由自己的主观世界决定的。每个人的主观世界就是自我的本质，他观察、体验与构造这个经验世界，并且认为这个主观经验就是真正的现实。其行为、思想、感受直接由这个经验世界决定。正是基于此，不同的人对相同的客观事件会有不同的观察、理解与解释，也会有不同的应对反应。

实际上，只有自己才能更理解自己的经验世界，而其他人包括心理咨询师，也只能管中窥豹或者雾里看花，甚至是盲人摸象——他们只是通过自己的主观经验来尝试性地对接来访者的经验世界，以便达成共同理解。因此，在整个咨询过程中一定要以当事人为中心，而不是以咨询师为中心。

三、自我理论

自我理论是心理功能失调的基础。自我是个体主观经验世界的重要组成部分，位于经验世界的核心位置。自我包括自我意识以及自我评价。自我在生活中不断与他人、社会环境发生关系，因此，自我尽管主观，但并不孤立。个体通过观察、感觉社会关系中的自己而形成自我。

自从个体脱离母体之后，自我就开始慢慢形成。最开始的时候，个体的主观世界是混沌一片，孩子并没有形成"我"的概念，认为自己与别人以及整个周围世界是一个整体。随着个体与环境、他人不断地发生关系，他开始感受到别人与环境的反馈，慢慢地将自己从主观经验的世界中区分开来，逐步形成自我。

在儿童有了初步的自我观念之后，其自我实现开始萌动，他开始在环境中进行各种探索活动，并与他人发生互动关系。探索活动迅速扩大了其主观经验，其中包括让自己舒适满意的经验，也包括让自己痛苦不满意的经验。慢慢地，孩子逐渐有意识地去追求那些让自己满意的经验，而故意回避那些让自己不满意的经验。最为理想的发展情况是，孩子能够通过自己的探索与尝试形成自主性，通过自己的选择来引导自己。这样，孩子在成长中就会形成积极的自我。

但是，在孩子寻求积极经验的过程中，会受到他人的评价，特别是父母的评价。当孩子所做的事情符合父母的要求时，孩子就会获得积极的体验，包括爱与尊重；相反，就会获得消极的体验，如情感忽视与批评。也就是说，孩子在此时很可能失去自主性，而要采纳父母的价值观、信念为标准。这样，有条件的尊重与爱就形成了。父母并不会无条件地去尊重与爱自己的孩子，而是成了有条件的情感付出，这将会影响到孩子的心理健康。

当儿童意识到这种有条件的尊重与爱之后，他们就会逐渐明白什么是好的行为，什么是坏的行为；如何表现才能成为好孩子，如何表现才能避免成为坏孩子。他们会把这些信念、价值观或标准内化到心里，外化在行为上。这样，自我的内容进一步丰富了。儿童的行为不再简单地受自主性指引了，而是受到了社会价值规范的指导。这在本质上也是一个社会化的过程。

自我包含着生命早期所形成的社会规范。当个体成年之后，还会受到其他社会规范的影响，或者说，由于所处的环境不同了，或者由于社会规范的逐渐变化，已经被内化的社会规范与现在外部的社会规范起了冲突，也就是说，自我与现实的社会规范起了冲突，此时，个体的主观经验世界就会受到冲击，失去平衡，从而产生心理失调。在以当事人为中心的治疗观念看来，所有的心理功能失调都来自自我与外部观念的不一致甚至冲突，不一致程度越明显，个体的心理问题越严重。抑郁、焦虑、强迫、恐怖等情绪问题，皆是个体主观经验世界失去平衡而不能适应环境的结果。

四、当事人为中心的治疗方法

以当事人为中心的治疗目标是发现真正的自我，并努力去实现它。这是一个"去伪存真"的过程。"伪"就是一个为了讨好别人与社会期望而"假装"出来的自我，以及由此衍生出来的生活思想、观念与行为。"真"就是率真的本性，在生命早期所形成的真正自我，它包括思想、观念、态度、价值观与行为方式。罗杰斯经常用"要变成自己，活出自己""卸下面具，展现真我"这样的话来说明心理治疗的真正目标。

在治疗过程中，咨询师要与当事人建立一个适当的关系来帮助他成为一个自主的人。一旦当事人发现自己的真实面目，他就会变成一个崭新的人，一个"能够充分发挥主观能动性的人"，并会出现如下改变：

（1）对自己有更为实际的看法。

（2）更为自信，具有较强的自主性。

（3）能够接纳自己，以及自己的想法与感受。

（4）能够比较积极地评价自己。

（5）较少压抑自己的愿望。

（6）行为上表现得比较成熟，社会适应能力更好。

（7）更能够有效应对压力，勇敢面对挫折。

（8）性格表现会较好，行为、愿望与感受会更为一致。

（9）更为容易接近别人，接纳别人。

总而言之，当一个人逐步走向自我实现时会更为自信，心胸会更为开放，在生活中会更有主见，知道自己真正需要的是什么，同时也会认识到人生其实就是一个过程，其间最为重要的就是让它充满意义、更为丰富。

五、治疗的基本条件

罗杰斯认为，治疗效果在很大程度上取决于咨询师与当事人之间的人际关系质量。高质量的关系应该是：咨询师要无条件地关注、尊重当事人，要显示出真诚、开放心态以及共情，以便让当事人感觉到心理安全。

　　所谓真诚，是指咨询师应该以真实的自己与当事人进行沟通，不要试图虚伪地防御自己，也不要试图去扮演某种高贵或完美的角色，而是要让当事人真切感受到自己的真诚相待，在治疗过程中愿意与当事人一起分享内心感受与情感，甚至当对当事人有某种特殊的看法与感受时，也要真诚地告诉当事人。

　　所谓无条件地尊重，是指咨询师应该对当事人没有任何价值判断，无论如何都要尊重当事人的内心欲望与情感，要让当事人感觉到咨询师的理解与接纳。它实际上包括两个要素：一是，咨询师很重视当事人的内心世界，并且不断表现出自己的温情与关心；二是，无论当事人在生活中表现如何都要接纳他，努力理解他的处境。在这里需要指出的是，无条件地尊重并不是赞同与默许当事人去做那些危害别人与社会的事情，也不是包容他们内心邪恶的观念与价值观。而是要承认当事人本质是善良的、积极向上的，咨询师要批评与纠正他们的不良行为与观念，但要让当事人知道他们的本性与大多数人一样，是非常善良的、充满正义的。

　　所谓共情，是指尽量从当事人的视角或处境去理解当事人现在的内心情感。要达到正确的共情，咨询师首先要了解当事人的价值观、信念，而不是坚持自己内心的人生哲理。从当事人的视角去审视事件或困境，努力将当事人立于同等地位去猜测、体会当事人的内心世界。为此，咨询师应该做到如下几点：

　　（1）有能力与当事人深入沟通。

　　（2）反应能够符合当事人想要表达的想法或情感。

　　（3）平等对待当事人。

　　（4）能够理解当事人的内心感受。

　　（5）想方设法去理解当事人的真实内心。

　　（6）理解并掌握当事人的认知方式。

　　（7）让语气或语调显示理解与尊重。

六、治疗的基本过程与特点

　　罗杰斯指出，心理治疗并没有明确的步骤，每个可能的步骤其实都是紧密联系的。这些可能的步骤是：当事人前来求助，咨询师向当事人介绍咨询或治疗方案，鼓励当事人敞开心扉、充分表达自己；咨询师要接受、认识与澄清对方的观念、价值观与情感，以及当事人的内心潜能与优秀品质；咨询师对当事人的积极品质进行赞赏、接纳并鼓励；让当事人开始理解并接受真实的自我；帮助当事人制订可能的行动方案，并鼓励其主动行动；疗效产生，并进一步扩大疗效；当事人全面成长，治疗结束。

总之，人本主义治疗方法有如下特点：

（1）充满人本主义色彩。它相信人的本质是好的，充满着正能量，如果环境合适每一个人都可以健康成长。相信人有强大的主观能动性，能够自主自立。强调恢复和提高人的价值与尊严。

（2）重视当事人的主观经验世界。罗杰斯指出，一个人的主观经验世界才是他的现实世界。他的经历、他的志向、他的情感以及他的欲望，只有真正进入他的主观世界才能真正理解他、帮助他。所以，以当事人为中心的治疗方法反对使用简单的外部指标与标准来测量、评价当事人。因为这种冷冰冰的指标往往是抓住了症状而忽略了人的整体性与其丰富的主观经验。所谓量化指标并不能生动反映一个活生生的人，而人本主义正是通过深入理解当事人的内部经验世界而帮助其重新走向自我实现。

（3）反对教育的、行为控制式的治疗。以当事人为中心的治疗有一个基本假设，即当事人有能力发现自己的价值所在与优秀品质，也能够在帮助之下参悟自己的问题所在，并且能够发挥主观能动性，来解决自己的问题。所以提问式的、命令式的与教导式的治疗方法大可不必。不要总是以教师的态度，告诉当事人应该怎么样，不应该怎么样。同样，以当事人为中心的疗法也不会以"强化""激励"以及"惩罚"的手段来掌控当事人。

（4）由当事人主导治疗过程。如上所述，最能够了解当事人的是当事人本人。所以，会谈的主题和方向应该由当事人来掌握，并由当事人来选择。治疗者相信当事人有能力主导治疗进程，并且相信没有治疗者的指导性干预，当事人也能够自由地进行自我探索，从而获得对自己最有价值的收益。

（5）朋友式的关系。罗杰斯认为，咨询师在会谈时要营造一种相互信任的气氛，咨询师应该主动建设这种气氛。一般而言，当事人会有一种不信任或受威胁感，这时咨询师要努力建立一种朋友式的关系，用真诚、真挚来感染当事人，拉近心理上的距离。因此，双方都应该脱去角色面具，以真实的自我进行沟通。

以当事人为中心的治疗方法特别重视倾听技巧，包括开放式咨询、深入理解、情感反馈、真诚鼓励以及自我表达等。相反，这种疗法很少用影响性技巧。在实际的治疗过程中，很多当事人主要要求咨询师给予指导，告诉自己应该怎么办，但咨询师应该努力帮助当事人理解自己的问题，并且找到解决问题的办法。

课后练习题

1. 名词解释：潜意识、意识、前意识、心理防御机制、经典条件反射、操作性条件反射、强化、正强化、负强化、惩罚、自我实现、无条件尊重。

2. 辨析题。请分析下面的观点，看其是否有道理，并列出支持和反对该观点的事实或理由。

（1）健康的童年治愈一生，而不健康的童年一生也难以治愈。

（2）行为皆出自理智，是自己思考后的选择。

（3）我对别人好，别人对我也得同样的好。

（4）每一个人都是一个世界，没有人真正理解。所以有心理不适时，没有人能真正帮得上自己。

3. 建议阅读文献：

（1）李晓驷．精神分析理论生物学基础断想［J］．中国心理卫生杂志，2005，19（7）：4.

这篇文章介绍了目前精神分析理论的研究，并指出了这一理论可能具有的生物学基础。

（2）徐芬，蒋莉．运用行为矫正方法改进注意缺陷儿童课堂行为的研究［J］．心理发展与教育，1998（3）：5.

这篇文章描述了使用行为主义方法矫正多动症的过程，值得一读。

（3）孙宪波．认知行为疗法对强迫症的治疗效果［J］．中外女性健康研究，2017（16）：2.

这篇文章描述了认知行为疗法治疗强迫症的简要过程与效果，值得一读。

（4）邹海蓉，刘辉．罗杰斯"以人为中心"治疗理论的述评［J］．湖北社会科学，2005（12）：2.

这篇文章比较深入地评价了人本主义治疗的原则与不足，值得一读。

4. 根据本章的内容，分析来访者心理与行为背后的原因。

文雅，女，已经婚育，36 岁，大专学历，家庭主妇。丈夫是公务员，夫妻二人感情很好，但偶尔也有小吵小闹。两口子育有一个男孩，已经 5 岁，孩子很懂事也很可爱。文雅母亲身材瘦小，以前经常生病，并且性情急躁；但对子女关照有加，一旦有不舒服，就会担心、害怕与焦虑。在 3 岁时，弟弟出生了，从此父母对文雅的关照与爱护减少了很多。一次，大约在 5 岁时，文雅碰伤了，哭了很久，但父母只是在照顾弟弟，也没有过来关心她。在文雅 13 岁时，一次在街上被两只大狗追着咬，幸亏有两个大人把狗打跑，才没有伤着，但自此文雅非常害怕大狗。

在没有生育孩子之前，婆婆与文雅相处还比较融洽。但自从生了孩子之后，婆婆总是埋怨她不能照顾好孩子，导致孩子经常感冒。自己丈夫有时也会说她不会照顾孩子。文雅经常感到自己很无能，不能挣钱，孩子也照顾不好。

目前，文雅有时会突然感到焦虑、害怕、胸闷、心慌、喉咙堵、想吐、手麻，厉害的时候有觉得要死的感觉，平均每个月要出现两次到三次。只要头一天晚上没有睡好，第二天就会犯病。

最后诊断为焦虑症（惊恐障碍发作）。

拓展阅读

不同的理论流派如何解释抑郁？

作为一名大学生，想必都知道抑郁指的是什么情绪状态了。几乎每一个大学生都在某个时间段感觉到"忧郁""郁闷"或"低沉"，这就是抑郁。在充满压力的社会中，抑郁更是一个普遍存在的问题，抑郁症的致残率是相当高的。那么，不同的学术流派是如何解释抑郁的呢？下面逐一介绍。

在精神分析学家弗洛伊德看来，抑郁是一种转向自身内部的愤怒或攻击。处于抑郁状态中的人总是有一种潜意识的敌意或愤怒，所以他们很容易被激惹。比如，他们遇到一件小事就会向别人大发脾气，这其实是一种向外的攻击。而且，严重的抑郁症患者更多表现的是一种死亡的本能，即剧烈的内部攻击——自杀意念或行为。精神分析学家认为，由于自我和超我的存在，每个人都会有较高的社会标准或价值观，如不能向别人发怒气，不能伤害别人，或者严格约束自己的行为。所以，此时，本我所蕴藏的攻击力量就指向了自身，或者向自己出气。当然，整个过程是一个无意识的过程，抑郁症患者并不能意识到。

体质理论学家认为抑郁是一种物质，在每个人身上都存在，只不过是多少不同而已。研究者发现，一个人当前的一般情绪水平可以预测今后的情绪。几位研究者测量一群成年男性的抑郁水平，30 年后再跟踪测量。结果表明，前后测量的抑郁分值之间有显著的相关性。也就是说，今天抑郁的人再过 30 年后其抑郁水平也还是较高的。还有一个研究发现，个体 7 岁时的抑郁行为表现可以有效预测其 18 岁时的抑郁水平。或许可以这样总结，在抑郁方面，三岁看大，七岁看老。抑郁，是一种不容易改变的心理体质。

生物学派的人格心理学家认为，抑郁是非常稳定的，有些人可能天生具有抑郁敏感素质；或者说，这种抑郁是印刻在基因里面的。生来就具有这种情绪弱点的人，很容易在压力情境中激活基因的表达能力，从而使个体处于抑郁状态之中。有这种遗传倾向的人在生活中很容易处于低落的心境之中，他们的情绪很难提升起来。

人本主义倾向于用自尊来解释抑郁。也就是说，经常抑郁的人，一般看不起自己，认为自己活得没有价值。一个人的自尊是经过长期的生活磨炼而形成的，一旦形成后，就会比较稳定，并且可以跨越情境与时间。人本主义者在治疗抑郁症患者时，一个重要的目标就是让患者接纳自己，认为缺点与不足也是自己的一部分；同时要有所作为，发现自己的其他价值，并以此来重新树立自尊。

行为主义或社会观察学习流派的学者认为，抑郁是一个后天学习的结果。他们指出，抑郁是由于生活中缺少了积极强化而导致的。也即，一个人之所以觉得活着没有意思，动机低下，什么事儿都不想做，是因为他看不到行动可以带来什么好的结果。此外，当人们发现自己失去了对环境的控制，并且这种环境会给自己带来不可避免的伤害时，人们就会陷入无助感，并且会无意识地泛化到其他生活情境中，这就形成了典型的抑郁综合征。比如，那些努力奋斗、一身伤痕却还是处于底层的人士，就很容易形成无助感，从而陷入抑郁之中。

一些认知流派的心理学家认为，人们是否陷入抑郁，在很大程度上取决于他们如何看待自己在环境中的无能或无助。比如，有人把缺乏环境掌控能力解释为暂时的困难，或运气不好，而另一些人将其解释为自己愚蠢、能力低下。那么，前者就不容易患上抑郁症，而后者很容易陷入抑郁泥潭。另一些认知心理学家指出，人们看待世界是主观的，是带着过滤镜的。那些容易抑郁的人更倾向于将世界看得"消极""很不幸"；或者说，他们总是以抑郁的方式来看待与解释世界。所以，抑郁的人总是回忆那些不愉快的经历或体验。他们在中性的环境中也总是能看到消极的事物，并顺势想起以前伤心的经历。总而言之，之所以抑郁，是因为个体有抑郁的思维方式。

上面是对抑郁的不同解释。你更为相信哪一种呢？你也可以回忆自己的抑郁经历，尝试着用上述不同的理论流派去解释。是因为发现自己很无能，不能掌控环境？抑或是自己总是消极地看待这个世界？还是因为自己有抑郁的特质或基因基础？你也许会发现，无论哪一种理论，都有一定的道理；抑或者，将它们综合起来去解释会更有说服力。

第四章

现代心理健康理论

本章重点介绍现代心理健康理论，包括积极心理学理论、生命历程理论、主动健康理论，以及身心交互理论。其中主动健康理论与身心交互理论是本书的原创性理论。之所以将之引入本书，是因为两者是主动心理健康的基石。

在学习第一节的积极心理学理论之前，请思考下面的问题：

（1）根据自己的人生经历，思考乐观与悲观对身心健康有怎样的影响？可以举例说明。

（2）你认为积极的人格特征有哪些？这些特征会对我们的行为有哪些影响？

在学习第二节的生命历程理论之前，请思考下面的问题：

（1）与富裕家庭出生的人相比，你认为经历童年逆境的人会在成年期更健康吗？为什么？

（2）根据你的观察，你认为夫妻离异会对孩子造成哪些伤害？这些伤害对其未来的人生有何潜在的影响？

（3）现实中总有些人输在了起跑线上（如儿童期营养不良或经常受虐待），你认为他们通过成年期的努力可以获得与赢在起跑线上的人同样的身心健康吗？为什么？

在学习第三节的主动健康理论之前，请思考下面的问题：

（1）在充满压力的生活中，你认为每天吃一定的水果、蔬菜与牛奶，可以促进心理健康吗？为什么？

（2）运动即良药。请分析其含义。

（3）在现代社会，你认为自己应该为自己的身心健康负责吗？为什么？

（4）请观察身边的人，指出哪些行为或生活方式有损于或有助于身心健康。

在学习第四节的身心交互理论之前，请思考下面的问题：

（1）一滴精，十滴血。请分析其健康含义，并判断其对错，同时要指出理由。

（2）你认为长期的情绪低落会带来哪些身体上的伤害？请列举。

（3）我们时常说"心都碎了"或"非常伤心"，请查阅网络或讨论，说明为什么悲伤会伤害到心脏。

第一节　积极心理学理论

这样一则寓言故事是很多人听说过的：

从前，有一个老太太，不管晴天还是雨天，整天坐在路口哭，因为她的大女儿是卖伞的，二女儿是卖布鞋的，下雨时她哭，是因为二女儿今天没生意；天晴时她哭，是替卖伞的大女儿难过，所以人们称她为"哭婆婆"。

一天，一位禅师遇到了哭婆婆，一语把她从迷雾中拉了回来，禅师说："老人家大可不必天天忧心，下雨的时候，你要想卖伞的女儿生意好，天晴的时候，你要想卖鞋的女儿生意好，这样你自然就不会哭了。"听了禅师一番话，老太太顿悟，从此街头便有了一个总是乐呵呵的"笑婆婆"。

实际上，现实生活中有很多人也与老太太一样，过于关注自我世界中消极的一面，从而产生了心理疾病。每个人都是"积极面"与"消极面"共存的矛盾体，如果多多关注自身的积极方面，人的心理世界又会发生什么样的变化呢？这就是积极心理学要阐述的话题。

积极心理学由美国的塞格曼教授于 1998 年提出，并和同道者一起开拓这一领域的研究，以丰富这一理论。目前，积极心理学并没有形成一套严格的心理理论，充其量只能说是一种观念。但这种观念有力地冲击着目前人类已有的心理学体系。在以往，为了研究人类心理的发生与发展，学者们给异常的心理状态冠以不同的名称，如抑郁、焦虑、神经质、精神障碍和强迫等，这些名称充斥着心理知识体系，造成人类心理就是一种病态心理过程的印象。而塞格曼教授与其同道者则反向行之，大力提倡人类心理中积极向上的一面，如乐观、真诚、幸福感、勇气、心理资本和心理弹性等。

在和平和发展为主流的社会环境下，越来越多的心理学者呼吁：心理疾病者只是人类中的一小部分，心理健康或者接近心理健康者，才是人类的主体。心理学的更大任务应该是帮助这一主体获得更好的生活体验，过上更幸福的生活。因此，心理学更应该关注积极心理对人类身心健康的重要意义①。另外，仅

---

① 刘翔平，曹新美.给心理健康教育注入积极心理学因素［J］.教育研究，2008（2）：5.

仅针对症状来医治心理疾病的远期效果也不尽如人意。因为心理健康不仅指没有疾病，还包括其他积极的方面，如乐观、愉快与幸福感等。临床上，即使经过传统疗法使心理疾病症状减轻或消失后，病人内心中的积极"正气"也没有培养起来。人类大脑在功能上有一个特点，就是痛苦与消极事件总是先行体验的，因为它们具有生存意义。由于积极心理品质没有在治疗中成长，这样病人返回生活环境后，心理疾病很容易复发。

正是基于此，塞格曼和他的同道者们提出并发展了积极心理学理念。其内心的用意，是在提醒人们关注自身所拥有的积极品质，把积极品质作为心理健康成长的重要基础，来抵抗内心世界中那些消极的破坏性的力量滋生，并最终达到维护心理健康、实现人生价值、过上幸福生活的目的。这有点像中国医学中的正邪观念："正气所在，邪不可干。"注意"正气"的培养，正是积极心理学在心理健康中的意义。

一、积极情绪体验与主观幸福感

积极心理学将积极的情绪体验视为核心概念，健康的个体应该以积极情绪为主。从进化的视角来看，消极情绪要比积极情绪更具有生存意义，因为消极情绪能够提醒人类环境中的危险因素。比如，恐惧情绪总是提醒人类周围有非常危险的事物，并激发逃跑行为。积极情绪尽管在危机提醒上意义不大，但对发展有相当意义。研究表明，积极情绪，如高兴、满足、自豪、兴趣与爱，可以拓展人们知行合一的能力。它们有助于个体发展资源的建设，如体力、智力与人际关系等，从而促进个体在社会中的发展。而消极情绪会损害这一资源，不利于个体的全面发展。

在积极情绪体验中，主观幸福感是最为重要的一种情绪。它指个体对自己生活的一种整体感受。主观幸福感是内心世界中一种重要的积极力量，它决定着一个人是否留恋自己的生活，是否在日常生活中感受到活着的甜美与意义。有学者认为，对自己生活满意并且很少有抑郁情绪，就是很好的心理健康状态。

那么，主观幸福感从何而来？一般认为，个体的客观生活环境（如经济因素、文化背景、家庭情境和亲朋关系等）、自身的心理状态（如性格因素和情绪状态）以及自己的身体健康状况等，皆是人们主观幸福感的重要来源。此外，贫穷是伤害幸福感的明显因素。在一个社会中，那些生活富裕的人会有更多的幸福机会；而穷困则限制了人们体验幸福的能力。但是，物质的占有对主观幸福感的预示作用是递减的，当超过临界之后再多的金钱对幸福感的作用也是微不足道的。此外，总是向上比较会导致自己更为主观贫穷，进而伤害自己的身心健康。"比上不足，比下有余"，更能增强幸福感。

除了主观幸福感之外，乐观也是一种非常重要的积极情绪。从字面上来看，乐观就是以快乐的心态来看待整个世界。与不乐观的人相比，乐观的人在认知、判断、动机与处事策略上都有所不同，而这种不同经常是内隐的，很不容易被意识到①，所以，即使内省，也很难发现自己不乐观。为了提高快乐程度，人们可以通过如下方式进行自我调整：与别人建立良好的人际关系并发展亲密的友谊；与志向、兴趣和爱好相同的异性结为伴侣；在生活与工作中设置适当的目标，并为之努力，以目标的实现来鼓舞自己②。

二、积极的人格特征

积极的人格特征是个体积极心理的另一个重要方面。积极的人格特征包括两个维度。一是正性的利己特征，二是积极的利他倾向。前者，是指接受自我、有生活目标、感觉到生活的意义、对生活有控制感并能够适应环境挑战；后者，是指当自己需要的时候能够获得别人的理解与帮助，在别人困难时自己愿意提供帮助，重视人际关系并且能够从良好的人际关系中获得满意感③。用我国古人的话说，就是"立己"与"达人"相统一。

人格不同，则行为有异。面对困境，积极人格者往往能拿出更有效的应对策略。④ 比如，面对压力时，积极人格者往往会采取趋近策略，即面对问题主动寻求解决办法，包括向别人求助；而消极人格者则更可能采取回避策略，即有意无意地回避困境，包括逃避与否认等。以大五人格为例，尽责性、宜人性与开放性和稳定性人格特征明显的人，面对压力更可能采用趋近策略，而神经质人格特征明显的人面对压力时则更可能采用回避策略⑤。

---

① DICKERHOOF R M. Expressing optimism and gratitude：A longitudinal investigation of cognitive strategies to increase well－being ［J］. National Journal of Andrology，2007，13 (6)：524.

② BUSS D M. Evolutionary social psychology：Prospects and pitfalls ［J］. Motivation and Emotion，1990，14 (4)：265-286.

③ HELWEG-LARSEN M，SHEPPERD J A，et al. Do Moderators of the Optimistic Bias Affect Personal or Target Risk Estimates? A Review of the Literature ［J］. Personality & Social Psychology Review，2001，5 (1)：74-95.

④ MEDVEOVÁ L. Personality dimensions－"Little five"－And their relationships with coping strategies in early adolescence ［J］. Studia Psychologica，1998，40 (4)：261-265.

⑤ HELWEG-LARSEN M，SHEPPERD J A，et al. Do Moderators of the Optimistic Bias Affect Personal or Target Risk Estimates? A Review of the Literature ［J］. Personality & Social Psychology Review，2001，5 (1)：74-95.

塞格曼提出了人类普遍拥有的 6 种美德，并且认为只要认真践行这 6 种美德，就能够在思想、情感与行为上表现出积极的人格特征。这些美德包括智慧、勇气、仁爱、公正、克己以及自我超越。它们能够带来的积极人格特征包括创造力、好奇、开放思维、好学、见地、真实、勇敢、毅力、热情、仁慈、爱、社会智力、公正、领导力、团队精神、宽恕、谦逊、谨慎、自律、审美、感恩、希望、幽默和虔诚等。塞格曼称这些美德具有"实践价值"，并称这些性格特征为"性格优势"。

塞格曼鼓励人们在生活中要努力发展和表现这些人格特征，同时认为积极人格特征与年龄、环境和生活事件有关。比如，他认为与青少年相比，成年人更多地表现出真实、开放思维、见地、领导力、宽恕和虔诚等人格特征；而青少年则更多地表现出创造力、团队精神、希望、坚韧、热情和谦逊等人格特征；而军人的勇敢、团队合作与勤奋等性格力量要超过一般市民。

三、积极心理与身体健康

积极心理学的倡导者认为，如果在生活中更多地发展与表现积极的心理特征，如快乐、乐观与热情，则会慢慢增进身体健康。研究表明，积极的情绪状态对患者的身心状态有明显的改善作用，同时良好的情绪状态能够明显缩短病人的康复期。① 压力正是通过改变情绪而作用于身体健康，积极的情绪更有利于提高个体的免疫能力从而达到预防疾病的目的。研究发现，AIDS 感染者如果对自身康复持有乐观态度，就会在康复锻炼中表现更好；而那些接受现实并对病情发展持消极态度者，则会平均早早离世 9 个月。消极的预期会使症状更容易出现。②

积极情绪为何会增益于身体健康？一种解释是，积极情绪与一种免疫抗体分泌 S-IgA（secretory immunoglobulin A）的水平变化有关，积极情绪可以提高 S-IgA 水平，而消极情绪则能够降低 S-IgA 水平③。生活中不同事件所引发的不同情绪状态可以改变 S-IgA 水平，比如，观看幽默电影可以使人情绪舒畅，此

① SCHNEIDER S L. In search of realistic optimism: Meaning, knowledge, and warm fuzziness [J]. American Psychologist, 2001, 56 (3): 250-263.
② SALOVEY P, ROTHMAN A J, DETWEILER J B, et al. Emotional states and physical health [J]. American Psychologist, 2000, 55 (1): 110-121.
③ LABOTT S M, TELEHA M K. Weeping propensity and the effects of laboratory expression or inhibition [J]. Motivation and Emotion, 1996, 20 (3): 273-284.

时免疫活动增强；而观看悲伤影片则使 S-IgA 水平降低，说明免疫能力下降①。暂时的情绪状态如此，持续的心境更能导致免疫能力的变化。也正因如此，西医医生经常会询问胃病患者在平常情绪如何，并劝说他们在生活中一定要乐观、想得开。

四、积极的心理治疗

长期以来，心理治疗一直沿着病理诊断的思路将工作重点放在疾病症状的评估与治疗上，但塞格曼所倡导的积极心理学则认为一味关注心理过程的消极方面并不利于心理功能的恢复，不能很好地达到治疗的目的。而现实中较高的心理治疗退出率以及病情反复情况也证明了这一点。基于这种现实，塞格曼提出了基于积极心理学理念的治疗方法。

塞格曼与其助手曾经在美国宾夕法尼亚大学进行积极心理治疗实验。研究发现，无论是对个人还是对团体进行治疗，积极心理疗法都能够显著改善抑郁情绪。无论是轻度、中度还是重度的抑郁患者，经过积极心理治疗都可以明显改善抑郁体验，平均治疗效果要优于一般传统的心理疗法与药物治疗。除了抑郁情绪改善之外，积极心理疗法还有两个长处：一是明显提升主观幸福感，改善患者对日常生活的体验与感受；二是治疗的积极效果持续时间较长。此后，在对门诊患者的研究中，发现积极心理治疗在所有的治疗指标上都有显著效果，说明这一治疗方法有明显优越性。

下面是对积极心理治疗的简要描述。

塞格曼对 500 多名心理健康专业人员（包括教育家、精神病医生和临床心理学家等）进行了为期 24 周的积极心理治疗培训。这些受训者每周都要听一小时的讲座，并被要求亲自体验积极心理治疗的练习，以及对自己的病人实施这些练习。结果，这些心理健康专业人士给出了让人满意的反馈：这些练习具有很好的治疗效果，特别是对他们的临床抑郁症患者。塞格曼并不认为这些反馈有多么出乎意料，因为通过建立乐观情绪而防治抑郁的良好效果已经被大量临床证实。

在另一个实验中，塞格曼编制了表4.1中的6个练习并公布在网络上。

---

① DUBITSKY S S. The effects of laboratory-induced mood on secretory immunoglobulin A in saliva [D]. Miami：Florida International University，1994：79-85.

表 4.1　积极心理的自助活动表

1	发现你的性格优势：做 VIA-IS 性格优势测量问卷，找到你最为明显的 5 个性格优势，然后在日常生活中想办法多表现这几个性格优势
2	三件让人满意的事件：每个晚上写下当天发生的三件让自己满意的事情，并找出它们发生的原因
3	讣告：想想你在收获满满的一年之后，你想在你的讣告上写下什么内容？写 1~2 页的随笔，总结你最想让别人记住的部分
4	感恩拜访：写一封信给你很感激但是从没有恰当感谢过的人，来表达你的感谢，然后通过电话或者当面将这封信念给他听
5	积极的/建设性的反应：当你从别人那里听到好消息时，你要做出明显可见的积极和热情的反应，对你认识的人做出每天至少一次积极的反应
6	享受：每天一次，放慢生活的节奏，慢慢做一些之前总是急急忙忙做的事（比如，吃饭、洗澡、去上班），做完之后，写下你做了什么，你做的和以前有什么不同，慢慢来与急匆匆做这些事有什么不同

　　然后通过网络招募了 600 名志愿者，让他们随机挑选其中一个练习。同时，还随机选择志愿者作为安慰组，让他们回忆他们最早的记忆。每个志愿者进行了一周左右的练习。最后的数据分析表明，与安慰组相比，练习 1、2、4、5 和 6 皆显著地改善了志愿者的抑郁症状，并提高了他们的快乐感；此外，这些练习所显示的积极效果延续了六个月的时间。而练习 3 的效果与安慰组相比没有显著差异。

　　在 2005 年，又一个积极心理治疗的实验开始了。塞格曼建立了积极心理治疗网站。这个网站包括图书馆、积极心理论坛和时事通信等，但最重要的是，每个月会发布一个新的积极心理练习。第一个练习是三个祈祷（写下当天三件很顺利的事情，以及它们顺利的原因）。第一个月的网站业务订购是免费的，以后则需要每个月支付 10 美元。在第一个月的业务中，50 个订阅者在流行病研究中心的抑郁量表（25 分以上为严重抑郁）上的平均分是 33.9，可以说临近重度抑郁。每个人都做了三个祈祷的练习，平均 14.8 天后回到这个网站，再次测量抑郁程度。此时，94% 的人的抑郁程度降低了——平均分降到 14.9 分，接近轻中度抑郁水平。

　　在几个月后，塞格曼用本质上相似的结果再次验证了这些练习可以有效地治疗抑郁症。尽管这些网络试验并没有达到严格控制的标准，但积极心理治疗能够在这么短的时间内获得这么好的效果，比传统心理治疗与药物治疗效果更好，同时经济花费更少，这充分说明积极心理治疗的优势。最后，病人可以独自完成，不用留下接受病理学治疗的病史。

第二节 生命历程理论

生命历程理论较早由学者埃尔德在《大萧条的孩子们》一书中进行了完整的表述。这一理论主要包括了4个相互关联的命题：其一，个人的生命历程嵌入了历史时间与历史事件之中，同时也被历史时间与历史事件塑造；其二，生活中经历的事件可以对个体的生命发展产生重大影响，并且事件发生的时间至关重要，有时甚至超过事件本身；其三，人总是生活在由亲戚和朋友所构成的社会关系之中，个人正是通过一定的社会关系才被整合入特定的群体的，每个人注定要受到他人生命历程中所发生的生活事件的巨大影响；其四，人总是在一定社会建制之中有计划、有选择地推进自己的生命历程，即使在有约束的环境下个体仍具有主动性，人在社会中所做出的选择除了受到社会情景的影响外还受到个人经历和个人性格特征的影响①。目前，生命历程（life course）已经成为一个跨学科的研究领域，涉及人类学、人口统计学、老年医学、心理学以及社会学等。一般认为，个体与群体的发展轨迹可以从生命历程理论中找到规律性的认识。在此，主要从生命历程理论的健康意义谈起。

一、宫内环境与身心健康

生命从受精卵的形成开始，至出生脐带被剪断那一刻，都是在母体中发育成长。在这一时期，除了基因遗传之外，胎内环境是最能够影响个体身心健康的因素。英国流行病学家帕克在威尔士和英格兰地区进行流行病调查时，无意中发现生活水平较差的西北部地区的新生儿死亡率与成年人心血管疾病发病率成明显的正相关，这表明成年人的心血管发病倾向明显受到了胎婴儿时期健康状况的影响。后来，基于这两个地区20世纪初新生儿出生时的数据，研究者展开了群体追踪研究，结果发现低体重婴儿和低体征新生儿在成年期死于冠心病的概率更高。同时还发现，成年期的高血压、血脂代谢异常以及2型糖尿病皆

---

① 埃尔德. 大萧条的孩子们 ［M］. 田禾，马春华，译. 南京：译林出版社，2002：97-108.

与出生体重明显相关。据此提出了"成人疾病的胎源说"（fetal origins of adult disease hypothesis，FOAD）①。目前，越来越多的研究支持了这一假说。

有研究表明，胎儿基因、母体基因和宫内环境分别可以决定婴儿出生体重差异的 18%、20% 和 62%。所以说，宫内环境而非母体基因对子代慢性病有决定性的影响，这已经得到了大量研究的支持。② 国内研究表明，孕期心理应激与子代神经行为发育之间存在关联，怀孕期间的精神创伤或应激压力能够恶化胎内环境，从而使孩子在成长期间更容易罹患精神障碍。③

国内学者探讨了妊娠期生活事件与新生儿神经行为发育之间的关系，结果表明，"邻里关系紧张"和"学习或工作压力大"共同解释了新生儿行为发育变异的 6.2%，这表明孕妇面对生活事件所导致的应激过程有降低新生儿行为能力发育水平的可能性。④ 在动物模型中发现，接受慢性应激刺激的妊娠大鼠，其子代脑内抗氧化酶活性下降⑤，学习记忆能力也降低⑥。西方研究发现，母亲吸烟、饮酒、使用不当药物、营养不良、面临心理社会压力以及孕期感染等消极事件，皆可以伤害宫内环境，并最终影响到胎儿生长以及后期心理健康。产前逆境也被证明是导致儿童期认知功能低下、行为问题较多，特别是注意力不集中或多动症的重要原因。证据表明，产前逆境、遗传以及产后环境因素相互作用，对个体的终身身心健康带来深刻的影响。⑦

总之，从生命历程理论来看，人与人之间的身心健康差距从宫内环境就开始了。

---

① BARKER D J, OSMOND C. Infant mortality, childhood nutrition, and ischaemic heart disease in England and Wales [J]. Lancet, 1986, 327 (8489): 1077-1081.

② 蒋文跃，李志新，韩巍，等. 从成人疾病胎源说看中医药优生学的现代价值与发展前景 [J]. 江苏中医药，2009，41 (3): 8-10.

③ 杨丽萍，詹向红，陈蕾，等. 孕期心理应激影响子代情志和认知发育的近远期效应及胎盘调控机制 [C] //首届国际抑郁共病暨第十届全国中西医结合基础理论学术研讨会论文集，2014：44-49.

④ 高延，杨玉凤，洪琦，等. 妊娠期生活事件影响新生儿神经行为发育的多因素分析 [J]. 中国儿童保健杂志，2004，12 (6): 3.

⑤ WANG Y, YANG D W, XIE W, et al. EFFECTS OF CHRONIC STRESS ON THE ACTIVITIES OF SOD, GSH-Px AND MDA LEVEL IN FEMALE RATS' BRAIN [J]. Journal of Pharmaceutical Analysis, 2002, 14 (2): 144-146.

⑥ 庞炜，蒋马莉，谢雯，等. 妊娠期接受应激刺激可降低大鼠学习记忆能力 [J]. 西安交通大学学报（医学版），2002 (3): 318-319.

⑦ SCHLOTZ W, PHILLIPS D. Fetal origins of mental health: evidence and mechanisms [J]. Brain Behavior & Immunity, 2009, 23 (7): 905-916.

二、早期逆境与身心健康

早期逆境模型认为，儿童期所经历的消极事件，特别是长期的消极事件，将会对个体的身心健康产生终身影响，这种影响非常顽固地存在于其一生，直到生命终结。早期逆境包括的内容较多，特别是指家庭贫困、父母教育水平低、父母长期有病或者死亡、父母离异、家庭关系不睦、父母在情感上忽视子女、情感或身体虐待和学校暴力等。早期境遇就是人生舞台的开场白，顺遂与否，将有力预示今后人生的幸福或艰辛。

早期逆境与个体终身心理健康有紧密的关联。研究表明，早期家庭风险（如家庭贫困、父母离异或情感虐待等）与中学生的抑郁和焦虑有显著相关性。[1] 经历早期逆境的青少年，会表现出更多的行为问题，如逃课、同伴冲突、吸烟和欺凌等。[2] 相比于从小和父母住在一起的大学生，那些在儿童期有留守经历的大学生报告了更高水平的心理异常，包括自杀意念。[3] 基于代表性的纵向数据分析表明，父母教育水平低、遭受童年期贫困、童年期经历父母情感忽视皆可以导致中老年人心理健康水平低下。[4] 其他同类研究也指出早期逆境与老年人身心健康有显著关联。[5][6][7]

早期逆境对身体健康的伤害似乎更容易观察得到。贫困家庭的孩子更容易

① JUNMEI X, CAIXIA Y, YEYI F. Family Cumulative Risk and Mental Health in Chinese Adolescents: The Compensatory and Moderating Effects of Psychological Capital [J]. Psychological Development and Education, 2020, 36 (1): 94-102.

② WENMING X, CAIXIA Y, YEYI F. The Effects of Early Cumulative Family Risk on Internalization Problems in Adolescents: A Dual Mechanism of Resilience [J]. Studies of Psychology and Behavior, 2020, 18 (3): 8.

③ LIU H, ZHOU Z, FAN X, et al. A mixed method study to examine the mental health problems of college students who had left-behind experiences [J]. Journal of Affective Disorders, 2021, 292: 149-160.

④ YANG L, HU Y Y, et al. Childhood adversity and depressive symptoms among middle-aged and older Chinese: results from China health and retirement longitudinal study [J]. Aging & mental health, 2020, 24 (6): 923-931.

⑤ YANG F, LOU V W Q. Childhood adversities, urbanisation and depressive symptoms among middle-aged and older adults: evidence from a national survey in China [J]. Ageing & Society, 2016, 36 (5): 1031-1051.

⑥ YUE L I, JIEHUA L U. Study of the Effect of Childhood Adversity on Depression among Chinese Older Adults [J]. Journal of Population Studies, 2020, 42 (4): 56-69.

⑦ LI Y, LU J. Childhood Adversity and Depression among Older Adults: Results from a Longitudinal Survey in China [J]. Global Clinical and Translational Research, 2019, 1 (1): 53-57.

生病，个子短小，体质虚弱。这与我们平时的观察是一致的。早期逆境能够显著增加个体在成年期之前与之后的患病风险，如心血管疾病、糖尿病、癌症、肥胖和免疫系统疾病等，从而导致健康寿命损失。[1][2] 贫困地区的儿童因病死亡率较高，实质上也是早期逆境导致的。在更微观水平上，研究者发现，童年期逆境会导致端粒长度缩短、端粒酶表达降低、DNA 甲基化改变、DNA（mtDNA）突变、DNA 损伤和线粒体功能失调等，这些微观水平上的变化导致了细胞的衰老、凋亡和癌症风险，以及炎症增加，最终表现为身体的过早衰老与疾病上身。

生命历程理论告诉我们，一个人的一生是连续的，前面事件所产生的效应会延续并影响到未来生命的发展。那么，经历了早期不幸的个体，到了成年后与早年生活安好的个体相比，命运会一样顺遂吗？答案是否定的。早期逆境可以"苦其心志，劳其筋骨，饿其体肤"，但未必能达到"曾益其所不能"的磨炼效果。早期逆境致使个体拥有较差的健康禀赋，包括认知能力较低、情绪不太健康与身体素质较差，这些已经限制了个体在成年之前充分利用教育机会与其他发展机会的能力；成年之后，这些不幸儿在职场上竞争力较弱，在情场上也具有较低的异性吸引力。

中国学者分析了中国健康与养老追踪调查的数据，得到了如下结论：（1）早年经历不幸事件的种类数越多，成年后健康状况越差。（2）早年经历不幸事件的种类数越多，对成长过程中的风险积累和发展干扰的影响越大。（3）早年经历某一不幸事件的持续时间越长，成年后健康状况越差。（4）早年经历某一不幸事件的持续时间越长，对成长过程中的风险积累和发展干扰的影响也就越大。[3] 另有学者考察了中国人 14 岁之前的营养卫生状况对早年健康（身高）和成年社会经济地位的影响，所得结果并不令人意外：那些早年营养摄入较差（如很少吃鱼肉）、卫生条件差（如喝冷水解渴）的人，往往身体健康较差（个

① POLLOCK J S, TREIBER F A, et al. Adverse Childhood Experiences and Blood Pressure Trajectories From Childhood to Young Adulthood The Georgia Stress and Heart Study [J]. Circulation: An Official Journal of the American Heart Association, 2015, 131 (19): 1674-1681.
② NELSON Ⅲ C A. Hazards to Early Development: The Biological Embedding of Early Life Adversity [J]. Biological Psychiatry, 2018, 83 (9): S7-S8.
③ 石智雷, 吴志明. 早年不幸对健康不平等的长远影响：生命历程与双重累积劣势 [J]. 社会学研究, 2018 (3): 28.

子较矮），教育水平较低，工作稳定性差，工资较低。① 总而言之，这些不幸的人几乎还是延续了他们早年的社会阶层。

无数的研究几乎皆重复了上述结论。在此，引用该领域一位学者的话再次强调早期逆境对人的终身影响：

通过母亲的作用以及婴幼儿和儿童时期的经历，一代人的营养和健康会影响下一代人的体魄、健康和寿命。同时，更好的健康和长寿使下一代人工作更努力、工作时间更长，从而创造更多的资源和财富，进而为再下一代人的成功与繁盛提供支持。②

第三节 主动健康理论

2017 年的《"十三五"卫生与健康科技创新专项规划》正式提出主动健康概念。此后，这一概念经过国内学者的进一步探讨与阐述，初步发展为本土的主动健康理论。如学者周永认为，健康需要自己主动去追求，越主动才能越健康。③ 李祥臣和俞梦孙认为，主动健康要求每个人都要发挥主观能动性，对身心实施主动的可控刺激，以激发人体自组织能力和促进全面适应。④ 董传升指出，主动健康理念强调"治未病"，将以治病为中心转向以促进健康为中心，重视主动健康行为在疾病预防关口前移中的作用⑤。主动健康理念是增进人类健康的中国方案与方法论。⑥

一、个体健康责任

主动健康理论认为，个人的主观能动性在健康达成过程中非常重要。国家

---

① 洪岩璧, 刘精明. 早期健康与阶层再生产 [J]. 社会学研究, 2019, 34 (1): 156-182, 245.

② FOGEL R W, GROTTE N. Major Findings from The Changing Body: Health, Nutrition, and Human Development in the Western World since 1700 [J]. Journal of Economic Asymmetries, 2011, 8 (2): 1-9.

③ 周永. 国内首个"主动健康"主题大会召开：从"被动医疗"迈向"主动健康" [EB/OL]. 腾讯网, 2018-10-30.

④ 李祥臣, 俞梦孙. 主动健康：从理念到模式 [J]. 体育科学, 2020, 40 (2): 83-89.

⑤ 董传升. 走向主动健康：后疫情时代健康中国行动的体育方案探索 [J]. 体育科学, 2021, 41 (5): 25-33.

⑥ 张栋, 李祥臣. 主动健康, 必要且必然 [J]. 团结, 2020 (5): 41-43.

卫健委规划司司长毛群安指出，预防是最经济最有效的健康策略，每个人都是自己健康的第一责任人，对家庭和社会都负有健康责任。① 如果人人都能够担负自己的健康责任，实质上就是在发挥主观能动性。

尽管社会的发展使国家越来越有能力保障每个人的健康权，但这并不意味着个人健康责任的消解或淡化。相反，随着社会的发展，个体的健康责任越来越受到重视。首先，个体健康具有极高的社会价值。社会的正常运转需要每个岗位上的人保持恰当的身心健康，当较多岗位上的人员失去健康时，社会运转就会出现混乱，甚至在某些方面停滞不前。实质上，所谓健康就是个体能够完成自己社会角色的适当状态，疾病则是不能完成自己社会责任的消极状态。无论基于何种原因，疾病都是对人的社会功能的一种伤害，会对社会系统的平衡运行产生严重的干扰，从而有违社会的主流意识和价值。

其次，医学事实告诉我们，不良生活方式已经成为现代疾病之源。心脑血管疾病、恶性肿瘤、哮喘病和糖尿病等，在实质上都是心身疾病，并且与个人的生活方式有紧密的关联。而艾滋病等传染病，更与生活方式有关。大量研究发现，改变和调整个体的行为或生活方式是有效降低慢性非传染性疾病，包括部分传染性疾病的重要途径。在对疾病的预防与施治的过程中，无论医学专家的方案多么正确，最终是否接受治疗以及治疗方案的真正落实程度，在相当大程度上取决于病人的意愿与配合。

健康权的实现需要个体认真履行相应的责任与义务。科技与医学再发达也不能取代个体的健康责任。当然，个体的健康责任是一种有限而非绝对的责任，个体在多大程度上愿意去履行以及履行的效果如何，还要取决于个人、社会以及环境的条件。

二、主动健康行为

健康行为（health behavior）最早由学者卡色尔（1966）等提出，意指个体为了预防疾病或应对疾病早期阶段而采取的行为。② 后来，学者彭得认为，健康行为指个体为了维护与促进自身健康而展开的积极行为，包括体育锻炼、人际

---

① 每个人都是自己健康的第一责任人——解读健康中国行动［EB/OL］.（2019-07-19）. http：//www. gov. cn/xinwen/2019-07/19/content_ 5411490. htm
② KASL S V, COBB S. Health Behavior, Illness Behavior, and Sick Role Behavior. I. Health and Illness Behavior［J］. Archives of Environmental Health An International Journal, 1966, 12（2）：246-266.

关系建设、压力应对和营养改善等方面的行为。① 李祥臣和俞梦孙在阐述主动健康理论时指出："对身心实施主动的可控刺激，以激发人体自组织能力和促进全面适应"；之后，他们又指出"运动是良医"的观点，高度重视运动对身心的良性刺激作用②。国务院发布的《健康中国行动（2019—2030 年）》指出，健康行动包括合理膳食、科学运动、戒烟限酒与心理平衡；同时指出睡眠是重要的心理健康促进行动。

基于此可以发现，在个体层面上，主动健康行为就是指个人在生活与工作中主动采取促进健康、维护健康的行为、活动或生活方式。在此着重论述平衡饮食、体育锻炼以及人际关系对身心健康的作用。

（一）健康饮食对身心健康的作用

饮食与营养对个体身体健康的作用已经成为基本的常识。比如，中国综合社会调查（2015 年）的数据表明，农村人口的身高通常比城市人口身高要矮得多，主要原因在于农村营养较差，如饮食中肉类少甚至没有，平时也很少饮用牛奶。因为身高主要由后天营养决定，所以，身材的高矮基本上可以反映早期营养状况。此外，营养不良导致肥胖、发育迟缓和瘦小，以及智力低下等，都获得了大量文献的支持。

现有研究表明，健康的饮食与心理健康显著相关。比如，红和彭兹研究发现，饮食习惯（每日早餐、水果、蔬菜与牛奶）与满意的睡眠、健康自评和幸福感显著正相关；而不健康的饮食（快餐、软饮料、咖啡与甜饮料）与压力感和抑郁情绪显著正相关。③ 一项元分析表明，低质量饮食者报告更高水平的抑郁，而高质量饮食者则相反，尽管两者相关的效应较小。④ 一项研究在疫情期间调查了近 9 万名对象，发现营养摄入（包括早餐、牛奶、肉类、水果与蔬菜）与中国青少年的睡眠质量、焦虑与抑郁紧密相关。⑤ 营养元素通过生物化学过程

① PENDER N J, MURDAUGH C L, PARSONS M A. Health promotion in nursing practice ［M］. 6th ed. Upper Saddle River：Prentice Hall，2011：221-321

② 李祥臣，俞梦孙. 主动健康：从理念到模式［J］. 体育科学，2020，40（2）：83-89.

③ HONG S A, PELTZER K. Dietary behaviour, psychological well-being and mental distress among adolescents in Korea ［J］. Child and Adolescent Psychiatry and Mental Health，2017，11（1）：56.

④ KHALID S, WILLIAMS C M, REYNOLDS S A. Is there an association between diet and depression in children and adolescents? A systematic review ［J］. British Journal of Nutrition，2016，116（12）：2097-2108.

⑤ CHI X, LIANG K, CHEN S, et al. Mental Health problems among Chinese adolescents during the COVID-19：The importance of nutrition and physical activity ［J］. International Journal of Clinical and Health Psychology，2020，21（3）：100218.

而导致神经功能变化是主要的解释路径。①

（二）体育活动对身心健康的作用

体育活动可以显著提升人们的心理健康水平。基于青少年的调查表明，体育锻炼可以直接提升心理健康，也可以通过改善心理韧性与降低学业压力感知而间接改善心理健康状况。② 新冠疫情期间的调查表明，隔离期间进行适当的体育锻炼可以显著改善被隔离者的焦虑情绪与抑郁情绪。③ 体育锻炼的心理效应对老年人也很显著，比如，有学者发现，中等锻炼量、大锻炼量和低龄老年人心理健康状况正向关联；在城市人群中，中等锻炼量的老年人心理更为健康。④ 国外的一项综述发现，运动干预对精神病患者的康复有显著的促进作用，包括抑郁症、精神分裂症、双相情感障碍和焦虑症等⑤。

体育活动通过两条路径来提升心理健康：一是心理路径，即体育活动可以诱发积极认知与积极情绪，而积极情绪可以抵抗或抑制抑郁、焦虑等消极情绪对心理的伤害⑥；体育活动可以提高社会交往水平，通过与朋友同事令人愉快的社会交往而建立社会支持⑦。二是生理路径，即体育活动可以促进生理的积极变化从而影响心理，如改善心率、刺激大脑某些物质的分泌等。⑧ 研究表明，心血管功能的改变可能与心境的改变有关。⑨ 元分析表明，运动可以刺激神经递质、去甲肾上腺素、多巴胺和内啡肽的分泌，从而改变大脑功能，使个体有更多的

---

① ALY J, ENGMANN O. The Way to a Human's Brain Goes Through Their Stomach：Dietary Factors in Major Depressive Disorder ［J］. Frontiers in Neuroscience，2020，14：582853.

② 孔松虎，邱玲玲，史友宽，等. 中国体育科学学会. 体育锻炼对青少年心理健康影响的可能机制研究［G］//第十二届全国体育科学大会论文摘要汇编——专题报告（运动心理学分会），2022：79-80.

③ 谢冬冬，杨寅，程临静. 新冠疫情期间居家隔离与体育锻炼对心理健康的影响［J］. 中国临床心理学杂志，2021，29（6）：1343-1347.

④ 胡芳芳，张娇，高兆溶，等. 城乡社区低龄老人体育锻炼与心理健康的关系［J］. 中国心理卫生杂志，2021，35（9）：739-744.

⑤ STANTON R，HAPPELL B. Exercise for mental illness：A systematic review of inpatient studies ［J］. International Journal of Mental Health Nursing，2014，23（3）：232-242.

⑥ NAGAMATSU T. Effect of exercise on depression ［J］. Japanese Journal of General Hospital Psychiatry，2013，25（3）：240-247.

⑦ BRIDLE C，SPANJERS K，PATEL S，et al. Effect of exercise on depression severity in older people：systematic review and meta-analysis of randomised controlled trials ［J］. British Journal of Psychiatry the Journal of Mental Science，2012，201（3）：180.

⑧ 张力为，毛志雄. 体育锻炼与心理健康的关系（综述）［J］. 广州体育学院学报，1995（4）：42-47.

⑨ 于晓燕，汤婷，赵佳文，等. 个体化康复运动训练联合八段锦运动对冠心病PCI术后患者心功能、生活质量和心境状态的影响［J］. 现代生物医学进展，2022.22（2）：5.

积极情绪体验。①

（三）良好人际关系可促进心理健康

在前面的章节中曾经指出，人际关系是衡量心理健康与否的参考条件之一。人是一种群居性社会动物，需要不断地与家庭成员、单位同事以及其他朋友展开来往，进行信息和情感的沟通，来刺激我们大脑的情感中枢，这样才能使我们的情感处于必要的唤醒水平，从而处于较好的心理健康状态。这也是为什么很多人喜欢到超市购物、到广场跳舞或者与朋友们一起观看球赛的重要原因。人一旦离开人群较长时间，过一种形影相吊的生活，时间久了一定会出现心理问题。

在追求主动健康时，一定要主动与别人建立联系、进行活动，喝茶、运动和打牌等都是很好的人际交往方式。与别人在一起不仅可以将自己心中的烦恼说出来，还可以从别人那里获得精神上的安慰或心理上的帮助。如果没有足够的人际交往刺激，人会更容易衰老，也更容易生病。此外，不和谐的人际关系不仅会带来情绪伤害，而且还会导致事业受阻，从而间接伤害自己的健康。

衰老是一个持续的过程，在这一过程中人们的身体健康和心理健康都会有所波动，而健康的人际关系可以减缓人们在身体和心理上遭受的衰退。良好的人际关系不仅可以保护人们的身体，还可以保护人们的大脑，在人际关系中所体验到的愉悦可以很好地保护人们的健康。② 对大学生而言，从现在起就开始建设良好的人际关系，不仅有利于未来事业的发展，也有利于自己现在的身心健康。一旦形成这种思维与行为模式，对未来的健康会有更大的益处。

（四）主动健康理论对心理健康的意义

本书的宗旨是要求大学生主动追求心理健康，终身享有心理健康。但心理健康是一个抽象的概念，很难把握。身体健康就具体得多，通过感觉和仪器检查比较容易确定身体健康状况。由于其抽象性与模糊性，在维护与追求心理健康时，很难找到具体的抓手去实践。在很多人看来，只要多阅读些心理学书籍或者听一些专家讲座，就可以提高自己的心理健康水平。不能说这些没有一点儿用处，因为人是理智的，通过学习心理健康知识也可以促进心理健康。

但是，你会注意到很多研究生与博士生也患有心理疾病，有些还是非常严

---

① 董亚琦，胡济光，胡君，等. 运动对抑郁干预的元分析 ［C］//中国心理学会. 第二十三届全国心理学学术会议摘要集（上）. 2021：641.

② 梁海秋. 良好人际关系是否可以延长寿命、改善健康？［J］. 心血管病防治知识（科普版），2017（13）：29-31.

重的心理疾病。难道他们阅读的心理学书籍少吗？他们掌握的心理学知识还少吗？当然不是。可是，只有知识没有行动，知行分离，那些维护心理健康的知识所发挥的功效是非常有限的。

所以，为了更为有效地维护心理健康，主动的、积极的健康行为是必不可少的，甚至是非常关键的。

主动健康理论特别强调个体的健康责任，或者说每个人都是自己健康的第一责任人。人人都要发挥主观能动性，既要增进心理健康素养，又要行动起来，养成健康的生活方式，特别是要吃好、锻炼好、人际关系建设好；预防为主，治未病先，积极参与，人人享有。饮食、锻炼与人际关系，这些都是具体的、看得到的、很容易操作的行为，无数循证研究表明，它们确实可以增进心理健康。只有知行合一，发挥主观能动性，才能最大可能地享有心理健康。行动就是实践，主动健康理论提供了最好的实践方式，而不是空洞的理论说教。

第四节 身心交互理论

在本书中，身心交互理论意指身体健康与心理健康相互影响，既可以相互促进，也可以相互损害。无论是医疗临床还是生活观察，身体健康与心理健康紧密联系已经是一种普遍性的常识。但在心理健康领域，尚无明确的身心交互理论的表述。本书从三个方面来阐述这一理论。

一、身为心之根

没有形体，则无心神。这与"心理是大脑对客观世界的主观反映"是一致的。意识与精神现象只是物质（身体）的一种功能，人类如果没有形体这一物质载体，意识与精神则不可能存在。

现代研究表明，人的主体心理活动受大脑神经机制的制约。人体各部分在大脑上都有相对应的部位，或者说，人体各种机能都在大脑中有着最高的调节中枢。比如，眼睛的功能受大脑枕叶调节，如果枕叶受损，再好的眼睛也会失去了视觉的功能；大脑海马区受损则会使记忆力下降或彻底丧失。大脑受到震荡，则人的心理活动就会产生明显失调或紊乱。人的心理活动还会受到内分泌机制的影响。比如，甲状腺功能亢进则会导致神经系统亢奋，从而情绪容易激动、内心焦虑以及注意力难以集中，甚至出现幻想与妄想。总之，现代研究以及传统中医皆支持身为心之根的观点。

二、形与神统一

形与神统一是指，个体的身体与精神、生理与心理息息相关，不能分割。如果分割，则处于严重疾病状态，甚至死亡。这一观点首先强调了身体或形体的根基作用，正如古人所说："夫形者神之舍也，而精者气之宅也。舍坏则神荡，宅动则气败。""形体之充固，则众邪难伤"意思是只有身体健康，正气或精力才能充沛，人才能抵御病邪。同时，古人认为，"神能御气""神能御其形"，意指心理活动可以影响生理的正常功能。

很多心理健康量表实际上揭示了形与神相统一的事实。比如，SCL-90自评量表是诊断心理疾病的著名测量工具，但其中包括大量身体症状的项目，如"身体发麻或刺痛""呼吸有困难""心跳得很厉害""恶心或胃部不舒服"等。在国务院发布的《健康中国行动（2019—2030年）》文件中，也有身体与心理相统一、和谐才是健康的表述。当然，中医文化中的"心神"与现代语境中的"心理"不完全等同。

三、形病可调神

上面提到，精气可化神，神可御精气；神魂魄意志与心肝肺脾肾相应。这说明人的心理活动可以调节生理功能；而身体疾病的转归在很大程度上会受到心理活动的影响。中医理论认为，七情五志"过及"或"不及"皆可导致脏腑功能失调，比如，大怒可致中风，或心脑血管的突发疾病，而抑郁患者一般饮食胃口不佳。现代研究也表明，心脑血管疾病、糖尿病与高血压等非传染性疾病皆与情绪有关。

调节情绪或心神状态，有利于身体疾病的好转。比如，一项研究表明，使用情志疗法来管理高血压病人的情绪，让他们心无杂念、精神清静，并坚定其康复信心。四个月的干预表明，与对照组相比，情志疗法显著降低了病人的血压值。[1] 积极情绪可以增强身体免疫能力，已经得到很多研究的支持。[2]

现代的心理咨询实践经常要求患者冥想、意念放松或禅坐，这实际上也是

---

[1] 陈雪华，郑良姬，陈凤仙. 老年高血压病患者中医情志护理干预疗效观察［J］. 福建中医药，2010，41（5）：60-61.

[2] 王琦，董妍，邢采. 积极情绪与健康：研究进展与理论模型［C］//中国心理学会. 增强心理学服务社会的意识和功能——中国心理学会成立90周年纪念大会暨第十四届全国心理学学术会议论文摘要集，2011：522-523.

一种调节心神的方法。通过调节心神来缓解那些伴随的躯体症状。在练习太极拳时也要求心平气和，以意引动，甚至是面带笑容，实际上也是先要调神，同时在练习过程中要继续调整神志，这样才能获得最大的健康收益。中医的养生特别重视以神调形，形神兼治，这种观念是从千百年的实践中摸索出来的，然后上升到了中医理论。

四、身心交互理论对心理健康的意义

在心理健康管理领域，身心交互理论非常重要。尽管心理是大脑对客观世界的主观反映，但是，大脑与躯体及脏腑相连，若它们功能失常，则很可能导致大脑功能的变化，从而导致情绪变化或心理失常。近期研究发现大肠菌群活动可能是抑郁症的原因之一。[①] 而心脑血管病变会导致情绪变化是不争的事实。目前中国的心理学理论大部分来自西方文化，但在西方文化中，人们相信身心二元论，当心理疾病患者感到躯体不适时，他们会用躯体症状来表示，而很少将躯体症状当作心理疾病的一部分。身心二元论实际上限制了心理健康的预防与治疗策略的选择。

在中国文化中，健康本身就是指心神与形体统一、和谐的完好状态，而没有将两者分开。这样，在预防疾病和改善健康时，就可以采用主动健康行为模式，即提倡健康生活方式，包括运动、饮食以及心态平和等行为，来促进身体健康与心理健康。头痛自然可直接医头，但常常也需要通过医脚来治愈或预防。

课后练习题

1. 请简要阐述本章四个心理健康理论的主要含义。

2. 辨析题。请分析下面的观点，看其是否有道理，并列出支持和反对该观点的事实或理由。

（1）成年期的主动健康行为可以完全抹除儿童期不幸所造成的身心伤害。

（2）心理健康的人一般身体更为健康。

（3）与正常年份所生儿童相比，新冠疫情期间出生的婴儿在未来更容易出现心理疾病。

（4）经常抚摸亲吻孩子，孩子的身心会更为健康。

---

① VALLES-COLOMER M, FALONY G, DARZI Y, et al. The neuroactive potential of the human gut microbiota in quality of life and depression ［J］. Nature microbiology, 2019, 4 (4)：623.

（5）在健康方面，也存在着马太效应，即生长于富裕之家的人，在未来人生中会有更多的健康优势。

3. 建议阅读文献：

（1）洪岩璧，刘精明．早期健康与阶层再生产［J］．社会学研究，2019（1）：28.

这篇文章介绍了早期逆境与人的终身发展差异，也包括健康方面。

（2）雷明雪，李超．生命早期逆境的影响及其对早期教育的启示［J］．教育生物学杂志，2017，5（2）：89-94.

这篇文章说明早期逆境对个体终身健康有潜在影响。

（3）孟维杰，马甜语．诠释与转换：积极心理健康及其当代理解［J］．心理科学，2012，35（1）：5.

这篇文章较为详细地介绍与评价了积极心理学的含义、发展与意义，值得一读。

（4）王文新，陈玉洁．对心身疾病认识的中西医学比较［J］．继续医学教育，2001，15（2）：4.

这篇文献比较深入地介绍了心身疾病的中西医观点，读后耳目一新。

4. 阅读下面的案例，请分析病人的心身疾病原因，看从中你可以得到哪些启示。

钱某某，大学教师，1974年生，男性，戴着一副600度的近视眼镜。出生在一个偏僻的山区，自小家里很贫困，兄弟姐妹多，他是最小。在1994年考入大学，毕业后进入某高校工作。

从32岁起，饭量逐渐增大，平时米饭是同样身材同事的两到三倍。到了2020年，身体突然变瘦弱，脸庞消瘦，身体精力也不如从前。而且比以前容易发脾气，总是向人抱怨自己没有能力，觉得工作做不好，上课上不好。实际上，他教龄已经差不多20年了，根本不存在问题。每当谈到工作，总是表现出焦虑的神情，总想让别人帮助自己。

2021年检查出糖尿病，同时血压也偏高。经过吃药，血糖稳定了，身体感觉逐渐好转，情绪也慢慢变得好了起来，工作上感觉也好多了。

拓展阅读1

生命历程理论中的终身健康

我们常说不能让孩子输在起跑线上，但是，有些人确实从小就输在了起跑线上——不是通过学习成绩，而是通过健康。

（一）健康研究的生命历程视角：时间效应

从20世纪60年代以来，生命历程理论（life course theory）越来越多出现在社会科学的研究领域中。这一理论重视生命发展过程中结构性、社会性以及文化等多种因素对个体发展的影响。[①] 近些年来，生命历程理论逐渐成为研究身心健康、健康行为、疾病与死亡风险的重要视角。

与其他视角不同的是，生命历程理论特别重视早期经历事件影响健康的时间效应。这些时间效应包括：（1）暴露时长，即个体暴露于特定事件上的时间越长，事件对个体身心发展的影响就越大。当暴露时长相同时，事件的性质与保护因素对健康的作用会有明显的差异。（2）时间顺序，即个体所经历的环境、事件发生的时间顺序不同，或者覆盖个体的年龄阶段不同，所产生的健康效应也不相同。（3）关键时期，即具体的身心发展任务总是发生在一个特定的年龄阶段，如果在这一年龄阶段发生了重大事件，或面临不利环境，那么，这一具体的发展任务将被延迟，或终生不会完成。（4）转折点或里程碑效应，即某些重要事件的发生或者环境的改变，将有可能改变个体原有的发展轨迹，或向着与以往预期完全不同的方向前进。[②]

在生命历程视角下，健康不平等的研究主要体现在两个方面。一是，生命早期经历可以影响健康，所以，健康不平等可以上溯至生命历程的"上游"。越来越多的研究揭示，个体早期经历是整个生命发展最为基础的岁月，很多成年期发现的疾病其实在童年时期就种下了种子，只是当时是潜病而已。[③] 早年的人生不幸，从出生的低体重到情感忽视，从幼年的膳食劣质到经济贫困，都会成为成年后心身疾病的重要根源。[④] 二是，重视对健康不平等来源的长期观察。越来越多的研究开始通过整合人们数十年的生活信息，来揭示时间轴上社会经济

① ELDER JR G H. The life course as developmental theory ［J］. Child development, 1998, 69 （1）: 1-12.
② GEORGE L K. Taking time seriously: A call to action in mental health research ［J］. Journal of Health and Social Behavior, 2014, 55 （3）: 251-264.
③ WARREN J R. Does growing childhood socioeconomic inequality mean future inequality in adult health? ［J］. The Annals of the American Academy of Political and Social Science, 2016, 663 （1）: 292-330.
④ LEVINE M E, COLE S W, WEIR D R, et al. Childhood and later life stressors and increased inflammatory gene expression at older ages ［J］. Social science & medicine, 2015, 130: 16-22.

因素对身心健康的影响轨迹。①

上述两个视角又延伸出两种完全不同的假说。一种是发展补偿假说，认为个体在成年期的顺遂经历，如教育、职业地位、收入等资源获得可以有效补偿早期逆境对身心健康的伤害，甚至完全治愈早年形成的健康伤疤。特别是成年期社会经济地位的显著提升，可以完全扭转个体身心健康的劣势。② 另一种假说是社会起源说，认为不幸的早年经历可以持续、长远地伤害个体的身心健康，无论成年后如何成功，社会地位如何改善，都难以治愈或补偿早年形成的健康劣势。

早年经历如何通过成年期的经历而间接影响身心健康，目前并无公认的答案。有学者认为，与短期贫困或间歇性贫困相比，长期贫困对心理健康有着更为深刻的伤害。③ 据研究，早期不幸经历提高了成年后的重病、残疾与死亡的概率，并且良好的教育也不能缓解早期不幸所带来的健康伤害④。实际上，童年期的不幸遭遇，如贫困和虐待，不仅可以直接伤害儿童的身心健康，还会导致成年后较低的社会经济地位和不健康的生活方式，从而间接影响成年期的健康。随着时间推移，童年期的不幸对健康的影响会表现得越来越清晰。⑤ 与之相反，也有学者认为，早期贫困确实会造成成年后健康劣势，但是贫困的延续时间与健康轨迹的变化并没有直接的关系。

总而言之，目前的研究并不能确切解释早期逆境如何导致了健康不平等的累积，人们只知道一个事实：生命早期的经历——逆境或顺境——在很大程度上决定着成年后的身心健康。

---

① MONTEZ J K, HAYWARD M D. Cumulative Childhood Adversity, Educational Attainment, and Active Life Expectancy Among U. S. Adults ［J］. Demography, 2013, 51 （2）: 413-435.

② FERRARO K F, SCHAFER M H, WILKINSON L R. Childhood Disadvantage and Health Problems in Middle and Later Life: Early Imprints on Physical Health? ［J］. American Sociological Review, 2016, 81 （1）: 107.

③ EVANS G W, KIM P. Childhood poverty and health: Cumulative risk exposure and stress dysregulation ［J］. Psychological Science, 2007, 18 （11）: 953-957.

④ MONTEZ J K, HAYWARD M D. Cumulative Childhood Adversity, Educational Attainment, and Active Life Expectancy Among U. S. Adults ［J］. Demography, 2013, 51 （2）: 413-435.

⑤ FERRARO K F, SCHAFER M H, WILKINSON L R. Childhood Disadvantage and Health Problems in Middle and Later Life: Early Imprints on Physical Health? ［J］. American Sociological Review, 2016, 81 （1）: 107.

（二）早期不幸、累积劣势与健康不平等

从生命历程理论看健康，最核心的问题就是，早期经历如何导致几十年后的健康不平等。近些年来，学者们开始深入思考这一问题。他们将生命历程理论与累积优势/劣势理论相结合，强调早期逆境如何使人们面临更高的健康风险，而早期顺境又如何使人们获得更多利好机会，两者对比如何导致健康上的明显不平等，以及随着年龄增大，这种不平等的变化轨迹①。

累积优势/劣势理论其实就是马太效应。马太效应最早被应用于科学家的工作回报上——早期职业绩效的回报随着时间的推移而明显增长，也就是说，早期的成就和声望会直接导致后期更大的成功。累积优势/劣势理论在社会科学研究中被广泛引用。一般而言，职业分层的研究关注累积优势过程，而关于健康不平等的研究则主要基于累积劣势过程，因为这些研究主要考察早年处于不利处境会导致什么样的结果。② 健康不平等的累积过程一般可以描述为，初始优势或劣势会随着时间的推移，而逐渐带来更为利好的机会或更为糟糕的处境，利好机会与糟糕处境各自累积，量变导致质变，最终造成人与人之间在健康上的巨大差异。③ 我们也可以将健康视为一种资本，随着时间轴的移动，人们以不同的速度在维持它，或者消耗它。健康资本的变化主要取决于人们所拥有的资源、所采取的策略以及所面临的机遇。

当看待早年不幸经历伤害终身健康时，可以围绕三个维度展开。首先，早年经历会对未来形成机会或者障碍。比如，早年家庭贫困增加了成长中的健康风险，或者会增加消极事件发生的可能性。④ 其次，早年经历会影响个体在发展过程中能够获得的资源或机会。早期逆境使个体更可能失去公共教育机会，从

① DANNEFER D. Cumulative advantage/disadvantage and the life course：Cross−fertilizing age and social science theory ［J］. The Journals of Gerontology Series B：Psychological Sciences and Social Sciences, 2003, 58 (6)：S327−S337.

② DIPRETE T A, EIRICH G M. Cumulative advantage as a mechanism for inequality：A review of theoretical and empirical developments ［J］. Annual review of sociology, 2006, 32：271−297.

③ DANNEFER D. Cumulative advantage/disadvantage and the life course：Cross−fertilizing age and social science theory ［J］. The Journals of Gerontology Series B：Psychological Sciences and Social Sciences, 2003, 58 (6)：S327−S337.

④ FERRARO K F, SHIPPEE T P. Aging and cumulative inequality：How does inequality get under the skin? ［J］. The Gerontologist, 2009, 49 (3)：333−343.

而降低其成年后职业更好发展的可能性。① 早期逆境会增加个体未来面临各种风险或艰辛的概率，但是，如果有更多的资源，那么个体就有可能有效应对甚至是回避这些风险或艰辛。最后，早期经历能够预先塑造青春期的行为模式与成年期的生活方式。比如，早年不幸经历者更容易形成吸烟习惯②、酒精依赖③，也更倾向于肥胖④。不良的生活方式往往导致更明显的健康劣势。

拓展阅读 2
情绪对身体健康的影响

情绪与身体健康密切相关。不仅传统中医如此认为，而且西方学者在研究中也持这种观点。哈佛大学研究者对 204 位成年人进行了 40 年的跟踪研究来考察情绪与健康之间的关系。结果发现：在 21 岁至 46 岁过着精神舒畅生活的人有 59 人，只有 2 人在 53 岁时得了重病，其中 1 人死亡；而在同一时间内生活中经常心情不舒畅的有 48 人，都在 55 岁之前去世了。

当然，在哈佛大学这项调查中，那些生活中心情不舒畅的人，也更可能是贫困、失业或有其他不足的人，这些人处于困境之中，本身就很容易患病，因而死亡率比较高。这也是一种解释，但情绪确实可以伤害到身体健康。

---

① SCHAFER M H, WILKINSON L R, FERRARO K F. Childhood (mis) fortune, educational attainment, and adult health: Contingent benefits of a college degree? [J]. Social forces, 2013, 91 (3): 1007-1034.

② LLOYD D A, TAYLOR J. Lifetime cumulative adversity, mental health and the risk of becoming a smoker [J]. Health, 2006, 10 (1): 95-112.

③ LLOYD D A, TURNER R J. Cumulative lifetime adversities and alcohol dependence in adolescence and young adulthood [J]. Drug and alcohol dependence, 2008, 93 (3): 217-226.

④ GREENFIDLD E A, MARKS N F. Violence from parents in childhood and obesity in adulthood: using food in response to stress as a mediator of risk [J]. Social science & medicine, 2009, 68 (5): 791-798.

第五章

心理健康的整体评估

本章重点介绍一个著名的心理健康测量工具，即 SCL-90 自评量表。这一心理健康量表在世界上多个国家使用，是一个有着良好信度与效度的量表。本章将主要包括如下内容：

（1）心理健康测评；

（2）SCL-90 自评量表因子分析；

（3）SCL-90 自评量表与主动心理健康。

第一节　心理健康测评

请认真做一下这个量表，以便对自己有一个较为准确的了解。注意，在测量时请保持安静，因为心理测量很容易受到别人的影响与暗示。在进行测量时，请不要在某一个项目上逗留，根据自己的第一印象作答即可。

指导语：以下表格中有 90 个语句表述。根据自己最近一周的情况，凭第一感觉圈选一个数字，所圈选数字越大，表明语句表述的情况越符合自己的实际情况。

表 5.1　SCL-90 自评量表　　　　　　　　　　　单位：分

项目编号	项目表述	从无	轻度	中度	偏重	严重
1	头痛	0	1	2	3	4
2	神经过敏，心中不踏实	0	1	2	3	4
3	头脑中有不必要的想法或字句盘旋	0	1	2	3	4
4	头晕或晕倒	0	1	2	3	4
5	对异性的兴趣减退	0	1	2	3	4

续表

项目编号	项目表述	从无	轻度	中度	偏重	严重
6	对旁人责备求全	0	1	2	3	4
7	感到别人能控制您的思想	0	1	2	3	4
8	责怪别人制造麻烦	0	1	2	3	4
9	忘性大	0	1	2	3	4
10	担心自己的衣饰整齐及仪态的端正	0	1	2	3	4
11	容易烦恼和激动	0	1	2	3	4
12	胸痛	0	1	2	3	4
13	害怕空旷的场所或街道	0	1	2	3	4
14	感到自己的精力下降，活动减慢	0	1	2	3	4
15	想结束自己的生命	0	1	2	3	4
16	听到旁人听不到的声音	0	1	2	3	4
17	发抖	0	1	2	3	4
18	感到大多数人都不可信任	0	1	2	3	4
19	胃口不好	0	1	2	3	4
20	容易哭泣	0	1	2	3	4
21	同异性相处时感到害羞不自在	0	1	2	3	4
22	感到受骗、中了圈套或有人想抓住您	0	1	2	3	4
23	无缘无故地突然感到害怕	0	1	2	3	4
24	自己不能控制地大发脾气	0	1	2	3	4
25	怕单独出门	0	1	2	3	4
26	经常责怪自己	0	1	2	3	4
27	腰痛	0	1	2	3	4
28	感到难以完成任务	0	1	2	3	4
29	感到孤独	0	1	2	3	4
30	感到苦闷	0	1	2	3	4
31	过分担忧	0	1	2	3	4
32	对事物不感兴趣	0	1	2	3	4
33	感到害怕	0	1	2	3	4
34	您的感情容易受到伤害	0	1	2	3	4

项目编号	项目表述	从无	轻度	中度	偏重	严重
35	旁人能知道您的私下想法	0	1	2	3	4
36	感到别人不理解您、不同情您	0	1	2	3	4
37	感到人们对您不友好，不喜欢您	0	1	2	3	4
38	做事必须做得很慢以保证做得正确	0	1	2	3	4
39	心跳得很厉害	0	1	2	3	4
40	恶心或胃部不舒服	0	1	2	3	4
41	感到比不上他人	0	1	2	3	4
42	肌肉酸痛	0	1	2	3	4
43	感到有人在监视您、谈论您	0	1	2	3	4
44	难以入睡	0	1	2	3	4
45	做事必须反复检查	0	1	2	3	4
46	难以做出决定	0	1	2	3	4
47	怕乘电车、公共汽车、地铁或火车	0	1	2	3	4
48	呼吸有困难	0	1	2	3	4
49	一阵阵发冷或发热	0	1	2	3	4
50	因为感到害怕而避开某些东西、场合或活动	0	1	2	3	4
51	脑子变空了	0	1	2	3	4
52	身体发麻或刺痛	0	1	2	3	4
53	喉咙有梗塞感	0	1	2	3	4
54	感到前途没有希望	0	1	2	3	4
55	不能集中注意力	0	1	2	3	4
56	感到身体的某一部分软弱无力	0	1	2	3	4
57	感到紧张或容易紧张	0	1	2	3	4
58	感到手或脚发重	0	1	2	3	4
59	想到死亡的事	0	1	2	3	4
60	吃得太多	0	1	2	3	4
61	当别人看着您或谈论您时感到不自在	0	1	2	3	4
62	有一些不属于您自己的想法	0	1	2	3	4

续表

项目编号	项目表述	从无	轻度	中度	偏重	严重
63	有想打人或伤害他人的冲动	0	1	2	3	4
64	醒得太早	0	1	2	3	4
65	必须反复洗手、点数	0	1	2	3	4
66	睡得不稳不深	0	1	2	3	4
67	有想摔坏或破坏东西的想法	0	1	2	3	4
68	有一些别人没有的想法	0	1	2	3	4
69	感到对别人神经过敏	0	1	2	3	4
70	在商店或电影院等人多的地方感到不自在	0	1	2	3	4
71	感到任何事情都很困难	0	1	2	3	4
72	一阵阵恐惧或惊恐	0	1	2	3	4
73	感到公共场合吃东西很不舒服	0	1	2	3	4
74	经常与人争论	0	1	2	3	4
75	单独一人时神经很紧张	0	1	2	3	4
76	别人对您的成绩没有做出恰当的评价	0	1	2	3	4
77	即使和别人在一起也感到孤单	0	1	2	3	4
78	感到坐立不安心神不定	0	1	2	3	4
79	感到自己没有什么价值	0	1	2	3	4
80	感到熟悉的东西变得陌生或不像是真的	0	1	2	3	4
81	大叫或摔东西	0	1	2	3	4
82	害怕会在公共场合晕倒	0	1	2	3	4
83	感到别人想占您的便宜	0	1	2	3	4
84	为一些有关性的想法而很苦恼	0	1	2	3	4
85	认为应该因为自己的过错而受到惩罚	0	1	2	3	4
86	感到要很快把事情做完	0	1	2	3	4
87	感到自己的身体有严重问题	0	1	2	3	4
88	从未感到和其他人很亲近	0	1	2	3	4
89	感到自己有罪	0	1	2	3	4
90	感到自己的脑子有毛病	0	1	2	3	4

好，现在做完后，请根据下面的表格给自己评分。

表 5.2 SCL-90 自评量表因子归类   单位：分

因子	项目	数量	得分
躯体化	1，4，12，27，40，42，48，49，52，53，56，58	共 12 项	
强迫症状	3，9，10，28，38，45，46，51，55，65	共 10 项	
人际关系敏感	21，34，36，37，41，61，69，73，77，88	共 10 项	
抑郁	5，14，15，20，26，29，30，31，32，54，59，71，79	共 13 项	
焦虑	2，17，23，33，39，57，72，78，80，86	共 10 项	
敌对	11，24，63，67，74，81	共 6 项	
恐怖	13，25，47，50，70，75，82	共 7 项	
偏执	6，8，18，43，68，76，83	共 7 项	
精神病性	7，16，35，62，84，85，87，90，89，22	共 10 项	
其他	19，44，60，64，66	共 5 项	

得分评价标准有两种。一是看单个因子得分。如果在一个因子上的平均得分等于或大于 2 分，就说明在这个因子上有阳性特征，也就是说，在这个因子所代表的心理侧面上有异常，值得关注。比如，在抑郁这个因子上的平均得分为 2.5 分，那么，就说明有明显的抑郁症倾向，已经处于心理不健康状态了。

下图是心理健康状况的整体剖面图。

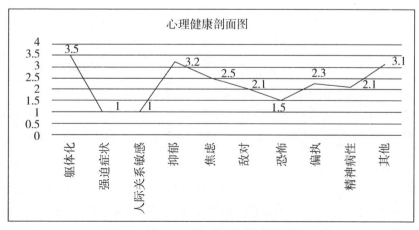

图 5.1 SCL-90 自评量表测量结果剖面图

二是看整体量表的得分。如果整个量表的平均值等于或大于 2，就说明整体心理健康水平不佳，处于心理亚健康或疾病状态。可以参考上面的剖面图。

实际上，按照中国人的常模或判定标准，只要整个量表的总分大于 160，就得进一步进行临床检查。

第二节 SCL-90 自评量表因子分析

认真深入地理解与分析 SCL-90 自评量表各个因子的项目，可以基本掌握常见心理疾病的含义。这对于自我分析以及深入了解自己的心理健康状况是相当有益的。下面将每个因子的所有项目放于一起，以便进行深入理解。

一、躯体化

这一因子共 12 项。主要反映躯体上的不适感，包括心血管、胃肠道、呼吸系统等的不适感，如头痛、肩背痛、肌肉酸痛，以及其他相关的躯体症状。这些症状都是自己感觉到的，而不是仪器检测到的体征。在现代医学中，这些症状也通常被认为是亚健康的标志。从身心健康交互的观点来看，身体健康与心理健康往往是相互影响的。

表 5.3 SCL-90 自评量表躯体化因子

项目编号	项目表述	项目编号	项目表述
1	头痛	48	呼吸有困难
4	头晕或晕倒	49	一阵阵发冷或发热
12	胸痛	52	身体发麻或刺痛
27	腰痛	53	喉咙有梗塞感
40	恶心或胃部不舒服	56	感到身体的某一部分软弱无力
42	肌肉酸痛	58	感到手或脚发重

躯体化因子的得分在 0～48 分之间。得分在 24 分以上，表明个体在身体上有较明显的不适感，并常伴有头痛、肌肉酸痛等症状。得分在 12 分以下，躯体症状表现不明显。总的说来，得分越高，躯体的不适感越强；得分越低，症状体验越不明显。

二、强迫症状

这个因子有 10 个项目，主要反映了那些明知没有必要，但又不能控制自己不去做的行为或念头。此外，还包括一些感知与记忆障碍的症状。

表 5.4 SCL-90 自评量表强迫症状因子

项目编号	项目表述	项目编号	项目表述
3	头脑中有不必要的想法或字句盘旋	45	做事必须反复检查
9	忘性大	46	难以做出决定
10	担心自己的衣饰整齐及仪态的端正	51	脑子变空了
28	感到难以完成任务	55	不能集中注意力
38	做事必须做得很慢以保证做得正确	65	必须反复洗手、点数

以上这些项目都是最为典型的强迫症状测量条目。项目 3 是头脑中一直有某种想法或字句，想摆脱也摆脱不掉，这是典型的强迫观念表现。而项目 45、项目 9、项目 28、项目 38 以及项目 46 皆与强迫怀疑有关。因为患者对自己行为的正确性与恰当性产生了怀疑，或者对自己的记忆力不自信，所以做具体的事情时总是害怕发生差错，担忧一些常人看来根本不会出差池的小细节。实际上，对强迫症患者来说，即使将关键的信息用纸笔的方式记录下来，也会怀疑自己记录得是否准确，可见，他们并不是真的忘性大，而是强迫怀疑自己的记忆力和能力。项目 55 和项目 51 都与脑子中强迫观念的存在有关，患者的头脑被这些无关的思维或观念纠缠，当然不能集中注意力，有时脑子会一片空白，并伴随严重焦虑、紧张与担忧。项目 65 是一种强迫行为，即强迫清洗，也是最为常见的强迫症状。

总的说来，得分越高，表明个体越无法摆脱一些无意义的行为、思想和冲动，并可能表现出一些认知障碍的行为征兆。

三、人际关系敏感

这个因子包括 10 个项目。反映了人际交往中个体所体验到的情绪与情感，如自卑、心里不安、不适感或消极预期等。

表5.5　SCL-90自评量表人际关系敏感因子

项目编号	项目表述	项目编号	项目表述
21	同异性相处时感到害羞不自在	61	当别人看着您或谈论您时感到不自在
34	您的感情容易受到伤害	69	感到对别人神经过敏
36	感到别人不理解您、不同情您	73	感到公共场合吃东西很不舒服
37	感到人们对您不友好，不喜欢您	77	即使和别人在一起也感到孤单
41	感到比不上他人	88	从未感到和其他人很亲近

人际关系敏感反映了与人打交道的能力。在这个因子上得分较高的人，一般较为自卑，感觉自己说什么、做什么，都不太符合礼仪，或总是担心被别人嘲笑，实际上正是自己不能放开。当然，也可能是他们在过去的人际交往中发现自己并不擅长这一方面，所以在后来的人际交往中显得很拘谨、不自信甚至怀疑别人不怎么喜欢自己。因为总是担心别人对自己的评价，所以他们"感到对别人神经过敏""感到公共场合吃东西很不舒服"或者"感到比不上他人""感到人们对自己不友好"等。正因为不能与别人拉近心理距离，所以经常感到孤单，感到从未与他人很亲近。人际关系敏感得分较高的人也很容易受到伤害，因为他们内心很脆弱，对自己很不自信。

总之，这一因子的得分在0~40分之间。得分在20分以上，表明人际关系较为敏感，人际交往中自卑感较强，并伴有行为症状（如坐立不安、退缩等）。得分在10分以下，表明在人际关系上较为正常。

四、抑郁

共有13个项目。这一因子反映了悲观、失望、情绪低落、易受激惹等情绪体验，还包括消极的观念，如自杀、活着没有意义等。最后，还包括一些躯体方面的不适感项目。

表 5.6　SCL-90 自评量表抑郁因子

项目编号	项目表述	项目编号	项目表述
5	对异性的兴趣减退	31	过分担忧
14	感到自己的精力下降，活动减慢	32	对事物不感兴趣
15	想结束自己的生命	54	感到前途没有希望
20	容易哭泣	59	想到死亡的事
26	经常责怪自己	71	感到任何事情都很困难
29	感到孤独	79	感到自己没有什么价值
30	感到苦闷		

　　此处测量抑郁的项目没有包括很明显的躯体症状。项目 5 是对异性的兴趣减退，项目 32 是对事物不感兴趣，以及项目 71 是感到任何事情都很困难，这三个项目都反映了动机与活力的降低。试想，当一个人对自己以往很有兴致、很感兴趣的事情都已无心、无力去做时，其内心的怠惰、懒散可想而知。项目 14 是感到自己的精力下降，活动减慢，也正说明了这一点。由于内心没有生机与活力，也没有了动起来的意愿，所以畏惧做任何事情，对前途也感到没有希望（项目 54）。在内心里，抑郁症患者会认为自己没有能力，什么事情都做不好，所以产生了自我贬低，如项目 26 是经常责怪自己，项目 79 中感到自己没有什么价值。所以他们悲伤、苦闷、担忧，这些情绪正是项目 20、项目 30、项目 31 所反映的。同时，他们感到项目 29 中的孤独。在消极认知、负性情绪以及前途无望并且孤独的主观世界中，他们产生了结束这一切的念头，如项目 15 中想结束自己的生命，以及项目 59 中想到死亡的事。

　　总之，在该因子上得分在 13 分以下，表明个体抑郁程度较弱，生活态度乐观积极，充满活力，心境愉快。

五、焦虑

　　共有 10 个项目。这一因子反映的是焦虑与惊恐的体验，包括紧张、烦躁不安、坐卧不宁、神经过敏以及由此产生的躯体感受，如震颤。

表 5.7　SCL-90 自评量表焦虑因子

项目编号	项目表述	项目编号	项目表述
2	神经过敏，心中不踏实	57	感到紧张或容易紧张
17	发抖	72	一阵阵恐惧或惊恐

项目编号	项目表述	项目编号	项目表述
23	无缘无故地突然感到害怕	78	感到坐立不安心神不定
33	感到害怕	80	感到熟悉的东西变得陌生或不像是真的
39	心跳得很厉害	86	感到要很快把事情做完

焦虑症的典型情绪体验就是紧张、害怕、恐惧、不安等，正如项目23、项目33、项目57、项目72与项目78所描述的那样。由于情绪的极端变化，个体的认知也受到了干扰，如项目80所描述的那样，感到熟悉的东西变得陌生或不像是真的（以前所熟知的），这表明个体感觉自己身处陌生环境，对环境或事物失去了掌控感，这也是内心感到紧张、害怕与不安宁的认知原因。我们知道，当人们身处陌生环境中时，总是会感到些许紧张、害怕与不安。为了控制或获得掌控感，个体内心着急，想把事情很快完成，正如项目86所描述的那样。情志的剧烈变化会导致胸中气机受到严重干扰，导致心脉不畅，所以心悸，正如项目39所描述的那样。实际上，还可能引起胃部不适，如干呕、呕吐，也有头晕或晕倒等。而项目17中的躯体或双手发抖，也是气机运行不畅导致筋脉痉挛的结果。

无论是抑郁症还是焦虑症，都有情绪与躯体症状。很难说是情绪变化引导了躯体症状，还是躯体症状导致了情绪变化。如心悸，它本身就可以引起焦虑、紧张与不安。总体说来，得分越高，焦虑表现越明显，得分越低，焦虑越轻。

六、敌对

这一因子共6个项目，主要反映了在思想、情感以及行为三个方面上的敌对表现，如厌烦感觉、摔物、脾气暴躁等方面。

表5.8 SCL-90自评量表敌对因子

项目编号	项目表述	项目编号	项目表述
11	容易烦恼和激动	67	有想摔坏或破坏东西的想法
24	自己不能控制地大发脾气	74	经常与人争论
63	有想打人或伤害他人的冲动	81	大叫或摔东西

敌对，针对谁呀？如果有人无理由地伤害了你，你肯定对他有敌对情绪。这是正常的。这里所讲的敌对，是指没有充足理由地针对身边的几乎所有人。敌对体现了一种向外的攻击冲动，如想摔东西或破坏东西的冲动、想打人或伤害他人的冲动以及大叫或摔东西，这些正是项目63、项目67与项目81所描述的情况。为什么会有向外攻击的冲动？因为其内心躁乱，内心中有愤怒、敌意和不满，如项目11所描述的那样。这种敌意情绪如果一直憋在内心，自我会受到伤害。这里，建议读者返回去阅读一下弗洛伊德的精神分析的相关内容。内心的这种愤怒或敌意要找个出口，找个发泄对象，所以，就要与人争论或争吵、对别人大发脾气或摔东西等。

总体说来，得分越高，个体越容易敌对，好争论，脾气难以控制。得分越低，个体的脾气越温和，待人友好，不喜欢争论，无破坏行为。

七、恐怖

这一因子共7个项目，涉及日常情境的恐惧感，包括出门旅行、空旷场地、密集人群、热闹场所和特定的交通工具等。有些项目还指向社交恐怖感。

表5.9　SCL-90自评量表恐怖因子

项目编号	项目表述	项目编号	项目表述
13	害怕空旷的场所或街道	70	在商店或电影院等人多的地方感到不自在
25	怕单独出门	75	单独一人时神经很紧张
47	怕乘电车、公共汽车、地铁或火车	82	害怕会在公共场合晕倒
50	因为感到害怕而避开某些东西、场合或活动		

这里的测量条目基本上都是纯粹心理的内容，只有一项与躯体方面的内容有关，即第82项。恐怖症一般害怕空旷的广场、密集的人群甚至独处。这些已经反映在了项目13、项目47和项目70、项目25和项目75中。还有一些人特别恐惧个别的动物，如蛇、蟑螂等，也有特别恐惧高度的，即恐高症。

实际上恐怖症往往伴随着明显的躯体症状，如头晕或晕倒、心悸、出汗等。为什么会这样？因为恐怖症一般是一种剧烈的情志变化，如突然感到恐慌，此时气机受到严重干扰，心脉受扰，就会出现心悸；向上的血行也受到干扰，就会头晕甚至晕倒；有人还会感到胸部憋闷，呼吸浅而快，觉得要窒息了。所以，患有恐怖症的人很害怕身处特定场所，因为他们担心自己有上述躯体感受。越是害怕，越是有很强的躯体感受。所以项目82中说，害怕会在公共场合晕倒。

总体说来，得分越高，表明个体越容易对一些场所和物体产生恐惧，并伴有明显的躯体症状。得分较低，说明个体一般不会对常见的场所或事物产生恐惧心理，在一般公共场合能够展开正常的交往活动。

八、偏执

这一因子共有7个项目，主要指投射性思维，包括敌对、猜疑、固执、好嫉妒、极度自私、不擅长与他人相处等。

表 5.10　SCL-90 自评量表偏执因子

项目编号	项目表述	项目编号	项目表述
6	对旁人责备求全	68	有一些别人没有的想法
8	责怪别人制造麻烦	76	别人对您的成绩没有做出恰当的评价
18	感到大多数人都不可信任	83	感到别人想占您的便宜
43	感到有人在监视您、谈论您		

偏执，即片面、偏常而固执。在生活中，有很多偏执人格障碍或倾向的人。他们总是觉得别人不好，做得不对，猜疑心特别重，觉得大多数人都不可信。他们很害怕别人会伤害自己或损害自己的利益，所以会事先采取防范或戒备性的行动，但采取这些行动时又往往不顾及别人的利益，这就导致过度自私。他们也不知道如何用正常的双赢的手法与别人打交道，或者，因为他们首先想到的是自己的利益，所以也不愿意去与人开展正常的交往。

项目6、项目8意思相近，都是指责怪别人，有将错归人的倾向。项目18、项目76以及项目83意思相近，都是指别人没有给予自己应得的待遇，别人对自己特别不公，所以大多数人都不可信，都想占自己的便宜。项目43意思是指总感觉有人盯着自己，谈论自己的不是或短处，或者是在想办法伤害自己。项目68说明自己固执于常人都不认可的观念或想法。

在本因子上得分较低，表明个体不容易在生活中走极端。

九、精神病性

这一因子共有 10 个项目，主要涉及幻听、被控制感、思维散乱、思维插入等，这实质上是精神分裂症状的前期表现。

表 5.11　SCL-90 自评量表精神病性因子

项目编号	项目表述	项目编号	项目表述
7	感到别人能控制您的思想	84	为一些有关性的想法而很苦恼
16	听到旁人听不到的声音	85	认为应该因为自己的过错而受到惩罚
35	旁人能知道您的私下想法	87	感到自己的身体有严重问题
62	有一些不属于您自己的想法	90	感到自己的脑子有毛病
22	感到受骗、中了圈套或有人想抓住您	89	感到自己有罪

精神病性是精神分裂症的前期或者轻型表现。精神分裂症的临床症状复杂多样，通常涉及感知觉、思维、情感、意志行为以及认知功能等方面，个体之间的症状差异很大，即使是同一病人，在不同疾病阶段也有不同的症状表现。

在感知觉方面，幻听是最常见的，如项目 16 所说，听到别人听不到的声音。在思维方面，妄想是最为常见的，如感到别人想谋害自己、想捕抓自己、想控制自己，正如项目 7 与项目 22 所描述的一样。

在认知方面，常有一些不切合实际的想法，如认为自己有罪、认为自己身体有病、认为自己有性的想法等，正如项目 89、项目 90 和项目 84 所表述的那样。幻想也是常见的表现，如有一些不属于自己的想法、认为别人知道自己想什么，正如项目 35 与项目 62 所述。

正如上面所说，精神病性是精神分裂症的轻型或前期，此时，病人还是意识清晰的，不然也不能自己进行问卷作答了。

十、其他因子

这一因子共有 5 个项目，反映了饮食与睡眠情况，实际上也属于躯体症状。

表 5.12 SCL-90 自评量表其他因子

项目编号	项目表述	项目编号	项目表述
19	胃口不好	64	醒得太早
44	难以入睡	66	睡得不稳不深
60	吃得太多		

项目 19 是胃口不好，这是因为情志不疏，脾胃气机不畅，而影响了食欲。还有一种情况，部分抑郁或焦虑症病人，在情绪不佳时，会有多吃或贪嘴的情况，明明知道自己已经吃饱了，还要再去吃，正如项目 60 所说吃得太多，这是一种获得性心理补偿的行为，用吃来缓解紧张担心或抑郁不乐的情绪。像小孩子一样，在情绪不好的时候，给他点零食，他就会高兴起来。

项目 44、项目 64 与项目 66，都是关于失眠的。在很多心理疾病中，都有睡眠模式明显改变的情况，而失眠往往是严重心理疾病的先期表现。在中医里，失眠用"阳不入阴"来解释。严重或长期的情志变化会伤害到气机运行以及扰乱阴阳平衡，很容易导致阳不入阴的情况。

第三节　SCL-90 自评量表与主动心理健康

通过上述详细剖析，发现其中三个因子与人际关系有关，即人际关系敏感、敌对与偏执。两个因子与躯体情况有关，即第一个因子躯体化以及最后一个其他因子。其他的强迫症状、抑郁、焦虑、恐怖以及精神病性，这 5 个因子都是个人内部的心理状态。最好能够把 SCL-90 这几个因子熟记于心，平时在生活中多观察、多体验并多思考，方可深刻理解，也有助于自己心理健康的促进与成长。

如果在此量表的某个因子上平均得分在 2 分以上，就应该及时寻求专家帮助，如心理咨询师或医院的精神科专家。寻求帮助也是主动心理健康的一项能力，心理不适也是病，同躯体疾病一样。特别是在精神病性这一维度上，一定要去寻求专业的帮助。精神病性是精神分裂症的前期，其病因非常复杂，远不是自我调适就可以治愈的。

在其他所有因子上，平均得分在 1 分至 2 分或以下，就要及时自我调适。心理疾病的发展实际上也是一个过程，当然也有突然发作的应激性障碍。首先，要确保躯体症状慢慢缓解，这可以通过主动性的身体刺激来进行，如科学的体育锻炼、饮食调整，同时还要管理压力和适当休假等，这些我们在后面会专门论述。身心是相互影响的，主动刺激身体其实也是在调整心理。其次，就是要深入分析为什么自己会有这些心理健康方面的不足，这个可以参考第二章的理论部分。大致来说，原生家庭、早期生命经历（如小时的心理创伤、家庭重大变故、贫困经历等）、现在的工作环境、家庭环境，以及自己的一些不合理信念等，都是要考虑的内容。

根据笔者的咨询经历，恐怖症、焦虑症等有明显身体症状的病症，练习腹式呼吸与放松技术是非常有效的。快速暗示自己深呼吸并放松，就可以很快调整自己的气机运行，再加上认知上的一些努力，一般轻度的焦虑症与恐怖症就很容易克服了。而有关人际关系方面的心理问题，如敌对、偏执等，则需要从不合理信念、思想认识、做人道理上入手，通过提高思想意识与为人修养来逐渐进行矫正。

很多心理疾病也不是个人的错，早期经历、胎内因素与遗传等都是与"命运"有关的，超越了主观能动性或个人努力自致的范围。即使现在激烈的学业竞争也不是自己所能左右的，因为总会受到客观因素的影响。

本书后面介绍了很多自助式的技术与理念，如放松、不同的锻炼方法、内观认知疗法技术等，可以在后边的学习中，有意将其应用到自己身上，来提高自己的身心健康状况。

课后练习题

1. 请说出 SCL-90 自评量表包括哪 10 个因子，以及各个因子的基本含义。

2. 辨析题。请分析下面的观点，看其是否有道理，并列出支持和反对该观点的事实或理由。

（1）抑郁症患者都是本身没有什么能力与本事的人。

（2）在 SCL-90 自评量表中，第一个因子就是躯体化，说明躯体上的不适是心理不健康的诱因。

（3）所有的心理疾病都伴随着明显的躯体症状。

（4）强迫症患者的记忆力受到严重损害。

3. 建议阅读文献：

（1）唐秋萍，程灶火 . SCL-90 在中国的应用与分析［J］. 中国临床心理学杂志，1999，7（1）：5.

这篇文章介绍了 SCL-90 自评量表在中国的早期应用，有助于深入理解此量表的优势与不足。

（2）王金道. SCL-90 量表使用的现状及检测心理健康的异议［J］. 中国心理卫生杂志，2004，18（1）：51-52.

这篇文章说明 SCL-90 自评量表在评价心理健康方面的一些缺点。

（3）张智勇，罗珊红. 大学生 SCL-90 量表测查结果的比较研究［J］. 中国心理卫生杂志，1998，12（2）：2.

这篇文章介绍了 SCL-90 自评量表在 20 世纪的常模，可以加深了解此量表的应用。

4. 下面是某些心理疾病的项目表述，请根据 SCL-90 自评量表的知识，来判断它们描述哪种心理疾病。

（1）经常感觉自己没有用，什么都做不好，并常常觉得活着没有意义，有轻生想法。

（2）"为什么大米是白的，而芝麻是黑的"这个疑问在头脑里不断冒出来，想摆脱也摆脱不掉。

（3）这个世界上都是骗子，没有一个人值得信赖的，一有机会，谁都想利用你，占你便宜！

（4）一到人多的地方，感到自己呼吸都很困难，胸部闷得慌，并有赶快逃离的想法！

（5）总是感到心中不安，总感觉要发生什么事儿，有时感觉心悸、胸闷、害怕！

（6）总是觉得自己混得不如人，怕在别人面前说错话、行为不当，所以很少与人主动来往。

第六章

一些常见心理倾向的自我评估

这一章主要介绍 A 型人格、C 型人格与 D 型人格的特点，以及抑郁、焦虑、偏执与强迫的测量。

学习这一章之前，请思考下面的问题：

（1）请根据自己的生活观察，看人格特征是否与身体疾病有明确的关联。

（2）抑郁症有哪些典型的想法、情绪体验以及行为？

（3）焦虑症有哪些典型的躯体感觉以及情绪体验？

（4）强迫症有哪些典型的表现？

（5）心理疾病与躯体疾病有联系吗？能否列举一些事实。

第一节　A 型人格评估

A 型人格是由美国心脏病学家在 20 世纪 50 年代提出来的。这一人格的主要特点是：情绪不稳定、办事急躁、爱发脾气；对人怀有敌意；喜欢争强好胜；醉心于工作，做事讲究数量，行动快速；缺少耐性，经常有时间上的紧迫感。较多的研究表明，A 型人格更倾向于罹患冠心病。国内学者张伯源在 1984 年做过一项研究，发现冠心病人群中具有明显 A 型人格的人在比例上是正常人群的 2.2 倍。① 具有 A 型人格特点的人，往往有着很高的成就动机，生活安排很紧凑，因为他们非常看重时间。无论是生活，还是工作，总是显得很紧张，难得心安理得的休闲。目前研究表明，具有明显 A 型人格特征的人，在职业场合更容易报告较高水平的心理困扰。

具有明显 A 型人格特征的大学生很容易遭遇环境适应问题，这主要是因为

---

① 张伯源．心血管病人的心身反应特点的研究——Ⅱ．对冠心病人的行为类型特征的探讨［J］．心理学报，1985（3）：314-321.

他们竞争性强，容易发怒，没有耐心。① 实际上，在紧张、压力大的环境中，人们很容易慢慢发展出 A 型人格所具有的行为模式，具体表现为：外向、情绪不稳、偏好竞争与攻击、做事快速、重视时间利用、难与人相处等。但这种行为模式在一定程度上又会使人际关系变得紧张，最终带来心理上的困扰。② 因此，要矫正 A 型人格或其行为模式，就要进行压力管理，同时尽量弱化 A 型人格中那些不合理的部分。

下面是一个简易的 A 型人格测量量表，可以自己评估下自己是否有较强的 A 型人格特征。请注意，圈选的数字越大，表明这一语句的表述越符合你的情况。在自测时，不要在语句上逗留太长时间，凭第一感觉去作答则可。

表 6.1　A 型人格量表　　　　　　　　　　　　　单位：分

编号	项目表述	从无	很少	有时	经常	一直如此
1	对别人的缺点和毛病，我常常不能容忍	1	2	3	4	5
2	听到别人发表不正确的见解，我总想立即就去纠正他	1	2	3	4	5
3	当别人对我无礼时，我会立即以牙还牙	1	2	3	4	5
4	我很容易发怒	1	2	3	4	5
5	当我正在做事，谁要是打扰了我，不管有意无意，我都非常恼火	1	2	3	4	5
6	即使没有什么急事，我也总是匆匆忙忙	1	2	3	4	5
7	我总想尽快完成一件事情	1	2	3	4	5
8	我从未感到自己的时间充裕	1	2	3	4	5
9	我试图在同一时间内完成多项任务	1	2	3	4	5
10	即使没有什么要紧事，我走路也很快	1	2	3	4	5
11	即使我的工作不需要花很多时间，我也总是花很长时间在工作上	1	2	3	4	5
12	我总是在工作上投入大量时间	1	2	3	4	5

---

① 李艳兰. 适应不良大学生 A 型人格与防御方式分析［J］. 中国学校卫生，2011，32（4）：444-446.

② 叶明志，王玲，张晋碚，等. A 型行为与人格维度、生活事件及心理健康［J］. 中国心理卫生杂志，2002（8）：572-573.

续表

编号	项目表述	从无	很少	有时	经常	一直如此
13	我常常为工作没有做完，一天天又过去了而感到忧虑	1	2	3	4	5
14	我通常比那些做决策的人懂得更多	1	2	3	4	5
15	在很多事情上我有能力比别人做得好	1	2	3	4	5
16	我总想努力超过别人	1	2	3	4	5

在上表中，项目 1 至 5 测量了敌意与愤怒，6 至 10 测量了缺少耐性与时间紧迫感；11、12 和 13 测量了工作投入，最后的 14、15 和 16 测量了争强好胜。

整个量表的平均分在 3 分以上，则说明具有明显的 A 型人格特征。如果均值在 4 分以上，就更为明显了。

A 型人格是有明显长处的。具有这一人格特征的人一般具有竞争性，总是想在事业上或工作上超越别人，所以时间抓得紧，做事讲究效率。所以，在一般人看来，A 型人格的人干事有冲劲儿，愿意干事，想去做事儿，动作快，不拖沓。这是其优势所在。

A 型人格也有较多的不足之处。首先，在职业竞争中，A 型人格的人做事重视数量，轻视质量。因为他们行动快速，没有耐性，只想在单位时间内做更多的事情，这样反而是事情做得多，但并不完善。其次，他们在人际关系上可能处理得并不好。在人际关系上，竞争性往往表现为一定的攻击性，或咄咄逼人的姿态，并伴随愤怒与敌意。这常常会让人觉得他们不近人情，不能够合作共事。最后，就是健康问题了。职业发展是一个长期过程，A 型人格的人更可能患有冠心病，或者高血压，这会极大地阻碍他们事业的发展。翻看一下网页，因为冠心病而逝去的企业家或其他领域的才俊可以列出很长名单。

因此，对大学生来说，无论是出于健康考虑，还是出于对未来事业发展的考虑，都要关注自己是否具有 A 型人格。如果有，那么就要矫正一下，关键是矫正其中的敌意、愤怒与时间紧迫感。

第二节　C 型人格评估

C 型人格也被称为癌症型人格，其特点是：经常压抑自己的情绪，特别是压抑怒气，怒而不发，也不善于寻找合适的途径发泄情绪；总是克制自己，忍让，过分谦虚，过分依从社会，回避矛盾，好调和矛盾。研究发现，C型行为的人肿瘤发生率比一般人高3倍以上，并可促进癌的转移，使癌症恶化。①

C型人格的提出源于肿瘤行为学的研究。该领域的研究表明，经常压抑消极情绪，特别是怒气和悲伤，很容易导致淋巴细胞功能减退，使免疫力低下，从而容易发生癌瘤。后续研究发现，社会因素、心理因素通过人脑、神经递质和内分泌，影响人体全部生理功能与免疫系统活动，这些都与肿瘤的发生有高度相关性，基于此提出了C型人格概念。

总之，现代医学认为，C型人格通过影响神经系统、内分泌系统、免疫系统而形成恶性肿瘤微观环境。

实际上C型人格不仅与癌症有明显的关联。情志郁而不发所导致的生理病理过程是广泛而缓慢的，往往诱发或加重多种疾病，如消化不良、胃痛、心脑血管疾病等。尽管在一般的心理健康测量中，并不太强调C型人格，但考虑健康为终身成就，在此将C型人格视为心理异常。

目前并没有简短的C型人格测量工具。在文献参考与临床基础上，提供一个简短的问卷，来帮助自我测评。

表6.2　C型人格量表　　　　　　　　　　　　　　　单位：分

编号	项目表述	从无	很少	有时	经常如此
1	我很少主动与人打交道	1	2	3	4
2	我经常生闷气	1	2	3	4
3	心里有委屈，我也不想向别人倾诉	1	2	3	4
4	遇到不顺心，我常常憋在心里	1	2	3	4
5	我经常开心地大笑（＊）	1	2	3	4
6	当受到不公平对待时，我常常会忍让	1	2	3	4
7	即使非常生气，我也不会轻易向别人发火	1	2	3	4
8	在压力之下，我会更默默地努力工作	1	2	3	4
9	遇到事情，我很容易紧张、担心	1	2	3	4
10	每天都有很多开心的事情（＊）	1	2	3	4
11	我宁可吃点亏，也不去惹别人不高兴	1	2	3	4
12	经常与朋友聊天瞎侃	1	2	3	4

---

① 洪韵琳，张冀岗. 癌症与C型性格［J］. 中华医学杂志，1993，73（1）：2.

续表

编号	项目表述	从无	很少	有时	经常如此
13	我很少生气激动（＊）	1	2	3	4
14	我的生活比较顺心如意（＊）	1	2	3	4
15	我很少急躁（＊）	1	2	3	4

上表中，那些带"＊"的项目要反向计分，比如，如果圈选的是"2"，则记为"3"，如果圈选的是"4"，则计为"1"，依此类推。

上面项目的总分在15分至60分之间。如果总分在45分以上，就说明具备了明显的癌症型人格特征。这对今后的身心健康是非常不利的。实际上，这么高的分值已经暗示着心理异常了。

C型人格的人尽管在生活中人际关系也算较好，但实际上是一种不健康的和谐，因为它建立在退缩、忍让与消极情绪内攻的基础之上。

第三节　D型人格评估

人格与身心健康有紧密的关联。消极的人格本身也是一种心理异常。研究表明D型人格与心血管疾病有密切关系。临床观察发现，具有D型人格的冠心病患者的死亡率、再次心肌梗死发病率要比无此类人格特征的患者高出许多，甚至在经过药物与支架介入治疗后，此类人格依然能够显著预测心肌梗死概率。[①]

D型人格也被称为忧伤人格，其典型特征是：个体经常体验忧虑、烦躁、易怒、悲观等消极的情绪，同时在社会交往中也经常抑制自己表达这些消极情绪。D型人格量表包括两个维度，即消极情绪和社会抑制。一般而言，当这两个维度的特点同时存在时，冠心病病人的死亡率与再次心肌梗死的发病率就会大大增加。

---

① 于肖楠，张建新．D型人格：心血管疾病的重要心理危险因素［J］．心理科学进展，2005，13（1）：72-77.

表6.3　D型人格量表　　　　　　　　　　　　　　　　单位：分

编号	项目表述	从无	很少	有时	经常如此
1	我难以与人交往	1	2	3	4
2	我常常对不重要的事情小题大做	1	2	3	4
3	我很少与陌生人交谈	1	2	3	4
4	我常常感到不愉快	1	2	3	4
5	我常常容易被惹怒，发脾气	1	2	3	4
6	在社会交往中我常常感到拘谨和放不开	1	2	3	4
7	我对事情的看法很悲观	1	2	3	4
8	我觉得与人交谈时很难打开话题	1	2	3	4
9	我的心情常常很差	1	2	3	4
10	我是一个封闭型的人	1	2	3	4
11	我宁愿与其他人保持一定距离	1	2	3	4
12	我觉得自己经常为一些事情担忧	1	2	3	4
13	我经常闷闷不乐	1	2	3	4
14	在社会交往中，我找不到合适的话题来谈论	1	2	3	4

　　在上表中，测量消极情绪的项目包括：2、4、5、7、9、12、13。测量社交抑制的项目包括：1、3、6、8、10、11、14。这一量表项目只有14个，是一个简短却很有预测意义的测量工具。

　　人是社会性动物，正常丰富的社交活动可以提供情绪支持，可以改变心境，孤独无依的人首先在情绪上就是不健康的。善于交际的人一般拥有积极的心态、开朗的性格、愉快的心境，即使生活工作中遇到不快，也会通过人际沟通中的情绪支持而很快克服，从而保持内心的畅快。可见，积极的社交对心理健康有多么重要。

　　截至目前，D型人格与心脑血管疾病的关系已经得到了非常肯定的确认，但国内并没有建立起常模，这样在人格测量与评价中就较难准确进行。但是，我们可以对照每一个项目，诚实地评价自己，看是否或者在多大程度上具有此类人格特征。有数据表明，在美国，20%~30%的成年人明显具有此类人格特征。国内研究发现，有约11%的医学生属于此类人格。

第四节 偏执型人格评估

偏执型人格是一种比较常见的人格特征。它的主要特点是敏感多疑、较为内向、固执并且自尊心强。生活中有很多人具有这种人格特点，整体上男性多于女性。在人际交往中，这种人格的主要表现是对他人有一种普遍的、非理智的多疑倾向，自认为别人是在贬低或者威胁自己、怀疑不信任自己，并且很可能有对自己不公平的行为。因而，自己也不会去相信别人，而且容易因认为自己吃亏而发怒。由于性格多疑，很难与别人建立良好的人际关系，甚至也不能与家人和谐相处。很糟糕的是，偏执型人格的人较少有反省能力，通常不会认识到自己具有偏执行为。这阻碍了人格特点的自我纠正。

在此需要指出的是，偏执型人格不是偏执型精神障碍，两者最主要的区别在于，前者没有妄想症状，而后者有明显的脱离实际的妄想观念，包括被害妄想、钟情妄想、夸大妄想与嫉妒妄想。正是由于存在脱离现实的妄想观念，偏执型精神障碍者往往被送进精神病院接受治疗。当然，偏执型人格者也会由于伤害家人而被家人送入精神病院去治疗，但较少见。

《中国精神疾病分类方案与诊断标准》（CCMD-2-R）描述了偏执型人格特征：①广泛猜疑，常将他人无意的、非恶意的甚至友好的行为误解为敌意或歧视，或无足够根据怀疑会被人利用或伤害，因此过分警惕与防卫。②将周围事物解释为不符合实际情况的"阴谋"，并可成为固执观念。③易产生病态嫉妒。④过分自负，若有挫折或失败则归咎于人，总认为自己正确。⑤好忌恨别人，对他人不能宽容。⑥脱离实际的争辩与敌对，固执地追求个人不够合理的"权利"或利益。⑦忽视或不相信与自己想法不相符合的客观证据。因而难以用说理或事实来改变患者的想法。

只要符合上面描述中的第1、2、4、7项，就可以诊断为偏执型人格障碍。

从上面可以看到，在偏执型人格中，核心信念围绕着无故猜疑，先入为主地坚信别人会歧视或敌视自己，所以自己必须保持警惕与先行敌视。这种核心信念是在早期生活经历中形成的，一旦牢固地扎根于信仰系统，就很难改变。因为在现实生活中，确实可以找到很多真实的证据来强化这种偏执的信念。关键是，如果将个别人、个别情境下、个别时间点上的恶意与敌意，进行无差别的、无足够理由的扩大化，甚至将其延伸到了亲人与朋友之中，那么，这就是偏执了。

偏执的信念与行为具有很大的破坏力。它使个体长期怀着敌意与不信任审视周围的人和事，给人际关系带来相当大的伤害。偏执的人常常自负，很孤独，工作生活皆不如意。但是，目前很少有能够科学测量偏执型人格的量表。对偏执的测量常常出现在一些更为综合的人格评价工具中，比如，在明尼苏达多项人格测验（MMPI）自评量表中，就有妄想、固执等分量表。在 SCL-90 量表中，也有敌对与偏执两个因子。

下表中总结了一些项目可以较好地测量偏执型人格。与抑郁和焦虑量表一样，使用4点评分法：从来没有这种感觉；很少有此感觉；有时有此感觉；经常有此感觉。如果自己得分在30分以上，就需要好好自省，很可能有偏执型人格倾向。

表 6.4　偏执型人格量表　　　　　　　　　　　单位：分

项目编号	项目表述	从无	很少	有时	经常如此
1	感觉别人对我抱有敌意	1	2	3	4
2	我觉得别人会伤害我	1	2	3	4
3	别人很难让我改变想法	1	2	3	4
4	我从不轻易相信别人	1	2	3	4
5	别人对我的善意都是有企图的	1	2	3	4
6	对于我的成绩，别人很少公平评价	1	2	3	4
7	我很难原谅那些伤害我的人	1	2	3	4
8	很多人简直就是一无是处	1	2	3	4
9	我责怪别人是因为他们做得不对	1	2	3	4
10	我总感觉有人在背后监视我，谈论我	1	2	3	4
11	我有很多别人没有的想法	1	2	3	4
12	别人总是想占我的便宜	1	2	3	4

从上面可以看出，偏执型人格几乎没有躯体症状，也没有涉及消极情绪（如悲伤或紧张），完全是阴暗认知或猜疑观念所致。在日常生活中，也有很多人有猜疑或普遍不信任的倾向，但关键是这些人处理人际关系比较灵活，也善于隐藏其敌意，所以能够有较好的人际关系。

第五节　焦虑症评估

　　抑郁与焦虑是最为常见的两种心理异常。如果说抑郁重在悲观消极，那么焦虑则重在紧张不安。这两种心理异常经常同时出现，因个体差异而侧重不同。

　　一定情境中的焦虑（如考试时的焦虑）不在讨论之列，此处所说焦虑，是一种广泛的、跨越情境的紧张、不安、担心，甚至心慌的混合情绪体验。个体会清楚地意识到这些情绪，但不能自已。同抑郁症一样，严重的焦虑经常伴有躯体症状。下面是焦虑症评估量表。

表 6.5　焦虑症量表　　　　　　　　　　　　　单位：分

编号	项目表述	从不	很少	有时	经常如此
1	我觉得比平时容易紧张和着急	1	2	3	4
2	我无缘无故地感到害怕	1	2	3	4
3	我容易心里烦乱或觉得惊恐	1	2	3	4
4	我觉得我可能将要发疯	1	2	3	4
5	我觉得一切都很好，也不会发生什么不幸（＊）	1	2	3	4
6	我手脚发抖打战	1	2	3	4
7	我因为头痛、颈痛和背痛而苦恼	1	2	3	4
8	我感觉容易衰弱和疲乏	1	2	3	4
9	我觉得心平气和，并且容易安静坐着（＊）	1	2	3	4
10	我觉得心跳很快	1	2	3	4
11	我因为一阵阵头晕而苦恼	1	2	3	4
12	我有过晕倒发作，或觉得要晕倒似的	1	2	3	4
13	我感到呼气吸气很容易（＊）	1	2	3	4
14	我手脚麻木和刺痛	1	2	3	4
15	我因胃痛和消化不良而苦恼	1	2	3	4
16	我总有要小便的感觉	1	2	3	4
17	我的手常常是干燥温暖的（＊）	1	2	3	4
18	我脸红发热	1	2	3	4

编号	项目表述	从不	很少	有时	经常如此
19	我容易入睡并且一夜睡得很好（＊）	1	2	3	4
20	我做噩梦	1	2	3	4

这种广泛性的焦虑情绪，很容易被具体的环境刺激强化，从而加重病情。比如，有焦虑症的人，一旦遇到重要会议而被困在交通堵塞中，其焦虑表现会更为显著。

在上表中，（＊）是反向计分项目。自评量表得分在 20 分到 80 分之间。将总分乘以 1.25 后取整，即为最终的标准分数。当标准分数超过 50 分时，就说明焦虑倾向已达临床诊断水平，需要及时寻求治疗。从上面分析可知，严重的焦虑症往往伴有明显的躯体症状，因此，在心理治疗的同时，必须结合药物治疗。

在这里指出两点。一是，一般焦虑症倾向的人可能根本没有躯体症状，只会觉得自己紧张、不安、担心或害怕，而不能自已。二是，临床焦虑症患者也未必能够呈现全部躯体症状，如果是出现了较多的躯体症状，那说明焦虑症已经很严重了，必须结合药物进行治疗。

第六节　抑郁症评估

抑郁倾向是比较常见的心理异常，如果不及时调整，很可能发展为临床上的抑郁症。

抑郁症患者在情绪体验、认知思维以及生活行为上都有非常显著的改变。在情绪上，抑郁症患者通常感到悲伤、无助、忧愁，甚而经常因此哭泣。在认知上，患者认为生活毫无意义，自己毫无价值。特别需要指出的是，对心理健康者而言，死亡让人感到害怕，因此会在潜意识中避免死亡；而对抑郁症者来说，他可能会这样想"死亡是美丽的，人要勇敢地面对死亡"。也就是说，抑郁症患者的认知方式与健康人是不同的。在生活行为上，抑郁症患者通常对以往兴趣盎然的事情再也提不起兴趣，比如，对心理健康的青年人而言，性行为是一件让人很感兴趣的事情，但对抑郁症患者而言，性行为是很无聊、无意义的事情，根本没有动力、没有心思去追求。

在此介绍一个简短的抑郁自评量表。它主要适用于有抑郁倾向的成年人，能够比较好地反映抑郁的症状表现和严重程度。在每个项目后面，选择相应的数字来表示偶尔发生、有时发生、经常发生还是总是如此。

表6.6 抑郁症量表 单位：分

编号	题目	偶尔	有时	经常	总是如此
1	我觉得闷闷不乐，情绪低沉	1	2	3	4
2	我觉得一天中早晨最好（*）	1	2	3	4
3	我一阵阵哭出来或觉得想哭	1	2	3	4
4	我晚上睡眠不好	1	2	3	4
5	我吃得跟平常一样多（*）	1	2	3	4
6	我与异性密切接触时和以往一样感到愉快（*）	1	2	3	4
7	我发觉我的体重在下降	1	2	3	4
8	我有便秘的苦恼	1	2	3	4
9	我心跳比平时快	1	2	3	4
10	我无缘无故地感到疲乏	1	2	3	4
11	我的头脑跟平常一样清晰（*）	1	2	3	4
12	我觉得做经常做的事情没有任何困难（*）	1	2	3	4
13	我觉得不安但平静不下来	1	2	3	4
14	我对将来抱有希望（*）	1	2	3	4
15	我比平常容易生气激动	1	2	3	4
16	我觉得做出决定是很容易的（*）	1	2	3	4
17	我觉得自己是个有用的人，有人需要我（*）	1	2	3	4
18	我的生活过得很有意思（*）	1	2	3	4
19	我认为如果我死了，别人会生活得好些	1	2	3	4
20	对平常感兴趣的事我仍然照样感兴趣（*）	1	2	3	4

在上表中，（*）为反向记分，即"偶尔"为4分，"总是如此"为1分，其余类推。此量表的得分区间在20分到80分之间，分数越高，说明抑郁倾向越严重。

在上表中，项目1和3测量悲伤情绪，第2、4、5、6、7、8、9、10题测量躯体症状，第12与13题测量精神运动性问题，第11、14、15、16、17、18、19、20题，测量抑郁心境。

一般而言，40分以下为无抑郁，41分至48分为轻度抑郁，49分至56分为中度抑郁，57 分以上为重度抑郁，即临床抑郁症。

值得注意的是，本量表还重点测量了躯体症状。第 6 个项目实际上是指性行为的感觉，项目 5 和 7 暗示饮食状况如何，第 9 个项目实质是测量心慌与否。

第 12 与 13 个项目实质上暗指心神难以安定，难以决断。

最后好几个项目测量了抑郁心境，其实它们主要与消极的认知有关。有抑郁倾向的人，总是认为自己活得没有价值，未来也没有希望。这里并没有关于"死亡意念"的项目，严重的抑郁症病人通常会有死亡的念头。

第七节　强迫症评估

强迫症是指明知一些想法、念头以及行为是不合理、没有必要的，但依然会去继续这些观念、想法与行为。有强迫症倾向的人理智上是清醒的，但就是不能控制自己，想摆脱"多余观念或行为"，但又无力摆脱，最后影响了正常生活与工作。

强迫观念表现有多种形式。一是强迫怀疑，患者对已做行为的正确性产生怀疑，但明知不必要又不能停止。怀疑的同时常伴有焦虑。比如，总是怀疑自己是否把门锁好了，甚至折回去检查两三次。二是穷思竭虑，个体对自然的常见现象刨根究底，反复思考，明知无任何意义但不能自已。比如，总是想为什么大米是白的，而草地是绿的。三是强迫联想，个体见到一个词、一句话，总要不由自主地联想与它有关的词或句子。比如，见到"自由平等"，就会联想到"民主和谐"。这种联想违背自己的主观意愿，使个体非常烦恼。四是强迫回忆，即个体对经历过的场景不由自主、难以停止地反复追忆，无法摆脱。五是强迫表象，即头脑中反复出现生动的图像，这些图像常常令人厌恶，但又不能停止出现。六是强迫情绪，表现为对某些现象或人不合理、不必要的担心或厌恶，自己想停止却又欲罢不能。如总是担心自己被天上的飞鸟拉在头上，或总是担心同事们背后指点自己。七是强迫意向，即个体总是有做出某个行为的内心冲动，尽管没有去做。个体知道这种行为荒谬、不能实际去做，但不能控制这种内心冲动或意念。

强迫行为指反复出现的、刻板的仪式性动作，明知不合理，却又不能自我控制。为了缓解内心的焦虑或紧张，常常会顺应地去做出这些行为，顺应行为过多，又给自己带来不便。它也包括很多种。一是强迫检查，如反复检查大门是否锁好。二是强迫清洗，如与男友接吻之后，总是感觉很脏，所以反复刷牙漱口。三是强迫询问，个体总是不相信别人或自己，为了消除疑虑所致担心与焦虑，会反复要求别人给予解释并做出保证。四是仪式动作，即个体为缓解不能自控的观念或冲动所带来的焦虑与紧张，而做出一些固定的、无用的仪式性动作。比如，为了"出门小心"，必须先向前走一步，再后退一步，再向前两步，然后才出门。

尽管强迫症状几乎每个人在某个时候或某个领域都会出现，但一般不会成为精神上的负担，不会影响社会功能。当比较严重时，便会成为强迫障碍，常常会伴随焦虑、紧张与不安，使自己非常苦恼，给生活、工作与人际交往带来严重不便。

下表是一个简要的强迫症测量量表，它包括 6 个维度，分别是清洗、检查、排序、强迫观念、囤积和精神中和。每个维度包括 3 个项目。这个量表项目少，但非常适合自我评估。如果有 1 个项目得分在 2 分以上，就说明自己在相应方面有强迫倾向。

表 6.7　强迫症量表　　　　　　　　单位：分

编号	症状项目	完全没有	轻微	中度	重度	极重
1	我喜欢收藏很多东西，甚至这些东西已经成为我的负担	0	1	2	3	4
2	我常常过度频繁地检查一些事情	0	1	2	3	4
3	如果东西摆放不整齐，我会感到内心不舒服	0	1	2	3	4
4	当我做事的时候，我会难以自已地按顺序点数	0	1	2	3	4
5	如果我的东西被陌生人或不讲卫生的人接触过了，我就不会再碰触这个东西	0	1	2	3	4
6	我觉得自己难以控制脑海里无用的想法或观念	0	1	2	3	4
7	我经常收集一些没有用处的东西	0	1	2	3	4
8	我经常反复核查窗户、门、抽屉等	0	1	2	3	4
9	如果别人变动了我已经摆好的东西，我会心烦意乱	0	1	2	3	4
10	我觉得不得不在脑海里重复某些数字	0	1	2	3	4

续表

编号	症状项目	完全没有	轻微	中度	重度	极重
11	有时我反复洗手或冲凉，只是觉得自己接触了不干净的东西	0	1	2	3	4
12	有一些不愉快的想法总是在脑海里冒出来，难以摆脱	0	1	2	3	4
13	我很少丢掉陈旧的东西，因为我觉得以后可能会用得着	0	1	2	3	4
14	在关了煤气、水龙头、电源开关后，我往往重复检查好几次	0	1	2	3	4
15	我要求东西按照某特定的次序来排列	0	1	2	3	4
16	我觉得有些数字对我来说是吉利的，有些是不吉利的	0	1	2	3	4
17	我脑海中经常出现一些恶心的想法，但又摆脱不掉	0	1	2	3	4
18	我洗手的次数或持续时间往往超过了实际需要	0	1	2	3	4

　　强迫症形成的原因很复杂。一种解释认为是意识与潜意识中的认知、情绪对抗而形成。个体为了心理安全与控制环境的需要，总是想让自己在某些方面比别人做得好，结果在自己的内部形成一种严格的行为规则或认知模式，随着这套行为规则与认知模式的进一步发展，大脑的认知负荷强度持续增加，当面对环境中很多不确定因素时，原本已经形成的行为规则及认知模式失去了预期中的效果，于是个体又将它们进一步复杂化或精确化，最后个体陷入了自己主观编织的思维行为程序中，个体在潜意识中认为，一旦离开这种思维行为程序，一切就会失去自己的掌控，给自己带来巨大的不安全感。但是，在意识中，个体又会认为不能死板地按照这套思维行为去行事，这样内部冲突就产生了。如果严格按照这一套思维行为程序去行事，则会给自己带来严重不便，但如果不去如此行事，潜意识中的焦虑、紧张与不安又会涌上来。结果，为了缓解这些潜在的消极情绪，个体又不得不按照此种思维行为程序去行事。如此反复冲突，就产生了强迫行为与强迫观念，并且伴随焦虑情绪。

第八节　心理健康自我评估注意的问题

在物质比较丰富而压力日益增大的今天，拥有身心健康是个人的巨大成就，这一成就的达成需要发挥个人的自主性与能动性。参照上述测评工具来检视自己的心理状况就是第一步。第一步要走好、走对，需要注意如下几个方面。

第一，心理测量不是心理健康诊断的"金标准"，而是很有价值的参考值。心理的内容是非常丰富的，无论哪一块内容出现偏常，都会导致心理健康异常。比如，悲哀过度成抑郁，猜疑过及成偏执。而任何一个测量工具也不会完全捕捉所有心理内容中的偏常现象。一般情况是，当病人来到面前时，心理咨询师先根据望与问的方式做出主观判断，再选择合适的量表测量去确认诊断。即使这样，也会出现很多误诊。所以心理咨询师常常会在深入了解患者的家庭关系、职业、个人史等基础上，不断调整病情诊断。此外，心理异常与否，是一个相对概念，比较标准就是常人的一般情况，这个一般情况就是专业术语所称的"常模"。而此处所提供的量表皆没有与时俱进的常模。因此，在自我检测时，要根据项目表述，同时根据别人的一般日常表现来对照自己，认真谨慎地评价自己的心理状况。如果对自己的判断没有信心，最好请教心理专家。

第二，不要过度解读心理测量的结果，它是存在误差的。任何测量都存在误差，特别是心理测量。因为在使用语句表述心理量表时，需要被测量者读懂项目表述，然后回忆自己的情况并加以对照，然后再做出判断。比如，在测量抑郁时，很多量表中有这样的项目"您对异性感兴趣吗？"，这一项目的前提是，抑郁症患者常常对饮食与性行为都失去了兴趣。问题是，什么才是"对异性感兴趣"？喜欢与异性聊天算吗？对什么样的异性感兴趣？等等。而且，在现今社会，无欲求、追求清淡佛系的年轻人越来越多，性行为对正常人的吸引力一直在下降。这也是为什么强调在测量时不要在项目上逗留，要凭第一印象作答的主要原因。一般情况下，在群体测量时误差可以在一定程度上相互抵消，但当测量单独个体时，误差则比较大。此外，心理测量很容易受到潜在暗示的影响，比如，两个人紧挨着作答与隔开坐作答，测量结果是有很大差距的！这种相互影响作答人也未必意识得到！因此，千万不能过度解读心理测量结果，要谨慎。

第三，参考项目表述，对标自己行为，但不要矫枉过正。能够意识到自己的内在认知、情绪与外在行为，是一件很了不起的事情。这对促进自己的身心健康大有裨益，但切记不要矫枉过正，从一个极端走向另一个极端。比如，对性行为感兴趣是一般健康人的表现，对性行为根本不感兴趣以及对性行为非常感兴趣，可能都是不健康的。过度猜疑是偏执的表现，但普遍信任别人则很容易受到伤害。心理异常者在很多时候都是不知道如何把握一个恰当的火候。有时候他们也不能意识到自己的认知方式、情绪模式以及行为习惯是异常的。调整自己，要首先弄明白自己哪些心理内容可能走向了极端，或者哪些方面明显不足，哪些方面明显太过。对照量表的项目，一个一个来询问自己。然后小心翼翼地一点儿一点儿尝试调整，从微小的方面渐渐突破自己。

第四，结构化量表无法捕捉潜意识内容，这是很大的缺点。结构化量表就是语句表述并且提供固定选项的量表，上面提到的量表都属于这一类。它们不能探测到人类的潜意识内容，因此，在个体自我诊断中显示出明显的不足。千万不要轻视弗洛伊德提出的人格理论！在很多时候，我们并不能理解我们的心理，或者，我们以为理解了，但实际上是错误的理解。比如，一位从小失去父亲的女青年，爱上一位大自己20多岁的男士，她认为自己喜欢上对方的经济条件与成熟气质，但实质上是一种恋父情结。君子三省吾身，应时刻注意自己的修为，但即使经常自省，也不能彻底发现病态的潜意识内容正在僭越指挥我们的行为，更谈不上让理智的意识来约束自己了。凡是那些童年期间遭受过心理创伤（如父母去世、虐待、贫困、父母冲突或离异）的人，都要注意病态潜意识对自己意识的觊觎！

课后练习题

1. 请查阅网络，尝试解释人格与心脑血管、癌症的关系。

2. 辨析题。请分析下面的观点，看其是否有道理，并列出支持和反对该观点的事实或理由。

（1）调适情绪，有助于心脑血管的健康。

（2）大学生是年轻人，生命力旺盛，即使经常发怒、抑郁或急躁，也不会影响身体健康。

（3）抑郁症与焦虑症一般可以彻底治愈。

（4）强迫症一般不会伴随躯体症状。

3. 建议阅读文献：

（1）于肖楠. D 型人格：心血管疾病的重要心理危险因素［J］. 心理科学进展，2005，13（1）：72-77.

这篇文章介绍了 D 型人格与心血管疾病的关系，以及其中的机制。

（2）方建群，姚树桥，辛秀红，等. D 型人格与冠心病生物学危险因素的相关性研究［J］．中国临床心理学杂志，2008，16（6）：5．

这篇文章更为深入地解释了 D 型人格与冠心病之间的关系。

（3）洪韵琳，张冀岗．癌症与 C 型性格［J］．中华医学杂志，1993，73（1）：2．

这篇文章介绍了 C 型人格与癌症的关系，并提出了生活方面的建议。

4. 阅读下面的研究简要，然后回答问题。

这项新研究的参与者是新西兰达尼丁多学科健康与发展研究（达尼丁研究）的成员，整个研究队列包括 1972 年 4 月 1 日至 1973 年 3 月 31 日在新西兰达尼丁出生的 1037 名个体。达尼丁研究每隔几年纵向确定一次参与者的精神健康：在 18 岁、21 岁、26 岁、32 岁、38 岁和 45 岁时，由不了解参与者先前数据的卫生专业人员进行私人结构化访谈。

研究人员根据精神疾病诊断与统计手册（DSM）上定义的 14 种疾病的症状对他们进行了检查，包括外化障碍（注意力缺陷/多动障碍、品行障碍、酒精依赖、烟草依赖、大麻依赖和其他药物依赖）、内化障碍（广泛性焦虑障碍、抑郁、恐惧［包括社交恐惧、单纯性恐惧、广场恐惧和恐慌］）、进食障碍（包括贪食症和厌食症）和创伤后应激障碍、思维障碍（强迫症、躁狂症和精神分裂症）。

在参与者 45 岁的时候，有 40 人已经死亡，剩下人数中的 938 人接受了评估，其中 50.5% 为男性。研究人员通过生物标志物、临床测试和自我报告评估了他们的衰老迹象，包括生物老化速度，感觉、运动和认知功能，以及面部年龄。

此前的研究表明，患有精神疾病的人的预期寿命减少了大约 10 年至 20 年。虽然寿命缩短的部分原因是自杀等非自然事件，但研究发现，这些死亡中的大多数都是由心脏病、糖尿病和癌症等身体疾病引起的。

在这项新研究中，研究人员认为精神病理学史与中年加速衰老有关，中年是典型的与年龄相关疾病发病的时期。这种联系并不特定于任何特定的疾病家族史，而是普遍存在于各种疾病中。在年轻时有精神疾病史的参与者衰老的速度加快，他们的感觉、运动和认知功能下降，面部被评定为比同龄人看起来更老。这一模式甚至在控制了超重、吸烟、药物和既往身体疾病等健康因素后仍然存在。

参与者年轻时的心理健康问题主要包括焦虑、抑郁和药物滥用，还包括精神分裂症。

精神疾病往往在生命的前 30 年开始并达到峰值，而身体疾病则在中年开始并逐渐达到峰值。这表明生理衰老过程在这段时间内将它们联系在一起。这项新研究对精神病理学与加速衰老相关的假设进行了初步测试，也就是说，在与年龄相关的疾病和死亡率方面，精神病理学与加速生理衰退有关。

研究人员认为，不良的健康行为，例如，吸烟、缺乏运动和不良饮食，可能导致心理病理学与衰老之间的联系；其次，精神疾病患者的就医机会减少。与压力有关的经历，包括童年和成年后的受伤经历，这些因素都有助于加速衰老；此外，经历焦虑症、偏执等精神障碍症状本身会感到压力，压力增加了炎症和应激激素生物标志物的循环，这可能将心理病理学与年龄相关的疾病联系在一起。另外，遗传脆弱性可能会加速一个人的衰老，同时增加其患精神疾病的风险。

该研究通讯作者、杜克大学心理学和神经科学教授特里耶·莫菲特（Terrie Moffitt）解释说："那些在年轻时经历过精神疾病的人，到了老年时会经历更多与年龄相关的身体疾病和神经退行性疾病。因此，你可以在更早的时候发现那些有身体疾病风险的人。如果能在儿童和青少年时期改善他们的心理健康，就有可能通过干预来改善其日后的身体健康并减缓衰老。"

莫菲特总结道："心理健康意识需要从小开始建立。在治疗年轻人的心理健康问题上应投入更多资源，这是预防老年疾病的一个机会之窗。因为有心理健康问题的年轻人在以后的生活中可能会成为治疗代价非常昂贵的疾病患者。"

这篇研究为：WERTZ J，CASPI A，AMBLER A，et al. Association of History of Psychopathology With Accelerated Aging at Midlife［J］. JAMA Psychiatry，2021.

请回答下面三个问题：

（1）这篇研究的主要观点是什么？

（2）这篇研究中的观点与第二章或第三章的哪个理论有紧密的关系？

（3）在身心健康方面，这篇文章对自己有何启发？

拓展阅读

B 型人格

B 型人格在很多方面与 A 型人格正好相反。他们很少有时间紧迫感，也不会因为消遣与休闲而产生浪费时间的愧疚感，相反，在消遣时，他们会身心完全放松，享受这种"事业时间"的流逝。他们似乎与世无争，有点佛系。他们很少与别人比较，没有争强好胜的心思。做事总倾向于慢慢来。这一人格的人有一个明显的好处，就是他们罹患冠心病与高血压的可能性较低。

下面是一个简易的 B 型人格评定量表。从 1 至 8 的整数中，圈选一个数字，数字越小，说明数字左边的描述越符合你的情况；数字越大，表明右端的描述越符合你的情况。

B 型人格量表 单位：分

1	不在意约会时间	1	2	3	4	5	6	7	8	从不迟到
2	无争强好胜心	1	2	3	4	5	6	7	8	争强好胜
3	从不感觉仓促	1	2	3	4	5	6	7	8	总是匆匆忙忙
4	一时只做一事	1	2	3	4	5	6	7	8	同时要做好多事
5	做事节奏平缓	1	2	3	4	5	6	7	8	节奏极快（吃饭，走路等）
6	表达情感	1	2	3	4	5	6	7	8	压抑情感
7	有许多爱好	1	2	3	4	5	6	7	8	除工作之外没有其他爱好

　　如果 7 个项目的总平均值在 5 分以上，说明你偏向于 A 型人格，如果平均值在 3 分及以下，说明你明显偏向于 B 型人格。

　　与 A 型人格相比，B 型人格有哪些优势呢？

　　一是，B 型人格的人尽管不太勤奋，但他们做事一般更看重质量，也有较大的耐性，在决策上可能更能够深思熟虑，这样决策质量更高。在组织中，能够获得晋升的人一般是这样一些人，他们比较沉稳，而非匆忙，比较机敏，而非敌意，有较高的创造性，而非在数量上争强好胜。所以，B 型人格的人在大型组织中更能够获得高级管理职位的机会。

　　B 型人格被称为一种长寿人格。B 型人格的人人际关系较好，因为他们较少有敌意，也较少咄咄逼人；做事给人的感觉是有条不紊，不慌张，重质量；抗压能力也较强，因为他们不太重视与别人的竞争比较。

107

第七章

早期健康禀赋的自我评估

本章主要介绍生命早期健康禀赋评估，包括遗传的自我评估、胎内环境的自我评估以及早期逆境的自我评估。在学习本章内容之前，思考下面的问题：

（1）请上网查阅资料，说明胎内因素是成年人罹患心身疾病的重要原因之一。

（2）请列举实例，说明遗传因素影响身心健康。

（3）逆境出人才。请根据自己的见闻评价其正确性。

第一节　遗传的自我评估

在上面章节中，我们曾经谈到遗传因素是心理不健康的重要基础。确实，人类的很多心理性状与基因是有紧密关联的。当然，基因的表达与环境也有紧密关系，正如每个人身上都有癌症基因但它在绝大多数人身上没有得到表达一样，拥有心理异常的基因并不必然会有心理异常的表现，这主要是因为环境限制了它的充分表达。焦虑、抑郁、反社会人格，甚至是对配偶不忠的倾向，都是不良基因的表达。环境与基因究竟以何种具体的方式影响着人们的心理健康，至今依然没有得到清晰的揭示。

在发挥主观能动性追求心理健康的路上，很有必要先评估自己的遗传倾向。这也没有必要去做基因筛查，但观察自己的直系亲属是很有必要的。可以由近及远，逐个探究自己身边亲人的精神健康状况。

首先回顾直系亲属的心理或精神健康状况。下表是与自己有紧密关系的亲属名单。

表 7.1　与自己有紧密关系的亲属

编号	亲属	编号	亲属
1	父亲	7	父亲的兄妹
2	母亲	8	母亲的兄妹
3	姐姐	9	爷爷
4	哥哥	10	奶奶
5	妹妹	11	外公
6	弟弟	12	外婆

在上表中，与自己有最紧密关系的是双亲、兄弟与姐妹等。如果他们其中一个有心理问题或精神障碍，那么自己在遗传倾向上可能处于劣势。当然，遗传劣势也未必一定发病，只是说发病的可能性要高于其他人。

尽管基因的表达会受到环境的约束或激发，但亲属有过往史还是说明不良基因的表达能力较强。有些生理疾病与心理疾病也会隔代遗传，所以向上追溯一两代人也是有必要的。

第二节　胎内环境的自我评估

我们每一个人都来自母亲的胎内环境。十月怀胎，一朝分娩。生命最早期的营养完全来自母亲的供养。胎内环境一旦恶化，将对婴儿的身体发育与精神发育产生非常大的影响，在绝大多数情况下，这种消极影响是不可逆转的。

人类胎盘计划是研究胎内环境如何影响人类健康的前沿科学，它是继人类脑科学、人类基因组学后第三个人类宏观健康研究的重要领域。学者们认为，深入了解不同环境因素对胎盘滋养细胞发育、胎盘形成的影响，有利于从宏观与微观方面更深入理解人类身心健康的奥秘，并采取相关措施提前预防终身心身疾病的发生。"一旦胎盘组织出现故障，就会引起从早产到中年疾病等诸多问题，诱发胎源性疾病。"根据美国疾控中心的数据发现，孤独症和胎内环境有直接的关联。

基因遗传与胎内环境是两个不同的概念。比如，有一个极为罕见的案例是，同卵双生双胞胎中的一个心理很健康，而另一个从小就患上了孤独症。专家认为，这很可能是胎内环境恶化所导致的。尽管他们的基因完全相同，但所处的胎内环境并不完全一样，他们发育在不同的胎盘中。

外部环境可以通过精神压力而间接影响到胎内环境。女性在怀孕期间一定要保持精神愉快，心情轻松，这样才能保证胎内环境的健康。在战争期间怀孕而生产的孩子除了身材短小以及更容易罹患糖尿病、冠心病与高血压外，也更容易遭受抑郁与焦虑的折磨。他们是彻底输在了起跑线上。最主要的原因是，战争期间除了营养不良之外，危险情境使孕妇经历更多应激，如紧张、害怕、担忧、抑郁与焦虑等，这些消极情志通过影响内分泌系统而恶化胎内环境，从而深刻影响了孩子的终身健康。现代研究表明，孕妇情绪不安，会影响胎儿的智力。孕妇早期精神受刺激对新生儿先天性心脏病有影响，也会影响子代神经心理行为以及免疫功能。总之，每个人的身心健康从受精卵形成就开始受很多因素影响了。

有多大力就做多大事儿。在事业竞争的征途中，先评估下自己生命之源的健康基底，以防被征途的压力将自己碾得粉碎。

判断下列事件，看是否发生在母亲孕期或孕期最近之前：

表7.2　母亲孕期或孕期最近之前的经历评估

编号	环境或事件	编号	环境或事件
1	大饥荒	8	母亲精神不健康
2	家庭很贫困	9	母亲与父系亲属的关系相当紧张
3	父母关系相当不好	10	母亲身体有病
4	父亲去世	11	哥哥或姐姐去世
5	父亲失业	12	大地震
6	父亲一直生病	13	疾病大流行或严重疫情
7	父母离异		

上表中的环境或事件都是消极的，可以影响孕妇的身心健康，从而导致胎内环境承受压力而影响胎儿健康。孕妇暴露于上述环境或事件中的时间越长，带来的健康伤害越大。

此外，人体的发育还有一个特点。各种营养物质将首先满足大脑或中枢神经的需要，再去努力满足肢体发展的需要。因此，当家庭贫困或大饥荒时，人们的个子普遍较矮小，同时心理发展方面也会受到明显的影响。

在这个世界上，很多成年人正遭受着不同程度与种类的心理疾病的折磨。这些心理疾病并不是自己的过错，但承受者是自己。由于早期禀赋不足，他们对压力、消极事件的感受更为敏感，抑郁、焦虑、敌意、神经质等常常如影相随。如果在成年期依然不注重主动健康，那么，其身心健康将会趋于恶化。

第三节 早期逆境的自我评估

从出生后，每一个人都要经历新生儿期、婴儿期、幼儿期、学龄前期、学龄期以及少年期。学龄期一般指 6 岁到 12 岁或 13 岁，少年期也被称为青春期，指 12 岁或 13 岁到 17 岁至 18 岁之间。这里所说的生命早期，并没有一个公认的年龄分段，一般指 17 岁至 18 岁之前。因为在这一年龄之前，身体仍然在发育之中，身高的增长已经基本完成，但人的社会心理远未成熟，包括人生观、价值观与世界观，也都处于重要的形成时期。本书中早期逆境指 14 岁之前。

早期生活经历对每个人的未来发展具有极为重要的基础性作用。可以毫不夸张地说，早期经历就是资本的原始积累，它遵循着马太效应的规律，即贫者愈贫，富者愈富。若早期积累处于劣势，个体在未来的竞争性发展中，就会遭遇到很多意识得到或者意识不到的挫折，如身体上的不健康、心理上的不健康，以及奋斗意志不足、性格缺陷、人际支持贫乏等。可以这样说，经历较多早期逆境的人，为了取得别人轻易企及的成就，也得付出相当多的艰辛。但社会的竞争将参与者抛入同样的赛道上，不会因为某个人经历了早期逆境而给予规则的照顾。

早期逆境对成长的伤害是惊人的，这也是一个普遍的规律。关于这方面的一些数据是公开的，读者也可以自己去分析。这里列举一些直观简单的方面。相比于原生家庭不贫困的个体，童年期家庭贫困的成年人身体一般较矮小，会更早地患上各种疾病，包括糖尿病、心脑血管疾病、高血压等；他们的心理、健康水平更差，更容易遭受抑郁、焦虑、低幸福感等的折磨。同时，他们的智商也较低，在劳动力市场上的竞争力也较低，获得的工资待遇也较低，这种劣势会一直延续到生命的终结。所以说，成功的人生，必须有成功的早年生活。

早期逆境包括很广泛的内容。下表是常见逆境事件。

表 7.3 早期逆境核对表

序号	逆境描述	序号	逆境描述
1	家庭贫困	8	挨饿

续表

序号	逆境描述	序号	逆境描述
2	父母文化水平低下	9	营养不足（如很少吃肉、吃鱼、水果、牛奶）
3	父母长期病重	10	生大病
4	父母去世	11	遭受成人性侵
5	父母离异	12	遭受他人暴力
6	父母关系不好	13	家庭其他成员意外去世
7	父母虐待或情感忽略		

认真核对上面的表格，看自己在 14 岁之前，是否经历过上述事件。经历的逆境事件越多，延续时间越长，经历时的年龄越小，则对自己的身心健康伤害越大。

在这里想强调的是，很多大学生显然并不太关注自己的健康，吸烟、喝酒、故意熬夜，尽管有环境的压力与内卷情势，但必须认识到，自己才是健康的第一责任人，这也是本书主动健康的要义。健康才是终身成就，失去健康，则一无所有。

在上表中，家庭贫困、父母教育水平低下及营养不好等，对个体成长的伤害简直是令人窒息的。因为一旦家庭贫困，就会导致很多其他不顺，如离异、别人欺侮、饮食不良习惯等，而且贫困不是一朝一夕的，总是延续很多年，基本上就覆盖了整个关键成长时期。所以，来自贫困家庭的成年人，无论在学术上有多么高的成就，必须时刻关注自己的不良过去对现在的潜在影响。

课后练习题

1. 请陈述早期健康禀赋评估对自己心理健康的意义。

2. 辨析题。请分析下面的观点，看其是否有道理，并列出支持和反对该观点的事实或理由。

（1）早年不幸对个体身心发展的影响，可以通过成年期的生活改善而完全消除。

（2）那些身心不健康的人，一般都是自己不注意生活方式而导致的。

（3）越早关注身心健康，对自己越有利。

（4）整体而言，与成长于贫困地区的大学生相比，成长于发达地区的大学生身心更为健康。

3. 建议阅读文献：

（1）MOSING M A，ZIETSCH B P，SHEKAR S N，et al. Genetic and Environmental Influences on Optimism and its Relationship to Mental and Self-Rated Health：A Study of Aging Twins［J］. Behavior Genetics，2009，39（6）：597-604.

这篇文章介绍了一项长达 50 年的跟踪研究，考察了乐观、遗传与心理健康之间的关系。

（2）MOYER M W. The COVID generation：how is the pandemic affecting kids' brains？［J］. Nature，2022，601（7892）：180-183.

这篇文章揭示新冠疫情期间出生的婴儿在智商、运动技能方面受到了影响。专家希望这些婴儿在成长中这些伤害能够消失。

（3）洪岩璧，刘精明. 早期健康与阶层再生产［J］. 社会学研究，2019（1）：28.

这篇文章认为，早期营养不良终身影响个体的发展与身心健康。

4. 请根据自己的生活经历或见闻，回答下面的问题。

（1）很多人在儿童期间遭受了不同的逆境，如父母去世、父母离异等。结合你所经历的逆境，分析它对你目前的心理健康有何潜在影响。

（2）在你的小学、初中同学中，有家庭很困难的同学吗？目前他发展得如何？你认为在健康方面他遇到了什么问题？

（3）观察你大学的同学或朋友，看能否观察到早期家庭背景对身心健康影响的痕迹。

第八章

主动心理健康的一些重要观念

本章介绍与主动心理健康有关的观念：意欲健康，身心双调；控制欲望，适度奋斗；有病即治，不可讳医；运动即良药，坚持获健康；生活有目标，身心更健康。

阅读本章节前，请先思考如下问题：

（1）为何在运动之前或过程中，尽量要保持心情愉快？

（2）什么是正确的奋斗姿态，忘却健康而执着，还是顾护健康而努力？为什么？

（3）为什么很多人意识到自己有心理疾病，也不想去求助专业人士？如果你有严重的心理不适，同时没有经济上的约束，你愿意去寻求心理专业者的帮助吗？为什么？

（4）你有运动爱好吗？如果有，请描述运动给自己带来的身心好处。

第一节 控制欲望，适度奋斗

任何人的心理健康都是由先天遗传、早期禀赋与后期自致共同作用的结果。先天遗传与早期禀赋往往不是我们所能选择和掌控的；而后期自致则在一定程度上由自己决定。但正确决定的一个前提就是，需要始终坚守健康的人生理念。

在任何时期，绝大多数人都需要自己去努力、去奋斗，才能找到属于自己的安身之所、立命之隅。我们的文化基因也强调"天行健，君子自强不息"，鼓励人们去努力实现自己的理想，努力去追求更美好的生活。应该说，努力、奋斗、勤劳、刻苦，都是褒义词，是每个人都应该坚守的信仰。

但是，如果欲望越过自己能够实现的边界，这种努力与勤劳就很可能成为伤害自身健康的慢性毒药。很多人在相信"我能行"的情况下，将自己置于一个需要不断努力与奋斗的环境中，并且在环境的要求下，逼迫自己越来越努力，休息与睡眠时间越来越少，而面对内卷旋涡，看到自己的目标似乎触手可及而终不能及，结果倒在奋斗的征途中。

心身疾病患者中，有相当一部分人掉入了"成功陷阱"中：努力奋斗，将自己送进了不能胜任的竞争环境中。在一个成功陷阱中，你必须竭尽全力地去工作，才能避免在锦标赛中成为最后梯队。你的能力实际上已经不能匹配这种环境，但为了面子，或者为了践行所谓的"坚持就是胜利"，或者践行所谓的"努力奋斗才能成功"等深入骨髓的理念，在压力的长期笼罩下奋力前行，把身体掏空了，将心力耗尽了，最后成了临床上的病人。

那么，为了身心健康，应该如何去做？答案是，适当降低自己的事业进取心，坚信适度奋斗的理念。

作为无数平凡人中的一员，要根据自己的早期禀赋来确定自己的事业边际，适可而止。可以有高远的理想与伟大的目标，但在实现的路上，一定要坚持科学与健康的工作方式与生活方式，这样才能距离理想与目标更近一点，再近一点。只有走得稳了，才能走得远。在奋斗的征程中，时刻问问自己：自己的身心健康受到伤害了吗？

表8.1　日常健康行为问卷　　　　　　　　　　单位：分

编号	项目表述	分值
1	办公室一坐就是 1 个小时以上	2
2	工作之余经常与同事喝酒	1
3	经常抽烟	1
4	后背、肩膀疼痛，但还要坚持工作	1
5	很少有开心大笑的时候	1
6	一周工作时间超过 56 个小时	1
7	经常熬夜到晚上 12 点以后	2
8	每周体育锻炼不超过 2 个小时	2
9	经常生闷气	1
10	即使腰颈肩膀疼痛，也很少去看医生	1

上面表格中 10 个项目，如果得分在 5 分以上，就要特别注意了。对于知识分子而言（特别是教师、公务员等），项目 1、7、8 是最为重要的。即使早期健康禀赋较好，如果将表格中的项目视为一种努力工作的方式，并且长期坚持，

那么，身心健康出问题的概率也是非常高的。

尽管我们强调主动健康行为，但后期自致努力很难完全弥补早期健康禀赋不足的终身效应。对于早期健康禀赋不足者而言，过高的事业欲望，过度的努力奋斗，真是伤害身心健康的利刃。对于平凡人而言，健康与幸福是终极追求，只有控制欲望，适度奋斗，才能更接近这一追求。

第二节　有病即治，不可讳医

健康是人们喜欢的，而疾病是人们忌讳的。生理疾病很少被用来当作耻感标签，但心理疾病却正好相反。当人们愤怒地说"你有病！"并不是意指身体疾患，而是说心理不正常。不错，在一般人的意识中，心理疾病是一种见不得人的耻辱性的问题。尽管因心理疾病导致的自杀事件不断冲击与改变人们的这种认知，但研究表明，人们有心理不适时，往往羞于寻求专业人士的帮助。

一来，当心理不适而寻求专业人士帮助时，意味着你需要与他们一起保守你内心的秘密。中国人向来是含蓄的、内敛的、容忍的，不愿意与别人分享自己的私密事情，或者认为私密是一件不光彩的事儿。一般而言，很多心理异常者都是因为家庭中很多琐碎事情的重复上演、不断刺激，才最终导致了心理的异常。

二是，不愿与人沟通本身就是心理问题产生的重要原因之一。无数研究表明，拥有良好人际关系、具有广泛人际支持的人较少罹患心理疾病。而这两点都需要个体主动与人打交道，积极建设自己的人际网络。那些不善于、不乐意与别人沟通的人，往往成为独行侠、忍耐者或闷葫芦，情绪不得分享而窝于心中，遇事不得帮助而独自承担，所以他们往往是心理疾病的最佳选手。这些人一旦有了心理问题，自然不愿意主动寻求心理咨询师的帮助。

第三，自认为很聪明而且能够自己处理或应对心理困境。聪明的人未必智慧。这种聪明往往表现在某一个领域中，如写作、编程或商业，但这并不足以自助应对严重的心理疾病！很多聪明人因为抑郁症而自杀也说明了这个道理。聪明只是指认知能力，但情绪却是非常重要的心理内容，情绪与认知和谐相处是心理健康者的常态，但在心理不健康的趋向中，情绪很可能失去认知的引导与掌控，甚至僭越理智或认知。此外，情绪体验可能会导致认知歪曲，从而使人的大脑充满不理智的观念。

还有很多因素导致人们忌讳求助于心理专业人士。比如咨询费用、缺乏信任，或者没有意识到自己的心理状况。目前最明显的内心阻碍就是羞耻感。心理疾病也是病，与身体疾病一样，没有格外的道德或人格判断意义。

如果担心咨询费用，让咨询师仅仅提供一些专业建议也是非常有益的。在笔者咨询的经验中，很多成年人经过两三次的交谈，很快就明白了自己的问题所在，也就不用再来继续咨询了。笔者曾经跟踪过好几个这样的患者，他们基本上能够通过自我调整而重新获得心理健康。

对于高校大学生而言，有病讳医的特殊阻碍因素是智商综合征，即认为自己智商很高，也很懂心理学，自己完全可以应对，而不用求助于别人。但是，这本身就是一个悖论。很多人类精英正是因为心理疾病而陷入沉沦，甚至是结束自己的生命。那些因心理疾病折磨而走向极端的硕士生、博士生，不也是高智商的佼佼者吗？疾病——无论是身体上的，还是心理上的——并不会因为一个人很聪明、很美丽或很善良而避开他。甚至，由于内卷与压力，聪明人更容易罹患心理疾病。所以，提前预防是第一关，如果有了心理不适，一定要及早寻求帮助。

第三节　运动即良药，坚持获健康

在主动健康理念中，运动受到最大的关注。科学的运动可以提高生命质量，也可以增加生命的长度。主动、积极的健康运动能够给人带来心理方面的诸多益处，如防治抑郁、减轻焦虑、减缓压力，以及增强认知能力。

运动可以减轻抑郁。抑郁症的典型特征是，抑郁情绪已经持续两周以上，并且对几乎所有活动都失去了兴趣。抑郁症是最为常见的心理疾病，有学者认为，几乎25%的女性与12%的男性会在一生的某个阶段罹患抑郁症。如果体育活动能够缓解抑郁，那么，非常庞大的抑郁症人口将从体育运动中获益。

有规律地进行体育锻炼的人要比久坐不动的人更少出现抑郁情绪。① 这个很容易发现，比如，使用问卷去调查成年人，包括他们的抑郁情绪与锻炼频率或时间，然后使用简单的统计分析即可。整体上，经常运动的人确实要比很少运动的人有更为积极的情绪体验。从学术严谨性来说，还不能认为运动减少了抑郁情绪。因为还存在其他解释，比如，那些情绪积极的成年人更倾向于去运动，

---

① DALEY A. Exercise and depression: a review of reviews [J]. Journal of clinical psychology in medical settings, 2008, 15 (2): 140-147.

而情绪抑郁的成年人则很少去运动。

运动可以减缓焦虑。很多喜欢锻炼的成年人感觉体育锻炼可以减缓内心的焦虑，但自我感觉往往不太可靠，正如吸烟的人经常用吸烟来减缓焦虑一样。一般而言，焦虑包括特质焦虑和状态焦虑。所谓特质焦虑，是指一种比较顽固的焦虑倾向，它具有持续性和跨情境性，也就是说，个体在面对很多不同事务时，总是会感到害怕或不安。而到底因何害怕或不安，就是当事人也不一定清楚。状态焦虑则是一种暂时性的由具体情境导致的焦虑倾向，其害怕或不安具有明确的指向，一旦离开当前的情境，焦虑就会明显减缓甚至消失。面临期末考试或应聘面试时的担心与不安就是状态焦虑的最好例子。状态焦虑常常伴有生理唤醒，包括出汗增多、心率加快、头皮发麻等。特质焦虑与状态焦虑可能会同时存在，并相互强化。当然，两种焦虑类型在不同人身上可能有不同的构成。研究表明，运动对两种焦虑都有较好的减缓效果。①

运动可以减缓压力。在现代内卷旋涡中，每个行业都弥漫着压力。如果有时间运动，那说明压力还是留下了喘息的空间。已发表的文献表明，运动能够减轻压力感而提升人们的主观幸福感。比如，与不经常运动的中年人相比，经常运动的老年人对生活更为满意，幸福感更高而压力感更低。② 元分析表明，体育运动与主观幸福感相关，但随着运动时间的延长，其幸福增进效应逐渐减弱，也就是说，其边际效应也是在减小的。少量运动也可以提升主观幸福感，并降低压力感。幸福感高的人情绪更为积极，那么他们抵抗压力的能力就会更强。

运动可以增强认知能力。体育运动可以使自己感觉更为良好，心理更为健康，同时，体育运动还可以改善认知能力，让自己更聪明。近年来的研究表明，经常运动的人，整体认知能力更强。认知能力包括很多种能力，如注意力、思维速度以及记忆能力，还有计划制定与执行的果敢能力。

衰老常常伴随着认知能力的下降。大多数关于体育运动与认知能力的研究皆以成年人，特别是老年人为研究对象。从发表见刊的文献来看，与不经常运动的人相比，经常运动的成年人有更好的注意力，处理信息速度更快更准确，并且记忆能力也更强。③ 此外，体育运动能够明显减缓老化过程所带来的认知功

① JAYAKODY K, GUNADASA S, HOSKER C. Exercise for anxiety disorders: systematic review [J]. British journal of sports medicine, 2014, 48 (3): 187-196.
② CHEON H U. The Structural Relationship between Exercise Frequency, Social Health, and Happiness in Adolescents [J]. Sustainability, 2021, 13 (3): 1050.
③ 殷恒婵，傅雪林. 对体育锻炼心理健康效应研究的分析与展望 [J]. 体育科学，2004 (6): 37-39, 44.

能减退。比如，跟年轻人相比，体育运动对老年人的认知衰退有更强的保护作用。研究发现，有氧运动能够增强老年人的脑容量，而对年轻人而言，这一作用则不明显。

针对阿尔茨海默病的老年人的研究表明，6个月在家体育锻炼可以显著改善其认知功能。18个月后的跟踪访谈发现，体育运动的干预效应依然明显存在。而那些没有接受体育运动干预的老年患者在认知能力上没有任何积极变化。①

实际上，体育锻炼的认知能力增强效应可以发生在任何年龄阶段。研究发现，经常参加体育运动的儿童要比不常运动的儿童有更好的记忆能力。经常运动能够刺激大脑的海马，使其容量更大，而海马的主要功能之一是负责信息的记忆。② 在国外，肥胖儿童与久坐儿童一般更容易生病，而3个月的科学运动不仅能够明显改善他们的身体素质，而且还能有效提高他们的学习能力，通过标准化的数学能力测试表明，他们的计算能力、记忆能力与计划执行能力皆有明显的改善。

第四节　生活有目标，身心更健康

前面提到，现代人应该适度控制欲望，在健康允许的条件下去奋斗，去追求自己的理想与目标。但目前好像有很多年轻人开始有佛系心态，一心想躺平，没有了理想，放下了目标，没有追求，没有奢望，只希望自己不那么累，不要被卷入事业的竞争之中。

这实际上是一种很不健康的心态。佛系、躺平，实质上是一种颓丧、一种放弃。如果生活没有了合适的目标，就会发现自己的行为毫无头绪，生活也没有生机，从而慢慢陷入精神空虚、百无聊赖，甚至焦虑、抑郁的心理状态之中。当前部分大学生的"空心病"其实就是因为失去了生活的目标，而导致无聊、焦虑、无意义感很快侵袭精神世界。

当然，在很多时候，我们的生活目标其实并不完全由自己规划与制定，相反，大部分人都是被逼去上班，去参与竞争，去努力奋斗，因为要生活下去，因为一份家庭责任。但这并不妨碍我们在半自由的状态下设计自己的生活，规

---

① 余锋，徐波，何标，等．运动缓解阿尔茨海默症与改善认知功能的生物学机制［J］．上海体育学院学报，2017，41（1）：7．

② 魏红玲，童笑梅．体育运动可有效提高儿童的认知能力［J］．英国医学杂志（中文版），2015，18（12）：735-736．

划自己的人生，制定合适的目标。有了合适的目标，我们就有了方向，它会让我们忙碌起来，让日子变得充实，变得有意义。

已经有很多研究证明，生活中合适的目标可以增进身心健康。国外一项研究调查了生活在底层的老年人，发现那些有明确生活目标的老年人心理比较健康，生活比较幸福；而那些没有明确生活目标的老年人更容易有焦虑与抑郁情绪。① 一项回顾性研究分析了 10 篇考察生活目标与健康的前瞻性文献，这些文献中包括 136265 名被调查者。分析结果表明，合适的生活目标可以使病人的全因死亡率显著降低，也可以显著降低心血管疾病的发生概率。②

一位研究健康的专家认为，当人们找到生活的意义时，内心就会变得更加平和与充实，而当人们缺乏生活目标或找不到生活意义时，就会觉得空虚、迷茫、无所事事。生活目标可以使人具有方向感，让人自我感觉良好，从而增进身心健康。

当然，大学生正处于 20 多岁的年青时期，对前程、终身伴侣以及自己是怎样的人都是不确定的，正是寻找、明确生活意义与理想目标的人生阶段。同时由于时代变化太快，很难在大学阶段就确立自己未来的人生方向。但这并不妨碍确立一个短期目标，比如，把身体锻炼好，把学习成绩提上去，或者多参加社会活动，锻炼自己多方面的能力，等等。总之，尽管理想或目标未必能够完全实现，但在追求的过程中，内心是充满希望的，精神是充实快乐的。

在人生的不同阶段，人们对生活意义的理解不同，所树立的生活目标也不相同。比如，20 岁时是寻找目标，30 岁、40 岁与 50 岁时，寻找目标的活动减少了，更多是忙碌、是工作、是体验生活，此时，对生活的理解更深刻了。到了 60 多岁，人老了，进入了退休时间，也失去了原来的身份，健康问题接踵而来，亲朋好友一个一个离开，此时，人们又开始重新思考生活的意义，重新确定生活目标。但无论哪个年龄阶段，那些身心健康指标最好看的，都是那些在现阶段有生活目标并且去努力实现它的人。

当没有生活目标时，我们就会发现自己在日常决策过程中过于纠结，在多个选项中变得焦虑与无所适从，内心充满着冲突与紧张。但是，当有了明确的

① TAN S C, GAMALDO A, SARDINA A. Positive Role of Purpose in Life in Health Outcomes and Perspectives on Environment ［M］. New York：Oxford University Press（OUP），2020：200-210.

② COHEN R, BAVISHI C, ROZANSKI A. Purpose in Life and Its Relationship to All-Cause Mortality and Cardiovascular Events ［J］. Psychosomatic Medicine，2016，78（2）：122-133.

生活目标时，即使面临再多的选项，也会以较少的时间与精力做出符合自己目标的选择，这就避免了焦虑与不安，使自己的内心更加安宁与平和，从而增益于身心健康。

让我们用最后一句话来进行总结：

那些没有明确目标的人，即使去外面吃个早餐，也会因为不知道如何选择而犹豫不定，内心纠结异常。

课后练习题

1. 在追求主动心理健康过程中，为什么要坚持身心双调？

2. 情绪可造成内伤，内伤很难医治，请举例说明。

3. 请观察身边的同学，看他们在努力奋斗的过程中是否践行了健康第一的观念。如果没有，请分析背后的原因，并提出改变他们的策略。

4. 请简述运动对人的心理有哪些益处。

5. 建议阅读文献：

（1）邓荣华，颜军，金其贯. 运动增进心理健康的机制及运动处方［J］. 西安体育学院学报，2003，20（3）：4.

这篇文章介绍了运动对心理健康的益处，并给了运动的建议。

（2）王欣，杨婧. 过度劳动及其个体经济损失［J］. 人口与经济，2021（3）：15.

过度努力工作会给自己带来经济损失。对于青年奋斗者来说，值得一读。

拓展阅读

工作时间对身心健康的影响

近年来，人们的生活节奏越来越快，工作压力也日益增加，"加班""长时间工作"也被认为是有志向、有追求的学习榜样。然而，长远来看，这并不是正确的工作姿态。因为身心健康永远是"1"，没有了健康，后面再多的"0"也毫无意义。在压力之下，超长的工作时间对身心健康的伤害是非常大的，"亚健康""工作抑郁"和"工作猝死"越来越青睐青年人。

过长的工作时间伤害身心健康，这是一个公认的结论。在身体健康方面，工作时间的增加会挤压休闲娱乐时间，从而不利于身体精力的恢复，导致生理上的潜在伤害，很容易形成高血压、心血管疾病和消化道疾病的微观环境。①②此外，超时长工作会引起精神紧张，成为吸烟、酗酒、缺少锻炼、肥胖和睡眠缺少的重要诱因。③④ 在心理健康方面，超时长工作将过度消耗身体资源与精神资源，导致倦怠、紧张、焦虑、低幸福感。⑤⑥ 此外，工作时间过长还会减少关系时间，伤害家庭生活，这也会引起消极情绪，如低幸福感、焦虑等。⑦

　　工作时间延长对任何职业的人都会带来健康伤害。尽管大学生正处于健康最好的人生阶段，但这同时也是健康开始走向下坡路的开始。主动健康必须从意识到的那一刻开始，而不是以后。实际上，机体的衰老早在 20 多岁之前就开始了，比如血管的老化。

　　基于 2016 年中国家庭追踪调查数据的分析表明，长时间的工作对任何人都有健康伤害，无论是体力劳动者，还是脑力劳动者，皆不例外。此外，工作时间对健康的伤害也有一个阈值效应，当脑力劳动者每周工作时间超过 40 个小时，体力工作者超过 50 个小时，劳动者的身心健康就会明显恶化；而当达到 70 个小时，无论是体力劳动者还是脑力劳动者，身心健康都会进一步显著恶化。⑧

　　在现代竞争气氛弥漫到空气的时代，有抱负、有志向并努力工作是值得鼓励的。但是，好事儿一旦过了头，就成了坏事儿。无论对于谁，身心健康都是第一位的。没有了健康，就成了家庭的包袱，成了社会的累赘。

　　每一个人都应该以健康的奋斗姿态追求成功！

———————————

① HAINES V Y, MARCHAND A, GENIN E, et al. A balanced view of long work hours [J]. International Journal of Workplace Health Management, 2012, 5 (2)：104-119.

② CHUNG Y K, KWON Y-J. Long working hours and work-related cerebro-cardiovascular disease in Korea [J]. Industrial Health, 2013, 51 (5)：552-558.

③ TARIS T W, KOMPIER M A, GEURTS S A, et al. Professional efficacy, exhaustion, and work characteristics among police officers：A longitudinal test of the learning - related predictions of the demand—control model [J]. Journal of Occupational and Organizational Psychology, 2010, 83 (2)：455-474.

④ 王欣，杨婧. 劳动时间长度与健康的关系——基于肥胖视角 [J]. 人口与经济, 2020 (1)：20.

⑤ VIRTANEN M, STANSFELD S A, FUHRER R, et al. Overtime work as a predictor of major depressive episode：a 5-year follow-up of the Whitehall II study [J]. PloS One, 2012, 7 (1)：e30719.

⑥ 王笑天，李爱梅，吴伟炯，等. 工作时间长真的不快乐吗？异质性视角下工作时间对幸福感的影响 [J]. 心理科学进展, 2017, 25 (1)：180.

⑦ FEIN E C, SKINNER N. Clarifying the effect of work hours on health through work-life conflict [J]. Asia Pacific Journal of Human Resources, 2015, 53 (4)：448-470.

⑧ 王广慧，苏彦昭. 工作时间对劳动者健康影响的阈值效应分析 [J]. 劳动经济研究, 2021, 9 (4)：81-98.

第九章

认知、情绪与躯体调适

本章内容主要介绍调整认知、调适情绪与躯体症状的常用技术或方法。在学习本章内容之前，请思考以下问题：

（1）请回忆以往情绪特别不好的经历，并分析当时环境、认知（头脑的想法）以及情绪之间的联系。

（2）请回忆自己听音乐的经历，并分析听音乐过程中自己情绪的变化。

（3）请回忆自己比较焦虑的情境，比如，重要考试时的紧张心情。当时，你是如何应对这种紧张心情的？躯体上有什么特别的感觉吗？你又是如何应对躯体感觉的？

第一节　认知调整技能

认知与心理健康有着紧密的关联。消极的认知方式是心理疾病产生与发展的常见原因。在追求心理健康的过程中，分析并矫正消极的认知方式是非常重要与必要的。本节主要探讨理性认知疗法与健康认知习惯的培养。本节内容的学习非常有利于大学生理解并矫正自己的消极认知。

一、贝克的理性认知疗法

在上面的论述中，我们提到了认知与心理健康的关系。确实，认知过程影响情绪，也指引行为。很多心理问题与认知有紧密关联。追求主动心理健康必须时刻关注自己的内部认知过程，特别是要改变或调整那些认知歪曲成分，这就是认知剖析的核心所在，思想工作中的"以理服人"也是这个道理。

然而，在通常情况下，要发现并且有效调整自己或他人的认知并不是容易的事情。认知剖析也不能被视为是"思想检讨"。说深入一些，歪曲的认知过程往往在背后存在着控制性的、顽固的价值观或信仰，在自助或助人时必须触及这些"灵魂"性的内容。

按照 20 世纪 50 年代的美国学者贝克的观点，事件 A（events）发生，触发了个体的信念 B（belief），然后产生情绪或行为后果 C（consequence）。如果信念 B 是非理性的，或者是"病态的"，那么，就会导致不健康的情绪或错误的行为。认知剖析就是要挖掘出这些非理性的信念，并且通过"争辩""内省"或"辨析"来识别，然后进行调整。

根据贝克的观点，非理性信念一般包括三种：（1）自我完美信念；（2）世界公平信念；（3）自我中心信念。

认知剖析过程包括三个步骤：

（1）判断事件 A 与情绪或行为结果 C 是否在目前存在逻辑上的联系；

（2）挖掘事件 A 和后果 C 之间的非理性信念；

（3）通过分析、辩论来确认非理性信念的错误性或不适当性，并寻找理性信念取而代之。

在这里需要注意，所谓"强盗有强盗的逻辑"，有心理异常的人所坚持的很多信念对他们而言就是理性的，是恰当的。因为他们践行的信念背后的价值观或信仰已经存在很多年了。所以在自我认知剖析时，一定要多思考、多比较，甚至请教他人。

现在举出一个案例。下表是一个正常人与抑郁症病人游览西湖的所见、所思与所感，从中可以更深入理解理性认知疗法的关键内容。

表 9.1 抑郁症患者的歪曲认知与情绪

	个人成长	认知模式	认知过程与思维特点								情绪行为
	环境、教育、遗传、早期经历	遇事即会启动的认知模式	事件	发现地上一片树叶	抬头看整个树冠	远看湖山	记忆中的相关词汇	形象思维	抽象思维	综合判断、结论	感受、行为、躯体
正常人	不明显	功能不良信念不明显（即没有明显的异常情绪、认知或行为的内在观念）	游览西湖	金黄色的树叶	满树的金黄树叶	漫山遍野金黄色一片	秋高气爽	金秋季节	人生的收获季节	金色的西湖满意的旅游	愉快、兴趣盎然、人生精彩
							自动思维：人们的许多推理与判断过程都是在前意识甚至无意识中进行的，其特点是模糊、自动、很少被意识到。				
				常见思维：正常人在推理判断中使用的思维方式，其中也会有认知歪曲或不合理信念，但它们不会形成思维上的垄断，也不会引起过度的消极情绪。							

续表

	个人成长	认知模式	认知过程与思维特点							情绪行为
抑郁症	往往有迹可循	功能不良性信念（很明显：如我对他好，他也必须对我一样好）	游览西湖	很多死亡的叶子（选择性的认知）	枝头上有很多死亡的枯萎树叶	漫山遍野一片死亡树叶飘落	秋风扫落叶	残败缺少生机的秋季	冬天的萧条不远了	败落的西湖，让人沮丧的旅游（自我挫败）	不愉快、兴趣不再、人生如同秋天一样败落
						负性自动思维：自动思维中夹杂着错误观念。其特点是：自动、模糊、消极情绪、片面、固执、不容易被意识、误导性。				
						认知歪曲：包括任意推断、选择性概括、过度引申、两极思维、"应该倾向""必须倾向"与非黑即白等。				

从上表中可以发现，正常人在游览西湖时：事件 A 即游览西湖、看到金黄色树叶、看到远方金秋色；信念 B 是金秋代表收获；结果 C 是满意的旅游，内心愉快。

再看抑郁症患者游览西湖时：事件 A 即游览西湖、看到枯萎死亡树叶、看到远方更多死亡枝叶飘落；信念 B 是枯萎树叶、死亡树叶落下代表缺少生机的秋天，更代表失败、落败；结果 C 是兴趣全无，不愉快，人生失败感。

对比分析两者的 ABC 过程，就会发现，同样是游览西湖，但两者看到的、想到的与感受到的是完全不同的。这里的关键是信念，包括自动化思维。对于抑郁症患者来说，金黄色的树叶是死亡了的枯萎树叶，这本身也没有什么错误，树叶在凋零的时候就是这样的，关键是其后的引申性观念，即缺少生机的秋天和萧条的冬天代表着落败、人生的挫败。

客观来讲，正常人自动思维所产生的信念也是片面的，因为金黄色树叶实质上就是树叶的凋零，是树叶的死亡。而抑郁症患者自动思维产生的信念更是片面的、消极的。全面来看，金秋并不仅意味着树叶的死亡，也意味着生机的蛰藏，意味着下一轮生机勃勃的力量积蓄。此外，树叶死亡凋零，却使人们收获了树上的果实。

片面的思维、自动化的消极信念，引起了系列消极片面的信念与消极情绪，如人生落败、不愉快、沮丧等。贝克的理性认知疗法就是通过纠正这些中介信念来矫正消极情绪，从而将抑郁症患者从抑郁的泥潭中慢慢拉上来。

需要指出的是，负性自动思维与消极情绪可能是相互强化的。对于抑郁症患者来说，在进入西湖游览区之前，其情绪可能就是消极的、悲伤的，所以导致了片面、偏执的注意，又引申出了许多负性的自动化思维，而这些思维又强化了消极情绪。这是一个恶性循环。

理性认知疗法可以帮助我们通过内省来改变自己一些不合理的观念。比如，西湖是美丽的，但不一定死亡的树叶也必须是美丽的。如果我真心对待别人，那么别人也必须真心对待我。我很努力，像教科书上所说的那样努力，那么，我就必须成功，等等。这些都是不合理的信念，也很容易在具体情况中导致不良情绪。

二、健康认知习惯培养

当谈到心理疾病或心理异常时，必定离不开认知、情绪与行为。确实，理智与情感是人类心灵的主要内容。一旦理智与情感出现了偏差，就肯定会出现心理上的问题。作为一个成年人，健康的认知风格——意识的主要部分——可以内省，可以修正，可以培养。健康的认知风格是指，实事求是的、较为积极的、有利于适应社会的认知习惯。健康的认知风格一旦形成，就会成为自己的一种习惯，会在无意识之中调控自己的情绪，正确指引自己的行为，使自己的行为得体、情绪表达恰当，增强自己的内心力量。

（一）形成健康的归因风格

归因是指个体对社会现象、人们行为的理解与解释。比如，在这个世界上，为什么有些人努力而贫穷？他得了抑郁症，其原因是什么？等等。这里，人们的行为当然也包括自己的行为。理解自己的行为，解释它产生的原因，就是自我归因。归因，有利于我们认识周围世界，认识人性的本质，那当然也有利于更深入地认知自己。

归因风格就是自己习惯的、无意识中经常使用的归因方式。根据心理学研究，人们在对自己的行为归因时，往往会形成两种归因倾向，即内部归因以及外部归因。前者，指个体将自己的行为及结果归责于自己的能力与努力；而后者指个体将其归责于外部的运气与任务难易程度。内部或外部归因的倾向就是归因风格。

通常而言，一个人的能力不可能在短时间内改变，而努力程度却可以改变；运气与任务难易程度也不是自己能够改变的。当成绩不良时，内部归因倾向者通常会认为自己智力不高才是主要原因，那么，这样就会形成无助情绪；而如果是外部归因，认为自己成绩良好是试卷容易或运气好导致的，那么，这也会影响后续的学习行为。这些都不利于心理健康。

健康的归因风格强调实事求是，积极适应。比如，成绩不好时，既要想到自己的能力状况，也要考虑试卷的难易程度以及自己的运气情况。全面的、客观的，而不是偏颇的和主观的，这才有助于自己对自我的认识，也才能避免不当情绪的产生。

在身心健康方面，很多人存在着不健康的归因。比如，你相信自己的心理健康水平与童年时代的境遇有关吗？你相信自己现在的焦虑可能会引起 3 年后的甲状腺结节吗？你发现自己心境总是很低落，你会认为 20 年前多次被人欺凌是主要原因吗？实际上，很多人在归因自己的身心健康时，是相当片面的，这导致了盲目乐观，或者盲目悲观。

人们总是认为吸烟与大量饮酒不可能影响心理健康。实际上，这是一种错误的理解。不健康的生活方式对身心健康的影响是巨大的。只不过是时间而已。只要影响脏腑功能，就会影响心理健康。比如，吸烟损害血管，从而会使人更易发怒、抑郁。

如何形成健康的归因风格？首先是要多思考，多读书，多经事。对社会现象与人类行为认识越深刻、越全面，那么健康归因风格越容易形成。试想，如果不知道生命历程理论，怎么会将自己的身心健康状况与十多年前的童年经历联系起来？如果不知道弗洛伊德的潜意识理论，怎么会将自己的抑郁情绪正确归因于童年期间亲人的去世？其次，就是要经常检查自己有无偏执信念，或者有无非理性认知。这一点也很关键。经常阅读一些教人处事的书籍，并对照自己的内心，或者使用内观认知疗法的技术，来深入剖析自己。

（二）认清优点与不足，积极接纳自己

人本主义理论强调无条件接纳心理疾病患者，即将患者视为一个独立的人，一个有自己价值观与信仰的人，承认患者有自己的内心体验与认知方式。实际上，从追求心理健康的角度来看，每一个人都应该客观合理地评价自己，然后以积极的心态接纳自己、认可自己。

从临床上来看，很多抑郁症与焦虑症患者都有一个消极的自我认知倾向，他们会无限制地放大自己的缺点与不足，而贬低自己的长处与相对优势，结果他们并不爱自己，并不愿意接纳自己。正是因其认为自己是无价值的，又不能改变自己，所以他们抑郁、焦虑。

还有很多人只是有条件地接纳自己，有条件地承认自己的价值。只有自己取得事业进步时才接纳自己,只有当别人赞美认可自己时才觉得自己活得有价值。这就相当于给自我评价设定了前提条件。这样,当失败与挫折来临时,就会自然启动"自我否定"的认知方式,认为自己没有任何价值。在生活中,由于社会比较的原因,我们获得别人赞美与认可的机会很少,而平淡、困难、挫折与失败,则显得更为常见。

只要能够健康地活着,就比很多人活得有价值、有意义。真诚地问下自己,与周边的人比较起来,你真的没有相对优势吗?身材、幽默、生活习惯、在某一方面的特殊知识或技能、孩子等,总有一些地方,你还是相对可以的!缺点每个人都有,况且很多人在某些方面比我们惨多了!比如,那些残疾人、有某些遗传疾病的人、其他各类非常不幸的人。

不要轻易对自己下定论。世界是变化的、发展的,每个人也是在发展变化的。最后,要摒弃那种"只有事业成功才有价值"的错误思维。成功只是少数,而且往往是社会比较的结果。别人的成功,并不能给自己带来什么损失。宇宙中绝大部分人在出生那一瞬间,就已经决定将来必定是一个普通人。因此,接纳普通的自己、承认普通的自己,才是正确积极的认知方式。

当然,接纳自己,并不意味着要放纵自己的缺点与不足。如果通过努力,可以改正自己的不足之处,那就一定要去做。不是为了使自己完美,而是为了使自己更为完善,为了使自己更有价值。正如人本主义学者马斯洛所说:"努力在多个方面提高自己,才能最终实现自我。"

(三)避免非理性认知

非理性认知是一种不健康的信念或认知方式,它们总是在第一时间冒出来,影响情绪与行为,使自己慢慢滑向心理不健康的深渊。上面曾经提到贝克的ABC认知程序以及内观认知疗法,这两种程序其实都与非理性认知有关。下面解释一些常见的非理性认知方式。

1. 理想化。认为事情应该甚至必须按照自己的完美预期去发展,如果不是这样,内心就会感到深深的挫败感,并产生强烈的消极情绪。比如,很多视成功如同生命的人,总是认为自己努力后必须成功。理想化的非理性认知经常有类似的思维模式"应该或必须……否则就会……"。

2. 以偏概全。即过度概括或无理由地向其他情境泛化。仅仅依靠个别细节或偶发事件而推导出整体性的结论,特别是针对自己或他人的能力与品德。这类非理性观念常有的思维模式是"一点儿不好,则全部都不好,或一白遮百丑"。

3. 双极思维。不是把事物看得非常好,就是看得非常坏。非黑即白、非好即坏，没有任何中间过渡阶段。这种非理性认知的典型思维模式是"好就是好，不好就是不好"。

4. 负向夸张。对事件或人物做出不符合事实的歪曲、消极评价，或者过度夸大可能带来的不好结果，并因此而紧张忧虑、担心害怕。这类非理性认知的典型思维模式是"一招走错，全盘必输"。

5. 个人化。把本来与自己无关的事件归责于自己，或者说，把无关事件的责任引向自己。这种偏执理念会带来自责、郁闷以及愧疚。这种非理性认知的常见思维方式是"都是我不好，我当时真应该……"

心理学家归纳出了经常影响人们情绪与行为的常见非理性观念。这些观念相当偏执，并且扎根于很多人的内心，成为负性自动思维，长期困扰个体的情绪与行为，最后带来严重的内心冲突。这些偏执观念包括：

上级或其他重要人物应该重视我；

有能力，并且成功，才活得有价值；

有错必惩；

事不如愿，则为失败；

我的不如意、不快乐，皆是由别人引起；

事情发展至此，都是我的不好；

不如意的事情肯定还会发生；

以往的经验永远不会错，不会过时；

凡事都会有完美的结局；

好人就是好人，坏人哪里都坏；

只要对别人好，全世界都会对你好；

努力就会有好结果；

天必酬勤；

我有责任帮助别人。

心理不健康的人往往并不能发现自己有偏执的非理性观念，一来，这种观念已经成为其自动化的思维方式；二来，这些观念隐藏较深，几乎处于潜意识水平。但健康认知习惯的培养首先必须识别出自己的非理性观念，否则健康理念则无以产生。

首先，要事上炼、事下思。就是说，当自己经历了一件使自己产生负面情绪的事件后，一定要努力思考、挖掘自己为什么会产生这么偏激的负面情绪，这样就找到了非理性认知的通道。没有经过内观认知疗法的人一般会自然地或自动地认为，是事件引发了偏激的负面情绪。显然，这忽略了自己心理的内部过程，外因常常是通过内因起作用的，偏执的认知在背后发挥了重要的杠杆作用。比如，看到同学比自己成绩好而获得国家奖学金，这使自己郁闷了很多天，甚至找理由与同学吵了起来。那么，是同学获得奖学金使你不快，还是自己的自动化思维"你的成功就是我的失败"使自己感到不快？如果有主动健康的意愿，显然就会冷静下来思考，不难发现负面情绪的真正起因。

其次，要澄清观念的非理性。不要放弃使自己产生负面情绪的事件，一定要结合事件去分析、去挖掘，可以说是吃一堑长一智。一方面，根据自己内部的价值观或判断标准来剖析自己在事件中卷入的观念是否真的很偏执或不合理。比如，可以扪心自问，这种想法是否真的导致了自己的偏激情绪，它与事件的关系如何，这种想法是否有利于自己的人际关系、生活或工作。如果是，那么就极有可能是非理性观念。另一方面，也可以参照外部观念或标准来进行判断，包括身边人的处事方式、历史故事中所倡导的为人处事的原则等。因为在生活中，有些人的价值观本身在某些方面就存在着偏差，所以只有从外部寻找判断标准。比如，从小生活在贫困家庭中的学生，自卑感使他们容易在小事情上恼怒或害怕，但即使自己意识到了，也很容易矫枉过正，走向另一个极端。此时，观察别人的处事方式，或者从历史中寻找参照就是比较可靠的办法。最后，还可以根据一些非理性观念的典型特点来进行判断，比如，是否有绝对化、非黑即白、极端化、片面化的成分，如果有，则基本可以确定自己的观念具有偏执性特点。

在发现自己的非理性观念之后，就要在内心中进行有力的驳斥、否定，并且用合理的信念取而代之。内心驳斥有如下几种方法：

一是，逻辑性驳斥。非理性观念一般会有错误的假设、推论或结论，将它们一一找出，逐一进行质疑与否定。

二是，实证性驳斥。观察生活中的事例，用现实的或历史的经验来进行反驳，也就是说，寻找类似情境中的事例来进行比较、反驳。

三是，反问自己。强迫自己对事件进行其他解释，询问自己其他观念所产生的结论是否也有道理。

当发现并驳斥、否定了非理性观念之后，新的观念一般就自然产生了。当然，这些新观念也可能是非理性的。此时，还可以通过上述过程进行重新判断。只有用新的理性观念来代替非理性观念，才能在今后的类似情境中避免偏激的负面情绪的产生。

这时，内观认知疗法就显示出了其威力。可以将自己关在一个小空间里，或者找一个安静的地方，进行真正的内观。将那些自动化了的思维写在纸上，然后逐一解剖分析，自己与自己辩论，也可以寻求别人的帮助。认真观察别人处理事情的态度，或者读一些历史故事，不断地进行自我分析，长此以往，就可以最大限度地减少自己内心的非理性观念，形成一个合理的、实事求是的、客观的认知系统。

第二节　消极情绪调节技能

情绪是身心健康的一面镜子。负性情绪长期占据的身心肯定是不健康的。研究已经表明，长时间的负性情绪本身就意味着心理不太健康；而后，便是慢慢作用于细胞层次的生理过程，导致躯体的过早老化。我国传统中医用"精气神"十足来描述健康的形态，这其中"神"就包含了情绪过程。此外，情绪还有一词，即心境，它是指一种弥漫性的、泛化性的情绪状态。特定情绪一定有事件指向，而心境是情绪的基本底色，它没有具体的事件指向。由于遗传与早期生命经历不同，有些人的心境是偏向消极的，而有些人就是天生的乐观派，心境是偏向积极的。长期处于消极情绪或者心境中，人很容易衰老，这从皮肤上就可以看出来。因此，在生活中调节消极情绪是非常重要的。

及时有效地调节负面情绪，以保持良好心境，可以借用很多方法，关键是要认识自己的情绪状态，并且努力去实践。方法自然很多，如情绪管理、躯体放松和体育锻炼，等等。

一、观察、认识自己的情绪

每一个人都有自己的情绪基底，或者情绪底色。比如，生活中有些人情绪基底就是轻松的、愉快的、欢乐的。他们在与一般的朋友交谈时，也总是很容易发出笑声，他们的笑感阈限似乎很低，边说边笑，似乎总是很开心，没有忧愁。而有些人则相反，他们是天生的忧愁派，平时脸上很少带有笑意，与人交谈时也比较严肃，他们也有大笑的时候，但是很少，他们似乎很不容易被逗笑。当将这种情绪基底视为自己的一部分时，他们往往意识不到自己的情绪，也不太关注自己的情绪，反而会对自己的情绪进行合理化。比如，他们会找出一句俗语"淡笑没好处"，或者"一直淡笑给人不严肃的感觉"而维持自己的情绪底色。实际上，笑一笑，十年少，大笑可以释放压力，可以放松全身血管，让血管更为年轻、更有弹性。

说到此，如何辨别自己的情绪状态是否处于正常呢？

最基本的方法，就是每天对照如下简易量表来给自己的情绪评分：

表9.2　情绪量表　　　　　　　　　　　　　　　　单位：分

| 1 | 一点儿不开心 | 1 | 2 | 3 | 4 | 5 | 6 | 7 | 8 | 9 | 很开心 |
| 2 | 一点儿也不幸福 | 1 | 2 | 3 | 4 | 5 | 6 | 7 | 8 | 9 | 很幸福 |

每天在这个情绪量表上对照自己，如果平均分在5分以上，就算是积极情绪占主要了。如果在4分以下，那么，就是消极情绪占主要。

或者，另一种方法是，认真观察与自己熟悉的人，也很容易发现有些人总是脸上有笑意，而有些人总是脸上有悲苦之色，当然大部分人处于中间。可以以前一种人为参照对象来对照自己，也可以明确自己的情绪基底。

当然，任何心理正常的人，在遭遇亲人去世、丢失钱财或不治之症时，都会有消极情绪，如悲伤、发怒或悲观等，这是很自然的。但是，生活中这类事情毕竟是偶发，不是常态。即使平常没有大喜之事，也断然不会有大悲之事。心理不太健康的人，很容易受到生活中事件的影响，并且情绪的表现与事件的大小不相称、不相符。比如，平常考试失利，就会非常担心；平时总是害怕生病，警惕性过头；等等。

二、情绪的监管

前面讲到心境是情绪底色，具有弥漫性、不指向特定的情境或事件。因为一件事情引起的负面情绪，常常会无意识地泛化到其他情境或事件上。比如，在回家的路上遇到交通堵塞，终于返回家时，却对家里的妻子发了一通脾气。回头冷静一想，觉得毫无道理。心境或者慢性的负性情绪，一旦得到确认，必须进入意识的监管，否则很容易积累而形成情绪火山。

情绪的监督与管理，就是在平时生活中对消极情绪进行记录与反思，通过这种方法，不断了解自己负面情绪的来源与特点，并且有意控制其外在表现。同时，可以排除生活中导致消极情绪的事件或环境因素，从而使负面情绪出现的频率与强度慢慢降低。下面是一张情绪检查表，将自己每天的情绪感受记录下来，包括情绪的性质、感受的强度、诱发情绪的事件、当时的内心想法以及自己的外在表现，等等。记录越为详细，则越有分析的价值。

如果经常记录，你会发现，有很多情绪是不应该发生的，或者其强度是不恰当的。这时，就有必要对其进行反思了。

表 9.3 情绪监管记录表 单位：分

日期	不合理的情绪	强度	得分	持续时间	当时情境或事由	内心想法
7月1日	愤怒	不愤怒 1 2 3 4 5 6 7 很愤怒	6	3分钟	交通堵塞	真倒霉！
7月2日	忧愁	不忧愁 1 2 3 4 5 6 7 很忧愁	5	30分钟	父亲病发	父亲病治不好怎么办？
7月3日	焦虑	不焦虑 1 2 3 4 5 6 7 很焦虑	6	15分钟	工作没有完成	被开除了怎么办？
……	……	……	……	……	……	……

如果长时间记录，就会发现自己情绪的规律。比如，自己的过及情绪是否有一定的周期性。根据笔者所知，在愤怒这一情绪上，有些人是有比较明显的周期的，比如 29 天左右。这并不奇怪，人体的生物钟是有节律的，人体的气机运行也是有时间规律的，那么情绪为什么就不能有明显的节律呢？如果发现这样的节律，自己预测自己的情绪变化会非常有益，在自己情绪最低落时，可以更多地提醒自己，以及时有效地调整自己的情绪。

三、用防御机制来调节情绪

由于负性情绪最能影响健康，而过及的积极情绪一旦出现则可能是严重的精神疾病，因此，这里主要论述一般水平的负性情绪的自我调节方法。相信这符合大多数人的现实需求。

负性情绪调节除了认知疗法之外，还可以使用一些精神分析所指出的心理防御技术，特别是命运观、转移、合理化与升华等。尽管这些技术有时并不是成熟的个体应该采用的，但在很多人力不能改变的情境下，这些技术也是有很大益处的。

命运观。命运并不是意味着要相信鬼神，相信上天的存在，在很多时候，它是指自己的能力不可挽救的生命历程境遇。比如，我们不可能选择出生，也不可能选择养育我们的家庭，我们对生命早期（如青少年之前的生活境遇）的经历没有一点儿干预能力。但是，根据生命历程理论，生命早期经历对我们的一生健康具有奠基性的作用。很多人就是因为其早年不幸太为深重，而导致一生努力也难以获得身心健康。

当遇到人力不可更改的境遇，就坦然接受吧。然后在最坏的情境下，尽一些人力，尽量使处境不再更坏。这并不是在认知上麻醉自己，而是相信世界上有很多自己的力量不能改变的境遇，这就是命运，没有必要因为它过于悲伤、过于愤怒！

底线思维。假如有一场面试，而自己又被繁忙的交通堵在了路上，此时焦虑的心情是可以理解的。在类似情境下，底线思维是非常有用的。即，在我不能采取任何行动的情况下，最坏的情况是什么？很多时候，我们甚至没有去设想最坏的情况，而只是任凭焦虑、紧张的情绪掌控我们。只要设想最坏的情况或结果我们可以承受，那么就不用焦虑。"塞翁失马，焉知非福"，最坏的情况也许隐藏着其他机遇也未可知。焦虑对身心的伤害远远超过事件本身所带来的结果。守住底线，就有了免于焦虑的底气。

合理化。酸葡萄心理人人所知。现实生活中需要用酸葡萄心理来安慰自己。在某些情境下，我们的目标或期望无法实现，挫折感引发悲伤、伤心与抑郁情绪。这时，无妨贬损未能实现的目标的价值，或者将自己的失败归于运气或机遇，以此来安慰自己，维护自己的自尊心。如果你能走进别人的内心世界，会发现他们与你一样，也有很多挫折或不如意。合理化的目的是避免内心冲突，获得暂时的心理平衡。合理化并不意味着将阿Q精神视为自己的习惯性精神防御，而是在战术性地保护自己的心理潜能，为了战略上的进取积蓄力量。

升华。如果在人际关系冲突中产生了怨恨和不满，而无法将自己的愤懑情绪发泄到对方身上，此时，升华就是一种最好的方法。通过自己的努力在事业上获得更大的进展，或者每天让自己更为开心，生活更为健康，与其他人的关系更为和谐，以此来向对方展示自己会比他过得更好，即在心理上获得一种优越感，一种胜过对方的优越感，以此来获得心理上的平衡，同时又增益于积极的人生，这就是升华的妙处。人生在世，难免遇到嫉妒与恼恨，而让自己发展得更好，让自己过得更好，是给对方的一种最好宣示。

代偿。因为自身原因或机会不好，而无法达成目标，这时会体验到焦虑、抑郁或其他低落的心境。此时，可以通过其他方面的小成功或幸运来进行弥补，以此来减缓不良心境。比如，如果学习成绩不太好，可以通过自己身材上的锻炼来找回良好的心境。有些女生喜欢在遭受挫折后吃点儿零食，或者去逛街购物，以此来减缓焦虑或抑郁情绪。"失之东隅，收之桑榆"，正如生理上的代偿一样，盲人视力低于常人，但其听力却远远超越常人。作为平常大众，比较容易从自己身上发现相对优点，那么就强化这种优点，以弥补自身不足带来的懊丧。

此外，还可以采用压抑、投射、否定与幽默来防御自己的消极情绪。特别是幽默，它是一种积极的心理品质，可以将自己以胜利的姿态从不利的处境中摆脱出来，在情感上与认知上获得安慰与前进的动力。幽默不能改变事实，但可以改变事实对自己的消极影响。偶尔使用一下，还可以显示自己的睿智与豁达，增强自己的人格魅力。

需要指出的是，这些情绪免疫并不是真正地解决了客观的问题，而是让自己逃避了情绪的惩罚。是的，没有必要接受负性情绪的伤害，身心健康永远是创造财富的源泉。但是，情绪豁免之后，更应该直面客观存在的境遇，以力所能及的态度，让处境变得不那么糟糕。

四、用音乐来调节情绪

研究表明，音乐、舞蹈、健身等非语言信息，可以很好地调节身心状态。其作用在有时候甚至超过了言语对心理的调节，如心理咨询与朋友沟通。在目前世界上，很多人在心情抑郁、慢性焦虑，甚至是有自闭倾向时，总会求助于音乐。古人早就注意到音乐对人心理的特殊作用。《乐记》中有"乐者心之动"的表述，说明音乐可以影响人的精神活动，而精神活动也可以通过音乐来进行表达。和缓、优美的乐调可以帮助人们放松心灵、减缓焦虑感、带走抑郁心境和消除躯体上的疲劳，总之，音乐对维护身心健康有特殊的作用。

20世纪70年代，美国学者汉斯尔在其著作《音乐治疗师手册》中指出，音乐治疗的范围非常广泛，很多心身疾病都可以通过音乐疗法获得一定的效果，如学习障碍、智力缺陷、焦虑症、抑郁症、听力损伤、视力损伤、孤独症、精神或行为紊乱、严重的情感障碍，等等。音乐疗法的适应人群也非常广泛，儿童、青少年、成年人与老年人，都可以使用。

目前，有两种音乐疗法比较常见。一种是主动参与式治疗。病人亲自参与到音乐活动中去，具体方法有歌曲演唱、音乐演奏等。病人认真扮演其中的角色，在演奏或演唱中随着音乐抒发和表达自己的情绪，并在参与过程中改善自己的人际交往能力。很多医院都设置了工娱疗法，其实就相当于音乐参与式的心理治疗。心理疾病患者可以与病友们一起参加花样众多的演唱与演奏活动，在与人合作中放松身心、表达内心情绪，心境也会受到音乐曲调的感染。在实际生活中，人们在闲暇时间也喜欢到歌厅去唱歌，以此来调整自己的身心状态。

第二种是被动音乐治疗。这种方法要求心理治疗师根据心理患者的具体情况，选择适当的乐曲，在安静的环境中让患者放松身心，边听音乐边听治疗师的语言引导，逐渐进入一种类似催眠的状态中，此时要求病人自由联想，治疗师将联想内容记录下来，以便事后分析。在音乐倾听中，患者可以较为充分地认识自己，重新建构以往发生的关键事件，并且重新体验事件带来的情绪，进而带来认知与行为的改变。

在音乐治疗中，音乐曲目的选择是非常关键的，恰当的音乐处方能够起到良好的心理治疗效果。音乐曲目的选择主要从情绪的不同类型着手，如悲伤、抑郁、焦虑、失眠等，都有相应的合适曲目。

悲伤情绪。当自己面临情绪内结时，常常需要先将自己内心的不良情绪宣泄出来，然后再逐渐将整个心态调整到最佳状态。当自己处于非常悲伤而又欲哭无泪的状态时，不能直接选择音调欢快的曲目，可以选择贝多芬的《第五命运交响曲》或者民间音乐《江河水》等类似乐曲。高亢悲壮的曲调有利于宣泄内心集结的悲伤情绪和郁闷心境，当悲伤与郁闷在这些曲调中宣泄得差不多时，可以再选择性地聆听那些轻松舒缓的曲目，经过一段时间，再聆听平静愉悦的曲目，这样情绪就会很快调整到正常状态。

抑郁情绪。当自己抑郁时，应该选择的曲目有《喜洋洋》《春天来了》《夜深沉》和《光明行》等。而外国曲目可以选择莫扎特的《剧院经理》、施特劳斯的《维也纳森林的故事》、罗西尼的《威廉·退尔序曲》以及《卡门组曲》等。

焦虑情绪可以选择的曲目有贝多芬的《月光奏鸣曲》第一乐章、《梁祝》和《二泉映月》。

失眠症状可以选择的曲目包括柴可夫斯基的《船歌》《汉宫秋月》和《二泉映月》等，这类曲目较为平静、舒缓。

表9.4 可调节情绪的乐曲表单

抑郁或压抑时可选择的曲目	
民乐	西乐
《步步高》	《第五钢琴协奏—皇帝》（贝多芬）
《金蛇狂舞》	《勃兰登堡奏曲第三首》（巴赫）
《采茶扑蝶》	《第三交响曲》（门德尔松）
《喜洋洋》	《第四十交响曲B小调》（莫扎特）
《花好月圆》	《海》（德标西）
《欢乐舞曲》	《蓝色狂想曲组曲》（盖希文）
《娱乐升平》	

续表

抑郁或压抑时可选择的曲目	
烦躁焦虑时的选择曲目	
民乐	西乐
《雨打芭蕉》	《古风凛凛》（艾尔加）
《江南好》	《匈牙利舞曲》（布拉姆斯）
《化蝶》	
《梅花三弄》	
睡眠障碍时选择的曲目	
民乐	西乐
《二泉映月》	《摇篮曲》（莫扎特）
《平湖秋月》	《仲夏夜之梦》（门德尔松）
《春思》	《钢琴前奏曲》（德标西）
《烛影摇红》	
倦怠疲乏时选择的曲目	
民乐	西乐
《得胜令》	《命运交响曲》（贝多芬）
《金蛇狂舞》	《A大调第六奏鸣曲》（博克里尼）
《步步高》	《轻骑兵》序曲（苏佩）
	《土耳其进行曲》（莫扎特）

　　"音乐疗法"对心身的调节功效是多方面的。根据研究，音乐刺激可以引起身体多方面的变化，如心率、脉率、血压、呼吸速度、皮肤电、肌肉以及脑电波等，这些变化都可以检测到。美国临床研究发现，类风湿病人的血液关节中的 β 内啡肽水平要比健康人低很多，而在倾听轻松欢乐的音乐之后，病人关节血液中的 β 内啡肽水平会逐渐提高，同时类风湿症状也会相应减轻。而上述机体的变化皆与情绪变化有紧密关联。因此，音乐对人的心理功能与身体机能有着双重调节作用。唱歌、演奏或听音乐可以改善健康和生活质量，这已经是一个不争的事实。

第三节　内观认知疗法技能

古人云"每日三省吾身"。在清静的环境下认真反思自己的认知、情感与行为，能够发现自己内心深处那些偏常或异常的阴暗角落，特别是思想、观念与意识方面。内观认知疗法就是这样一种有效的自省技术，通过内观，不仅可以发现那些潜藏深处的顽固的不合理的认知方式，还可以进行自我剖析与自我矫正，最终改善心理健康状况。

一、心理机制

心理问题的根本原因是内心精神世界与外部客观世界产生了矛盾与不和谐。主客观不和谐的原因多是因为非理性认知的存在，特别是执着的自我中心主义意识。每个人的认知方式皆是在遗传基础上，经过早年生命经历——包括家庭生活、学校教育等——而逐渐形成的。当生活中的境遇不符合主观预期时，自我的执念就会发生作用，从而产生情绪与行为的偏常，发展为心理疾病。

内观认知疗法是以深刻内省的方式，来发现、分析与修正自我执念，改正心中的非理性认知与信念，同时重新认识自己的情绪体验，进而形成顿悟，逐渐走出心理异常。

（一）心无旁骛，静而生慧

内观认知疗法与佛教、道教的静坐禅修有紧密的关系。它要求个体在内省之前，寻找一个非常安静的环境或者一个狭小的封闭空间，这样才能将自己与外部纷乱繁杂的世界暂时隔离开来，在精神上得到放松，卸掉伪装，为接近真实内心创造机会。"静可生慧"就是说在浮躁不安的环境中，个体不可能深入地思考自己的思维方式、情绪与行为，只有在非常安静的时空中，才可以真正地审视自己，剖析自己。因此，禅修重视"戒"和"定"的修炼，以达到"内静"的状态。

现代人往往很难腾出大量整块时间将自己关闭起来进行精神内省，但是，集中几天时间，让自己暂时离开纷繁的世界，过几天健康养生的生活，调整自己心态，深入分析自己的内心世界，非常有利于未来自身潜能的发挥。

（二）直面客观事实，认清非理性认知

内观认知，就是让自己充分认识到事件、认知和情绪之间的复杂关系，这是一个有难度的顿悟过程。但是，一旦清楚意识到自己那些非理性的自我执念，自己就可以获得新生。内观治疗方法具有非常可靠的操作步骤，也很容易理解，只要认真去修炼，就可以达到顿悟境界。

内观以自我回忆和思考为主，内容全部是过去自己在生活或工作中的亲身经历，无论何事，都要努力去回忆，尽量对自己诚实，不去逃避。在内观过程中，不需要深奥的心理学知识，也不需要事先关注自己的心理异常，只是关注过去：事件和自己的反应（包括当时的想法、情绪体验与行为），然后将这些记录在纸上，为自己持续的自我剖析准备材料。

（三）内观三个主题，确立理性认知

一般而言，心理问题的产生常常产生于自我执念，这种执念又常常与人际关系中的事件有关。所以，内观过程必定涉及人与事件。在内观认知疗法中，内观的三个主题是：自己为对方所做（付出），对方为自己所做（获得），自己给对方带来的麻烦（麻烦）。在现实生活中，很多人总是有一种"我必须有较少付出，而有较多获得"这样的执念，结果总是感到自己被别人利用，从而产生心理异常。

1. 内观"获得"：由于人类自私的本性，人们总是会记住并且夸大自己为别人所做的事情，而忘记或贬低别人对自己的付出。因此，首先内观"获得"，认真、深入反思别人为自己做了什么，自己从生活中得到了什么。要诚实地承认，在生活中有人无偿帮助了自己，生活也给予了自己很多。这种获得感可以增强自己的积极情绪，让自己心怀感激。

2. 内观"付出"：生活中，自己总难免为了别人而付出，特别是亲人与朋友。我们可以在安静的环境中，认真回忆自己为哪些人付出了，自己为亲人与朋友做了什么。"付出"是一种被需要，送人玫瑰，手有余香，在生活中，付出也是一种快乐。认真回忆自己的付出，并体验其中的情感。

3. 内观"麻烦"：通过内观"麻烦"，反思自己在生活中给对方带来的生活不便或生活负担，通常会发现自己在过去生活中有意或无意地给对方带来了很多额外负担。当内观这一主题与第二个主题时，内心应该会体验到常人应该有的愧疚感、负罪感甚至羞耻感。

4. 比较"付出"与"获得"的感受：在前两个步骤的内观中，发现自己为别人付出过，而自己也从别人处获得过。认真体验、比较付出与获得过程中有何感受，并猜想对方会有何感受。在很多时候，我们可以发现自己在生活中从亲人与朋友之处获得很多，但实际上付出比较少，特别是内观对象为父母时。在这时，应该体验到被爱的感觉以及获得的满足，并且体验到不能同等回报的愧疚感。

5. 对"连带感"的情感体验：在内观过程中，有时会发现自己做错了事情，家人、亲戚或朋友也会感到惋惜、失望甚至痛心；而当自己做了好事儿或成功时，他们也会感到高兴、自豪或满意。这些连带感非常重要，因为这会提醒我们，在未来的生活中，任何行为都要为别人考虑一下，而不是只考虑自己，导致过度地以自我为中心。

总而言之，在内观认知程序中，通过内观以往生活中的重要事件，以及人与人的关系，并且反复思考与体验情感，自己的认知模式、人格特点等都会一步一步地显露出来，以供自己深入解剖分析，最终明白自己的执念，看清自己的优势与不足，澄清自己久已深藏的不合理信念。顿悟一旦形成，就会在生活中逐渐改变自己，从而使心理问题得以缓解、治愈。

（四）体验分析情绪，以促进认知改变

情感与理智是相互影响的。当情绪健康时，人们的认知也会较为健康；相反，如果情绪不健康，则会增强认知扭曲。因此，内观治疗过程中非常重视情绪的体验与分析。一般而言，当我们受到别人的恩惠时，应该有感恩之心；当我们为别人付出但没有得到应有的回报时，我们会感到失望甚至愤怒；当我们做了对不起朋友与家人的事情时，我们会感受到羞耻与愧疚。情绪的性质既要与事件的性质相匹配，其强度也要与事件的大小相吻合。将内观过程中的事件与情绪记录下来，并进行分析与理解。当正性情绪与认知产生交互效应时，认知改变就会变得很容易，而自己的情绪也会更为健康。

（五）用适应行为巩固认知改变

任何治疗都以最终的疗效为评价依据，心理治疗也是如此。内观认知程序是经过循证研究的治疗方法，在纠正不良情绪、不合理认知方面非常有效。但是，如果在顿悟之后，没有将新的信仰、行为付诸生活实践，其效果就会大打折扣。因此，在内观中一旦发现自己的自我执念，一定要记录下来，并且以健康的行为去巩固自己的认知改变。

二、自治过程

内观治疗是一个程序，它包括准备、内观、认知矫正三个阶段。一般而言，作为一种主动健康行为，每个阶段并没有严格的时间限制，关键是要去实践，并在摸索中进行适合自己的安排。

此外，在内观之前，不妨在 SCL-90 自评量表中进行自测，以便内观程序结束并且在生活中践行正确理念一段时间后再次测量，来比较自己的变化。

（一）准备阶段

选择一个非常安静的环境，至少是一定时间内没有人打扰的环境。自己的房间是一个很好的选择，也可以在度假的过程中在自己的房间内进行。自己内观时可以坐在自己的书桌前，并把纸笔准备好，以便边内观，边记录。

关于内观对象，可以根据自己的需要选择与自己有过共同生活经历或者有过重要交集的亲历者5~6人，讨厌者1~2人。也可以根据自己的时间安排进行人数调整。

（二）内观阶段

1. 确定内观对象：以关键事件为线索，确定其中5~6人，也可以不以事件为线索，从自己的亲人或朋友中选择5~6个，很讨厌的人1~2个。

2. 内观进行：如果不以事件为线索，可以按照自己的成长经历来进行内观。比如，从幼儿园开始，到小学前半阶段、小学后半阶段、初中阶段，再到高中阶段、大学阶段，最后到参加工作前两年，再到结婚成家前后。如果以事件为线索，可以分为事件发生前、事件发生过程中、事件发生后，这其中的重要人物、关联人物的行为表现，以及自己在事件中的行为、想法与情感体验，都是内观的内容。

3. 内观主题：（1）对方为我做了哪些事情；（2）我为对方做了哪些事情；（3）我给对方带来了哪些麻烦的事情。

4. 亲人养育费用计算：如果内观中有自己的父母，那么可以计算他们在养育自己时大概花费了多少钱财，包括生活费用、疾病治疗费用与教育费用等。

5. 内观记录：自己在内观过程中，要保持头脑的清醒，及时将头脑中的回忆都记录在纸上，并同时总结自己在回忆过程中对自己、他人和事物的新的看法与新的情感体验。由于这是自己剖析自己的过程，所以不会涉及隐私暴露问题，因此，可以将所有的想法与情绪体验都记录下来。

6. 深入分析：设想自己是一位治疗师，或者是一位陌生人，然后非常理智地阅读自己的记录，并且进行解剖式的分析，查找其中不合理的信念、偏执的情绪以及不合适的行为。也可以将内观的记录放存一段时间，比如一个月时间，然后在自己情绪稳定时进行阅读分析。

（三）认知阶段

1. 自动思维的识别：一般情况下，当人们充分理智时，也不会出现心理异常表现，但那些深藏的自动思维常常暗中僭越理智，并影响情绪，从而导致心理行为异常。认知心理学的研究表明，在事件与负性情绪之间隐藏着自动思维，它常常在事件发生后第一个跳出来，形成对事件的基本看法，并左右情绪。在追求主动健康时，找出这些自动思维往往是第一步。

练习：在内观上述三个主题时，请回忆自己与对象之间所发生过的不愉快事件，描述当时事件发生的过程、对象的行为与反应、当时自己的感受与反应等。努力挖掘自己当时的想法，识别出自己的自动思维。

（1）负性情绪；（2）对象；（3）事件；（4）自动思维。

举例：悲伤；爸爸；没有在春节期间给自己购买礼物；爸爸不喜欢我。

针对每个内观对象，分别回忆3~5个包含负性情绪的事件，并努力从中识别出自动思维。

2. 自动思维的现实检验：很多自动思维常常是不符合现实的，或者说是钻牛角尖的、以偏概全的，所以也被称为是非理性认知。现实检验，就是将这种思维置于更为普遍的、类似的情境中，对于特定事件，看它是不是唯一的、正确的或者最好的解释。如果发现以前自己坚持的信念原来并不是事件的唯一解释，甚至是最差的解释，那么就发现了非理性认知，并且能够容易找到新的、更好的信念来进行事件解释。

练习：从回忆中找到的"自动思维"是（   ）。然后列举更多与此对象有关的事件，并尝试用这些事件来证实或者证伪这一自动思维或信念。如果这些事件不能证实或者直接证伪这一自动思维，那么它就是非理性认知。或者，自己找到了其他合理的解释，也相当于确认了自动思维。

3. 非理性认知归类：一般而言，非理性认知包括6个类型，即选择性概括、过度引申、两极思维、应该倾向、必须倾向、非黑即白等。在分析自己列举出的非理性认知时，可以将它们进行归类，以确定属于哪种具体类型。

（1）负性情绪；（2）对象；（3）事件；（4）自动思维；（5）非理性认知。

举例：悲伤；爸爸；没有送给我春节礼物；爸爸不爱我；选择性概括。

要将识别出的所有非理性认知进行归类，以便更好地分析它们产生的背后原因。

4. 非理性认知矫正：进行到此，面对这些非理性认知，一般头脑清醒的人，都会明白它们的心理危害。自己的过及情绪与异常行为，在很多时候都与这些消极的自动思维有关。而外部事件也许只是诱因，自己内心的偏执信念才是根本。将这些非理性认知记录在日记本中，经常看看，并回忆它对理智的僭越性危害，非常有利于纠正自己的认知、情绪与行为。

练习：在上次内观中，发现的"非理性认知"是（   ）。（1）与该对象相处时，可能出现过类似的非理性认知事件，请列举出来；（2）在与不同内观对象相处过程中，可能出现过类似的非理性认知事件，请列举出来；（3）与内观对象以外的人相处时，可能出现过类似的非理性事件，请列举出来。对于每一个非理性认知，都要以大量的类似情境或事件来进行描述或说明，这样，就可以更好地认识这种非理性认知，从而在生活中以合理的观念取而代之。

第四节　身体调适技能

当谈到心理健康时，不能将眼光仅仅集中于心理上，还要关注身体状况。可以说，所有的心理疾病都伴随着生理上的变化。传统中医认为，身心状况是相互影响与相互促进的，这也不断被现代健康研究所证实。因此，调整身体状况对维护心理健康有重要意义。本节主要介绍常见的身体调适技能，包括腹式呼吸、冥想与放松技术。本节内容有助于大学生应对常见心理异常状况所伴随的躯体不适感觉。

一、腹式呼吸技能

正常的呼吸方式有两种：一是胸式呼吸；二是腹式呼吸。绝大多数人，特别是女性，都使用胸式呼吸，只是肋骨上下运动并且胸部稍微扩张，肺底部的肺泡并没有全部参与呼吸，因此这种呼吸较浅。氧气不能被充分输送至身体所有部位，时间长了肯定对健康不利。而腹式呼吸则以膈肌运动为主，吸气时胸廓的上、下径增大。此时，由于横膈肌会下降，腹压增加，如果将手放在肚脐上，会感觉到小肚子上下微微起伏。

腹式呼吸练习方法很简单，关键是要坚持。采取仰卧或舒适的坐姿，放松全身。吸气时，最大限度地向外扩张腹部，使腹部鼓起，胸部保持不动，也可以把一只手放在腹部肚脐，感受腹部的上下起伏。呼气时，胸部保持不动，腹部自然凹进，向内朝脊柱方向收，也即向内收缩腹部，把所有废气从肺部呼出去，这样做时，横膈膜自然而然地升起。循环往复，保持每一次呼吸的节奏一致，细心体会腹部的一起一落。

原则上，腹式呼吸要求吸和呼都要尽量达到"极限"量，即吸到不能再吸，呼到不能再呼为度；同理，腹部也要相应收缩与胀大到极点，如果每口气直达下丹田则更好。在实践中，将自己的身体放松，去了心中杂念，端坐、平躺甚至是快走，都可以进行，也不强求吸至极限或呼至极限，关键是要放松，内心清净，呼吸时感觉腹部起伏即可。

练习腹式呼吸的注意事项如下：

（1）呼吸要深长而缓慢，但也不要太刻意，尽量自然放松。

（2）用鼻吸气、呼气。深吸气感觉鼓起小肚子，然后呼气时感觉回缩小肚子。

（3）采取太极半蹲式最好：双脚分开同肩宽，略蹲，双手五指微曲伸向胸前，如抱球状。双肘略下沉，双肩平，头、上身正直。微闭双目。内观身体，让全身放松。

（4）每天练习 1~2 次，坐式、卧式或走式皆可。

（5）每次 5~15 分钟，做 30 分钟最好。

二、冥想技术

冥想可以增强思维能力，使思维变得平静、清晰，并且减少情绪的干扰。早在 3000 多年前，中国古人就开始练习冥想了。人类很多心理困境都源自自动思维，通过冥想，人们可以更为清楚地意识到自己思维的不合理之处，从而增强处世的智慧。现代研究表明，冥想后生理获益很多，包括：调节心率、调节血压、减少耗氧量、降低新陈代谢比率、降低血液中的乳酸（同时降低焦虑）、提高皮肤电阻以及增强大脑 α 波的活动等。

有规律的冥想训练具有良好的长期心理健康效果。冥想与认知训练（如内观认知疗法）相结合，可以改变个体偏执的价值观、内隐态度以及人格特征，帮助个体获得新的认知、情绪与行为模式。在整体心理功能的改良上，冥想的长期效果要优于放松训练。国内学者以精神分裂并伴有严重焦虑的患者为对象，采取对照实验的方式，发现 12 周的冥想训练，可以显著改善精神分裂症伴有焦虑症状患者的精神症状和焦虑症状。[1] 冥想还可以作用于大脑结构，改善其功能，重构大脑网络，增进自主神经系统的平衡能力，甚至调节表观遗传以及增益端粒体调节能力。[2] 长期冥想可改变脑电活动，使主管综合情绪与注意力的大脑皮层变厚，同时使负责消极情绪的杏仁核变小，活动水平降低。[3] 也有研究发

---

[1] 高红锐，赵蕾，刘焱，等．"七支坐法"冥想对慢性精神分裂症伴焦虑患者的疗效 [J]．中国健康心理学杂志，2021，29（11）：1601−1607.

[2] SHEN H, CHEN M, CUI D. Biological mechanism study of meditation and its application in mental disorders [J]．General Psychiatry, 2020, 33（4）：e100214.

[3] HÖLZEL B K, CARMODY J, VANGEL M, et al. Mindfulness practice leads to increases in regional brain gray matter density [J]．Psychiatry Research：Neuroimaging, 2011, 191（1）：36−43.

现，短期的冥想修炼就可以增益于大脑复杂的网络系统功能。① 总而言之，冥想训练对身心健康有着明显的长期益处。

姿势准备。（1）双盘足，如果做不到双盘足，也可以单盘足，或者简单地把一只脚放在另一只脚面上。还有一种非常简单的坐姿，就是上身摆正，端坐在椅子上。（2）脊背要直立，但是要放松，不可拘泥僵直，不可塌背或有意耸肩。（3）如果是双盘坐，或单盘坐，则两手心向上，并把一只手的手背平放于另一只手心之上。两手重叠放在小腹之下即丹田之处，平放于胯骨部位。如果是坐椅子上，则两手心向下，轻轻放在大腿之上即可。（4）两肩要微微展开，要平整、端正与舒适。（5）头要放正，下颌微下垂，但不要明显低头，两眼微微闭上，或者微张，半开半闭，将视线随意投向前方。（6）将舌头轻轻向上翘起，抵住上腭。

具体方法。（1）环境要安静，内心要平和，事先排完大小便，口不渴，衣服舒适宽松。（2）使用腹式呼吸，感觉下腹地微微起伏，呼气、吸气要尽量均匀，有深度，缓慢细长，但不可用拙力，尽量放松、自然。（3）如果是两眼微闭，就将意念放置于鼻尖之下的呼吸之上，关注自己的呼吸，感觉吸气时小腹鼓起，呼气时又平伏。如果发现自己的意念跑到了别处，不要灰心与紧张，把它重新收回来即是。（4）冥想过程中，意念不要太着力，常常是若即若离，有意地、轻轻地放置于鼻尖之下的呼吸之间。同时要注意使自己全身内外放松，姿势保持不变。

在冥想过程中，有很多人很容易走神，这种情况下，可以计数自己的呼吸次数。每次练习时，默默在内心记下呼吸了多少次，可以从 1 数到 10，然后再重新开始。如果在冥想中发现自己陷入了幻想与独白之中，也不要灰心，不要苛责自己，只是暗示自己放松，重新计数自己的呼吸次数即可。

很多人在练习冥想时，当轻轻闭上双眼后，常喜欢不时地微微睁开眼睛，这个也无伤大雅，睁开了，然后很快闭上就可以。实际上，微微睁着双眼，也是可以练习冥想的，只要使自己内心平静，将意念轻轻地放在呼吸之间，或者身外的某个物体上即可。

如果在冥想过程中，很多念头总是不时冒出来，那么就让它们自然冒出来，直到慢慢消退。同理，如果在冥想中内心被情绪打扰，如烦躁、紧张、抑郁，甚至发怒，那么只需要接受这些情绪，等待它们慢慢消退；或者站起来稍微活

---

① 王云霞，蒋春雷. 正念冥想的生物学机制与身心健康［J］. 中国心理卫生杂志，2016，30（2）：105-108.

动一下，平静一下，然后再开始坐下冥想。总之，冥想是一种修炼，人生在世，总会发生很多使自己内心不能平静的事情，冥想就是为了镇静自己的内心，与这些事件困扰做斗争。所以，冥想训练不要刻意求成，只能水到渠成。

三、放松技术

（一）渐进式肌肉放松

渐进式肌肉放松程序是通过逐一放松 16 组肌肉群的方式，来体验周身放松的感觉，从而使身心得到放松状态。进行时要尽量先绷紧每一组肌肉群约 10 秒钟，然后再将之突然放松或释放 15 秒左右，同时要前后对比体验绷紧与放松的感觉。然后再开始下一组肌肉群的绷紧与放松。

一般而言，渐进式肌肉放松练习最好每天练习 20 分钟以上，如果能够坚持 2 周至 3 周以上的放松训练，每次放松训练的良好效果可以持续整天，或者至少持续多个小时，这对于当天的身心状态会有相当大的正面影响。通常，开始练习渐进式放松时，需要的时间较长，才能达到让自己舒适的程度，但是随着技术的提高，以及身体的适应，放松所需的时间会相应减少。

课后练习题

1. 请找一个安静独处的环境，进行内观认知练习，并找出至少一个不合理的观念或非理性执念，然后根据相关情境，寻找合理的观念取而代之。

2. 辨析题。请分析下面的观点，看其是否有道理，并列出支持和反对该观点的事实或理由。

（1）不合理观念是绝对的，而非情境性的。

（2）一般而言，不合理观念导致不健康情绪，而非不健康情绪导致不合理观念。

（3）冥想可以放松整个身心，改善身心整体功能。

（4）相对于肌肉放松技术而言，腹式呼吸更能够调节全身气机运行，从而改善身心症状。

3. 建议阅读文献：

（1）郭梅英，阎克乐，尚志恩．放松训练和腹式呼吸对应激的影响［J］．心理学报，2002（4）：426-430.

这篇文章介绍了放松训练与腹式呼吸改善身心症状的机制。

（2）任俊，黄璐，张振新．冥想使人变得平和——人们对正、负性情绪图片的情绪反应可因冥想训练而降低［J］．心理学报，2012，44（10）：
1339-1348.

这篇文章揭示了冥想训练对身心调整的内部机制。

（3）毛富强．内观认知疗法理论与操作［J］．中华行为医学与脑科学杂志，2016，25（7）：650-656.

这篇文章较为详细地介绍了内观认知疗法的过程与步骤。

4. 行动作业

（1）请坚持练习腹式呼吸一个月，每天练习至少20分钟。并记录下自己练习时的感受，包括想法、杂念或身体反应。

（2）请练习渐进式肌肉放松与被动式肌肉放松，比较两者感觉上有什么不同。

（3）请在自己情绪不佳时使用本章技术调整情绪，然后记录下技术使用的感受。

拓展阅读 1

冥想在慢性疾病和疾病预后中的应用

冥想训练可以缓解很多慢性疾病，目前医疗机构所使用的正念减压疗法的目的是缓解病人的慢性疼痛与精神压力。在实验中，研究者让慢性颈椎病痛患者参加冥想训练，方式是静坐禅定、集中注意力等，而让对照组的慢性颈椎病痛患者进行一套慢性颈痛的自我保健疗法（如肌肉拉伸、关节伸展与耐受力锻炼等）。最后的统计分析表明，练习冥想训练的患者在疼痛感上有显著改善，其效果要好于对照组的自我保健疗法。研究认为，冥想首先是较好地降低了患者的颈部肌肉紧张度，其次是有效地降低了患者的疼痛焦虑感，改善了患者的心态。[1]

冥想训练也可以有效管理血压。研究表明，冥想对于健康人心血管疾病具有一定的预防作用，因为冥想过程将"不评价""接纳"纳入了自己的认知模式中，这样就可以避免外界刺激导致的情绪起伏，减少了血管过度、重复性收缩带来的血管内皮损伤，从而减少了动脉粥样硬化的发生，最终降低高血压与

---

① JEITLER M, BRUNNHUBER S, MEIER L, et al. Effectiveness of jyoti meditation for patients with chronic neck pain and psychological distress—A randomized controlled clinical trial［J］. The Journal of Pain, 2015, 16（1）：77-86.

冠状动脉疾病发生的风险。① 国外还有研究者让原发性高血压患者进行了 3 个月的 26 次瑜伽冥想训练，结果发现病人的血压明显下降，焦虑指数也显著下降。② 还有一个实验，是让一组心脏病患儿术后每日进行冥想训练，另一组同病患儿术后遵医嘱给予镇痛剂，两组患儿同时还要接受同样的常规护理。3 天后，相对于接受镇痛剂的一组患儿，冥想训练组的患儿在疼痛程度、心率与血压方面，都显示了更为明显的改善。③

拓展阅读 2

内观认知疗法的国内研究案例

内观认知疗法对抑郁症有明显的疗效。仇爱玫等以 30 名抑郁性神经症患者为研究组，给予内观认知疗法干预（NCT），同期选取 30 例患者为对照组，给予支持性心理治疗。治疗前后，两组分别采用情感平衡量表（ABS）与自我和谐量表（SCCS）进行疗效评定。治疗后研究组的 ABS 和 SCCS 皆优于对照组，差异有显著意义。NCT 能够改善患者的负性情感，提高自我和谐性。④

内观认知疗法对睡眠障碍（SD）也有很好的疗效。董艳妮等将 70 例经皮冠状动脉介入治疗（PCI）患者随机分为对照组和干预组（各 35 例），两组均给予常规心理护理，干预组增加 NCT 治疗。干预组在睡眠时间、入睡时间、睡眠效率、睡眠障碍、日间功能和睡眠质量的评分上和对照组比较均有显著降低。在改善患者睡眠质量上，NCT 组优于对照组。⑤

内观认知疗法可以显著改善心身症状。曹桐等招募 46 名大学生志愿者，最终 40 人完成 7 天的 NCT（男 13 名，女 27 名）。采用症状自评量表（SCL-90）和自编的《参与动机调查表》进行评价。治疗前 SCL-90 的阳性检出率为

---

① PAVLOV S V, REVA N V, LOKTEV K V, et al. Impact of long-term meditation practice on cardiovascular reactivity during perception and reappraisal of affective images [J]. International Journal of Psychophysiology, 2015, 95 (3): 363-371.

② ROCHE L T, HESSE B M. Application of an integrative yoga therapy programme in cases of essential arterial hypertension in public healthcare [J]. Complementary Therapies in Clinical Practice, 2014, 20 (4): 285-290.

③ 刘慧莲，刘群，谢红英，等. 应用冥想训练减轻心脏病患儿手术后疼痛的效果观察 [J]. 中华护理杂志, 2011, 46 (8): 745-747.

④ 仇爱玫，李遵清. 内观认知疗法对抑郁性神经症患者的心理康复效果 [J]. 国际护理学杂志, 2010 (10): 3.

⑤ 董艳妮，李玉玲. 分散内观认知疗法对 PCI 治疗患者睡眠质量的影响 [J]. 中国医药导报, 2012, 9 (18): 153-155.

42.5%，SCL-90 总分以及各因子分在 NCT 治疗后均明显改善。本研究还提示，参与动机与心身症状改善显著相关。①

内观认知疗法还可以显著改善大学生的自卑感。柳雷等使用自卑感量表（FIS）筛查贫困大学生，将总分≤144 分的 60 人随机分成研究组和对照组各 30 人。研究组接受连续 7 天 NCT，对照组参加团体心理辅导。在干预前后进行自卑感量表（FIS）、个人评价问卷（PEI）、领悟社会支持量表（PSSS）、社交苦恼回避量表（SAD）与自动思维问卷（ATQ）评测。研究组干预后 FIS 总分和社交自信、学习能力、外貌因子分、PEI 得分与 PSSS 得分显著升高，ATQ 得分、SAD 总分和各因子的得分明显降低。团体心理辅导也对改善贫困大学生自卑感有效，但 NCT 干预效果更为显著。②

内观认知疗法还可以有效改善非合理认知。柳雷等将 100 名医学生分为单亲组（32 名）和双亲组（68 名），同时进行 NCT 干预。干预后两组的非理性信念量表总分及各因子得分较干预前均显著降低；干预后单亲组元认知总分和除认知和自我意识外的各因子得分、双亲组元认知总分和各因子得分较干预前均有显著性降低。NCT 对单亲医学生的非理性信念、元认知的影响较双亲生更为显著。③

①　曹桐，毛富强，田红军，等．内观认知疗法对 40 名大学生心身症状的影响［J］．中国心理卫生杂志，2009，23（4）：4．

②　柳雷．贫困大学生自卑感内观认知疗法干预研究［D］．天津：天津医科大学，2013．

③　柳雷，刘宏伟，毛富强，等．单亲医学生非理性信念内观认知疗法干预效果评价［J］．中国学校卫生，2013（2）：4．

第十章

压力与时间管理

本章重点介绍压力管理与时间管理。在学习本章内容之前，请思考下面的问题：

（1）你觉得学业压力很重吗？它对你的身心健康带来了何种影响？

（2）你认为目前的身心健康状况与压力、可支配的时间有何关系？

（3）如果每天能够多出一个小时的休闲时间，你是否会更为健康？

第一节　压力管理

人有压力才有动力。但是，在社会的内卷过程中，对于绝大多数职场人而言，压力已经严重伤害了健康。当然，压力既与客观环境有关，又与主观过程有关。那些性格较好、能力较强、健康禀赋较好的人，抗压能力相对较强。尽管如此，在过劳死案例逐渐增多的今天，压力对健康的慢性伤害必须得到重视。如果努力工作只是为将来与医生一起分享自己的收入，那真不如在工作中轻松着点儿，给自己多捞一笔健康财富。研究表明，大多数身心亚健康状态都与平时的工作生活压力有关。

压力是如何伤害健康的呢？这需要从应激过程开始。生命体应对压力的过程被称为应激，它包括三个阶段：警觉、抗拒和耗竭。

首先是警觉阶段。当个体面临事件产生压力感时，生理唤醒水平会很快提高，这是机体自我保护的自然机制，即产生了警觉性的唤醒。此时，体内的生理变化过程会使个体血压升高、心跳变快、肌肉紧绷，机体调动能量来应对当前情境。

然后是抗拒阶段。如果个体没有摆脱压力情境，警觉性的唤醒状态反应就会缓解，随之而来的是各种腺体的分泌，机体会以超出常规的能量来应对当前情境。更多的生理变化将会产生，长时间的压力感将使机体的生理平衡遭到破坏，机体内的能量被过度消耗，身心健康问题开始出现，开始处于亚健康状态。如果此时摆脱压力情境，那么机体会自然恢复到警觉初期水平。倘若压力再持续下去，机体则会进入耗竭阶段。

最后是耗竭阶段。在这一阶段，机体的生理变化所产生的能量几乎被消耗殆尽，随之而来的是身心倦怠甚至崩溃，导致身体疾病与心理问题，甚至生命过程不能延续。

上面的应激过程表明，为了维护身心健康，个体必须在抗拒阶段来临之前摆脱压力情境，以便让机体回复到警觉阶段以及之前的水平。

应激过程是压力导致的。那么我们平时可能面临哪些压力呢？

首先是工作或学习的压力。人类只有一个地球，它只能提供有限的生存资源，所以国家之间的竞争非常激烈。国家竞争会落实于企业之间的竞争，而企业竞争则最终落实于员工之间的竞争。绝大多数人不可能回避竞争，就如同开车上了高速公路，放慢速度则意味着出局。但是，为了获得竞争优势，又必须全面竞争：聪明、勤劳、精力与时间等。国家或企业为了进一步激发员工的努力程度，会通过市场机制保持一定的失业率，以便鞭策在职人员。所有进入劳动力市场的人，必须按照规则拼尽全力，不然就会被淘汰出局。因此，就目前而言，科技的发展会增加工作压力，因为科技的发展是基于竞争推动的。

其次是生活事件。日常生活是丰富多彩的，很多事件的到来会打破我们原来的安排，这样就产生了压力。比如，疾病、退休、孩子考学、失业、结婚、搬家、照顾年老父母等。当然，有好事儿也有坏事儿，但研究表明，它们都会带来压力感，都会导致应激。

第三是一些生活琐事。生活中的一些小事，如同转运的齿轮被不断撒入细小的沙子，会导致小的烦恼、抑郁与焦虑，积累多了形成质变，最终与较大的压力事件叠加而产生慢性应激。比如，去医院时被堵在路上、与家人吵架、丢失东西、走路摔跤、辅导孩子作业等。生活中，很多非常琐碎的事儿也会导致非常严重的事件发生（如刑事案件），足以说明齿轮中的沙子是多么值得关注。下面是压力管理的五个策略。

（1）正确认知压力

压力产生不仅与客观情境有关，还与主观心理过程有关。比如，对于同样一项工作，有些人认为是自己上升的机会，而有些人则视之为很难应对的困境。之所以有认知上的截然不同，可能与生命早期的经历或教育环境有关。当然，当事人可能也意识到自己将"机会"视为"困境"的深层思维过程。如果能够客观正确地评价压力情境，可能就不会产生特别大的压力感。

在很多时候，因为没有认真探索与思考压力情境，才导致了歪曲的认知。特别是遇到模糊不清的情境时，尤其如此。比如，如果让你在几天之内徒步走完1000里路，你肯定会在接手任务之初感受到巨大的压力；但是，如果你认真分析一下，并且尝试着走上两天，就会发现这个任务充其量就是一个较大的挑战而已，远远构不成应激。

压力感受的评估有利于压力管理。现在根据自己的感觉，在下面9点量表上选择一个数字，所圈选的数字越大，表明你的整体压力感越大。

没有一点儿压力0 1 2 3 4 5 6 7 8 9很难承受的压力

做出整体压力感评价后，可以列出自己要面对的事件，然后对每个事件进行压力感知评估。注意，事件的定义要清晰、要具体。比如，"为了获得证书，三个月内要学习完中医内科"。

事件1：没有一点儿压力0 1 2 3 4 5 6 7 8 9很难承受的压力

事件2：没有一点儿压力0 1 2 3 4 5 6 7 8 9很难承受的压力

事件3：没有一点儿压力0 1 2 3 4 5 6 7 8 9很难承受的压力

这样的练习有助于实事求是地评价压力，因为压力的模糊认知经常导致在心理上夸大压力的存在，从而导致内心的应激。而且，通过压力评估，还可以给自己一个预警，即哪些事件可能会给自己带来潜在的健康伤害，这样就可以事前预防。

（2）明确压力来源

事件来临的突然性往往会带来压力，它对身心健康的伤害甚至超越事件本身。当预知压力事件会来临时，反而不会给心理带来多大的冲击，这可能是因为心理上或实际行动上已经做了一些应对准备。那么，应该如何对压力来源进行评估呢？由于每个人所处的职业环境、理想目标与家庭条件不同，目前并没有一个适合所有人的压力来源预估量表。但通常可以从如下几个方面来预估压力状况：

学业竞争。即学校中的学业要求以及争取成绩等级所带来的压力。

人际关系。如果与同学或恋人关系紧张，将会带来很大的心理压力。

经济压力。当家庭比较贫困，父母给予自己支持较少时，将会面临很大的经济压力。

就业压力。目前，高校大学生毕业后的就业状况并不理想，这往往带来很大的压力。

考研压力。考研已经成为很多大学生进一步提升自己的路径，致使考研越来越难。

身体健康。如果自己的身体健康出了问题，将会带来很大的压力。

家庭变故。家庭变故如父母感情破裂、生病等，将会带来巨大的心理压力。

生活中每个人都会面临压力。如果明确了压力的来源，就可以更好地去应对。

（3）评价压力反应

压力事件带来应激，而长时间的应激又会给心理与身体带来一系列的变化，这种变化就是压力反应。压力反应有时是主观的，即心理反应，而有时是非常客观的，如身体上的变化。为了评估压力反应，可以填写自评量表SCL-90，也可以简单地检核下面的情况：

上部感受：头晕、头痛、耳鸣、脸颊有时发热或疼痛、眼睛疲劳、喉咙有异物感、眼花或涩；

肢体感受：颈肩背疼痛、手或足有时发凉或发热、手掌出汗、身体有些部位有痛感或麻木感；

其他：睡眠方式改变、胃口不好、有时肠胃不适、有时心悸气短、早晨起床时感觉疲乏、不耐久立或行走、呼吸有憋闷感；

精神方面：身体乏力、容易疲倦、心中不宁、有时紧张、注意力不集中、思维迟钝等。

（4）优化应激人格

通常认为，人格不能改变，但是，通过知行合一式的努力，人格的突出方面是可以逐渐优化或调整的，因为人具有学习能力。

从压力事件到应激过程，中间既有认知因素，也有人格因素在发挥调节作用。比如，面对工作任务，有些人会慢慢地认真努力完成，而有些人则会显得很急躁，尽管也在努力完成，但情绪上显得非理性的偏激。所以，优化人格的某些侧面也是管理压力的重要途径之一。通常，人们发现A型人格往往与压力引起的应激有关。

在上面提到，A型人格也是一种事业型人格，其特征是有明显的竞争性、进取心以及时间紧迫感。总是希望自己在同时进行几件事情，结果往往是追求数量而忽视了质量。A型人格者往往显出急躁、不耐烦、紧张等情绪特征，这往往伤害身心健康。实际上，研究表明，这种性格的人在职场晋升中并不占据优势，因为竞争优势不仅来源于工作的数量，更取决于工作的质量；此外，典型A型人格的人，其情绪表达往往过及并且显得不稳重，显然不适合当领导。上面提到，这种人格的人还是心脑血管疾病的"最优选手"，因此，在激烈竞争的社会中，如果自己有A型人格特征，很有必要进行调整或优化。

可以对照下面表述来简要判断自己是否有 A 型人格特征：

总觉得时间不够用，内心有时间紧迫感；

吃饭、走路、上楼梯，速度很快；

总想同时进行多项任务；

旅游、休闲总觉得浪费时间，或内心不踏实；

容易发脾气，易激动、生气、紧张；

总是将自己的时间安排得很紧凑；

经常想还有许多事情等着要完成。

客观地说，要完全改掉 A 型人格特征，还真是不容易，因为人格往往是建立在生物基础之上的，而且也由早期生命经历所塑造。但是，我们也会发现，随着年龄增长，心理的成熟，确实有些"风火"性格的人改变了许多。此外，A 型人格也并非全无是处，比如，他们时间抓得紧，有事业心，喜欢竞争，这在职业场合中也是优势。这里的关键是调整，而不是全盘推翻。

在平时工作和生活中，经常提醒自己，做事要慢一点儿，走路、吃饭、说话要慢慢来，不要急躁。遇到压力情境，不要生气、激动（此时，可参考呼吸放松技术），这样经常暗示与提醒自己，就会慢慢"削平"A 型人格特征。

改变这一人格的另一种方法就是时间管理与主动健康观念，可以参考相关章节。

（5）以事为中心，积极应对

每一个人都会面临压力。儿童、少年、青年人、成年人以及老年人，都面临着压力，这已经是常态了。大学生发愁就业，中年人发愁挣钱养家，老年人发愁没人照顾、养老金缩水。当处于压力情境中时，首先要明确，情绪是不能解决问题的，只有通过以事为中心的行动，才能让处境变得好起来。当然，很多时候即使努力，也不能完全使自己摆脱压力情境，但总归要比不行动好一点儿，甚至会好很多。自己的力量是有限的，可以寻求多方帮助，哪怕是心理支持，也会减轻自己的心理压力。

在很多时候，压力是因为竞争引起的，所以压力是共同的、是分享的。自己有很大压力，但身边的人同样有一样大的压力，自己并不孤单。这样，感觉就会好很多。

最后必须强调的是，只要身体健康，心理也健康，学习压力、经济压力以及人际压力等，都可以在时间流逝中解决。一旦健康出了问题，压力就无解了。所以，健康第一，永远不错。

第二节 时间管理

压力是身心健康不佳的重要原因。而压力很多时候是因为相对于工作量的要求，可掌控的时间较少。由于工作量常常不是自己所掌控的，那么科学合理并且高效地利用时间，就成为减少工作压力的可行途径。

每天可用于工作的实际有效时间是很少的。同时，由于时间是匀速的，不能前后调配，有时会发现有大量可支配的时间，而有时又觉得时间特别少。这样，就特别需要按照工作特征进行时间管理，以便尽可能有效地利用可工作的时间。具体策略表述如下：

（1）清楚界定工作任务。同时需要做很多事情是现代人面对的现实，这不能改变。由于事情多，所以往往会在认知里形成一个模糊的工作任务表，有些任务需要很多时间，但由于条件不具备，又不能集中大块时间来完成；有些任务细小，可以很快完成；又有些任务根本不明确，只隐约感到还需要做些什么。很多工作场合就是这样，任务好像都是由大小不等的石块构成的，它们被杂乱无章地放在一堆，将自己压得喘不过气来。这时，就必须将每个石块分离，即每个任务都清楚地列出来，在纸上将它们一一写下来，形成最近任务清单，然后再安排时间。

（2）确定任务先后顺序。把所有任务都界定清楚之后，就会发现，任务与任务是不同的，有些很重要，有些比较次要；而有些又必须尽快完成，有些可以拖延到后面再慢慢完成。也就是说，很有必要根据两个维度将这些任务进行优先排序：一是紧迫程度，二是重要程度。如果以紧迫性为纵坐标，以重要性为横坐标，那么就可以将这些任务放置于四个象限内。

这样，在第一象限中，是紧迫而又重要的任务，所以必须第一时间去高效率地完成；第二象限是紧迫不太重要的任务，可以在第二时间内去完成它们；接下来就是要去完成第四象限的任务，而第三象限的任务只需要最后完成即可。

另一种变通性方法是，使用5点量表法，将紧迫性与重要性皆用1至5的整数打分，比如，1表示根本不重要，5表示很重要。这样，对每个任务进行赋值，并且计算它们在两个维度上的平均得分。随后按照平均得分多少来进行先后排序，当然，得分高的任务一般是紧迫而又重要的，所以必须首先完成。

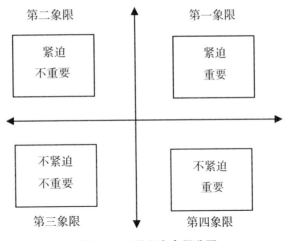

图 10.1　工作任务象限分配

这里实际上又涉及一个判断力的问题。在工作或生活中很多人实际上并不知道哪些任务很重要或者很紧迫。结果最后赶工，感觉到压力非常大，甚至压出了焦虑症或抑郁症。这时，就必须请教别人或领导了。此外，很多任务的完成需要与人合作，结果会导致"皇帝不急太监急"，自己与别人的认知和步调完全不一致，这也会导致应激。最后，如果涉及市场竞争或者紧急情境，任务评价也很难。后两种情况其实说明时间管理更有必要，但同时有效管理时间也就更难了。

（3）化整为零处理大型任务。大型任务的一个特点是工作量很大，需要很多时间，但同时难度也许没有太大的挑战性。比如，撰写调研报告、写教案与翻译书稿等。对于这样的任务，最好的策略就是将它化整为零、各个击破。可以规定在一小段时间内完成一个部分。这样，一个大任务，就分解成若干个小任务，在认知里也不会有"压力山大"了。大型任务的及早规划非常重要，否则在较少的时间内，很难突击完成那么多的小任务。

（4）集中时间处理琐碎事务。时间最怕分隔，一旦分隔，零碎时间就会在工作转换过程中被摩擦掉。但日常工作中有很多这种琐碎的事情，有些还是必须尽快处理的，不然一旦拖延到明天，不是遗忘了，就是还得重新找回文件去处理，反而浪费更多时间。除了必须尽快处理的小琐碎外，可以将那些不紧迫的琐碎事情集中放在一起，一并去处理，这样相当于集约化利用时间。比如，回电话、浏览新闻、打扫地面、理发与同事沟通等。专家建议，一般最好的策略是在每天工作劳累后找出半个小时来进行集中处理，比如下班前的半个小时。

（5）减少名义工作时间。真正有效的工作时间是实际工作时间，而人们经常谈论自己工作的时间长度实际上包括了无用的名义工作时间。比如，到达办公室之后首先清理下桌子、接收下邮件、泡好茶、在桌子上先趴上几分钟，或者先去下洗手间，等等。有些活动其实常常没有必要，或者说可以在工作劳累的休息时间内进行。记住，要想办法减少名义工作时间，将白天自己头脑清醒、手脚麻利的时间充分利用起来，尽量控制、减少那些多余的动作或行为。实际工作时间多了，工作量就会相对减少，这样自己就可以找出更多的休假时间，充分恢复自己的精力与体力。

（6）不可包揽，学会拒绝。在生活中经常有人来索要自己的时间，即让自己帮忙或者一起聊天，这时就要考虑是否拒绝对方。不要去承接那些超出自己能力与时间安排的事务。拒绝对方时要与对方讲清自己的难处，争取对方的理解。有时候，远方朋友突然来访，这时只能进行接待，但也可以给对方讲清楚现在的处境，而缩短接待时间。现在是一个忙碌的社会，如果不拒绝别人的要求，往往会给自己平添很多麻烦与压力，最后让自己的健康受到伤害。

（7）以问题为中心坚决行动。面对社会压力，每个人都无处躲避。只要真正去践行时间管理方法，做到知行合一，就会在很大程度上减少压力与应激。但需要记住，这是一个竞争的社会，当你搬走了这一座压力大山，很快会面对另一座压力大山。这就需要在工作上以问题为中心，在规划好后坚决行动，提高自己利用时间的效率。同时也要想到，事业是无止境的，不要企图追求超出自己能力与精力的高远目标，健康、幸福才是普天之下最实在、最有价值的追求。

（8）帕瑞托原则。帕瑞托是一名经济学家，他发现工作领域中充满着"重要的少数与不重要的多数"现象。总的来说，就是20%的目标具有80%的价值，而剩余80%的目标只具有20%的价值或意义。时间管理上也有这一特点。为了有效地管理时间，就应该考虑这一原则——也就是说，将宝贵的时间投入有较多价值的活动中。如果为了琐碎不重要的事情花去大量时间，时间利用效率就太低了。在实际生活或工作中，可以允许一些不重要的事情一拖再拖，甚至拖而不做。

（9）永远做正确的事情。管理上有一句名言"做正确的事永远要比把事情做正确来得重要"。如果做了不重要的事情，效率越高，精力与时间浪费越严重。要确立重要且有意义的事情，就需要认真分析所有的工作任务，按照上面的方法将它们列出来，赋予优先权或延后权。

（10）要重视内部的黄金时间。每个人的生物钟是不同的，如果按照自己内部的钟表来工作，那么工作效率就会提高。了解自己的黄金时间，无疑能够更好地利用宝贵时间，从而减少工作上的压力。将重要的并且紧迫的任务放在内部黄金时间段，而将那些不重要的事务放在自己效率不高的时间段内。

最后，就是要注意自己的睡眠习惯。每天要把自己的状态调整到最好水平，特别是睡眠习惯，要让自己在白天工作时间内精神抖擞，让每一分钟都发挥出两分钟的功效来，这样自己的工作压力就会相应减少，自己也会享有更多的休息时间。

课后练习题

1. 辨析题。请分析下面的观点，看其是否有道理，并列出支持和反对该观点的事实或理由。

(1) 压力对健康的影响也与压力的主观认知有关。

(2) 好事儿降临（如中大奖）不会给自己带来压力。

(3) 生活或学习中的小事儿不会带来压力感，更不会伤害到心理健康。

(4) 时间的高效率利用有助于减轻工作或学业压力感。

(5) 相同的学业或工作任务对不同人的身心健康的影响是相同的。

2. 建议阅读文献：

(1) 李虹，林崇德. 大学生的压力与心理健康（英）[J]. 心理学报，2003 (2)：222-230.

这篇文章介绍了大学生的压力与心理健康的关系，并提出了一些应对策略。

(2) 孙璞，殷恒婵，林小群. 运动与非运动群体大学生压力与心理健康关系的研究 [J]. 北京师范大学学报（自然科学版），2007 (01)：104-107.

这篇文章论证了运动、压力与心理健康的关系，说明运动可以增强抗压能力，从而保护心理健康。

(3) 王章豹. 学习时间运筹十法 [J]. 有色金属高教研究，1995 (1)：29-33.

这篇文献介绍时间管理的 10 种方法，值得借鉴。

3. 回答下面的问题。

(1) 请每天记录自己的有效学习时间，并分析时间是如何被浪费的，以及如何提高时间利用效率。

(2) 目前你的压力主要来自哪里？你是如何应对的？结果如何？能有更好的应对方法吗？

拓展阅读

压力之下生理发生了哪些变化?

为了生存与发展,人体就需要不断地适应内部与外部环境刺激。为了适应外部环境,人体会不断地调节内部的生理状态,比如,体温、氧气供应、水液代谢等,以便维持生命的良好状态。这种内部状态就是内稳态(homeostasis)。

为了确保内部生理平衡,人类身体会释放激素(如肾上腺素、皮质醇和去甲肾上腺素),并同时启动自主神经系统(autonomic nervous system,ANS)和中枢神经系统(central nervous system,CNS),这些系统能够使人们适应和应对日常活动(其中一些活动可能伴随压力)。这些所谓的生理介质(如肾上腺素、皮质醇和去甲肾上腺素)的释放以及免疫和代谢参数的变化称为应变稳态(allostasis)[1]。只要它们在环境挑战或压力不再存在时能够以平衡的方式打开和关闭,它们就具有保护性和适应性。然而,如果不能以平衡的方式打开和关闭,并且生理反应持续时间过长,就会对身心健康造成损害。

在 1998 年,学者麦克尤恩(McEwen)提出了应变稳态负荷(allostatic load)的概念,它是指机体由于长期或反复暴露在压力环境中,而产生的机体损耗。同时,他认为,应变稳态负荷的特点,就是那些应激介质该开没开,该关没关,总之是开关效率低下。比如,当面对很大的压力时,如果皮质醇释放太少或太多,都会失去应有的作用。他同时指出,如果机体长期暴露于压力环境之中,机体在心血管、代谢、神经、行为和细胞水平上就会出现伤痕,从而增加机体罹患疾病的风险。[2]

麦克尤恩(McEwen)在 2019 年的文章中提出了应变稳态过载(allostatic overload)的概念,其含义是:当我们面对巨大的压力时,机体释放大量应激介质,从而使生物系统面临超负荷状态,这种状态如果反复发生或者延续时间较长,就会出现机体损害的情况。[3]

---

① FISHER S E, REASON J E. Handbook of life stress, cognition and health [M]. Chichester New York: John Wiley & Sons, 1988.

② MCEWEN B S, SEEMAN T. Protective and Damaging Effects of Mediators of Stress: Elaborating and Testing the Concepts of Allostasis and Allostatic Load [J]. Annals of the New York Academy of Sciences, 1999, 896 (1): 30-47.

③ FAVA G A, MCEWEN B S, GUIDI J, et al. Clinical characterization of allostatic overload [J]. Psychoneuroendocrinology, 2019, 108: 94-101.

第十一章

主动健康行为

本章主要介绍一些常用且有效的主动健康行为，包括心理健康素养提升、健康饮食、运动管理、学会休假、健康睡眠与 412 经络锻炼法。

在学习本章之前，请思考下面的问题：

（1）目前，你主要以什么活动来维护自己的身心健康？

（2）现在部分大学生遭受着心理问题的困扰。你认为应该如何维护大学生的心理健康？

（3）你的睡眠如何？根据自己的亲身经历，你认为睡眠不良会伤害心理健康吗？

（4）你是否认为发挥主观能动性、采取主动健康行为可以预防心理疾病，为什么？

第一节 心理健康素养提升

追求健康既是一种私利行为，也是一种公利行为。健康就是在正常文化要求下，能够很好完成家庭责任与社会责任的一种身心状态。如果一个人不能继续担当、完成这些责任，那么，他就是处于一种不健康或疾病的状态之中。不主动关注健康、不积极追求健康，本质上是一种愚蠢的、自私的、怯懦的心理，是一种不道德的行为。每一个人都是自己健康的第一责任人。当然，这一健康责任能够完成到何种程度，也取决于客观的环境条件。但每一个人都必须发挥自己的主观能动性，充分利用现有的环境条件，来增进自己的健康。

作为当代大学生，在专业领域中的智慧是毫无疑问的。但很多人缺少自身健康的知识，也没有知行合一的行动习惯。因此，整体上，相当一部分读书较多的人，并没有较高的心理健康素养。下面是一份心理健康素养测量问卷，可以评价自己在这方面的知识水平如何。

自己在作答时，不要去猜测，要非常肯定后再判断对或错，这样才能真正发现自己的心理健康素养如何。

表 11.1 心理健康素养测查表

项目编号	项目表述	对	错
1	通过心理治疗，抑郁症可以彻底治愈		
2	有精神分裂症的人可能会看到一些并不真正存在的事物		
3	无法解释的身体疼痛或疲劳可能是抑郁症的先兆		
4	与正常人一样，抑郁症患者同样害怕死亡		
5	整体上看，从小从逆境走出来的人，在压力面前心理更健康		
6	有躁郁症的人，会表现出情绪的急剧变化		
7	一个人衣着邋遢、不修边幅，可能是抑郁的先兆		
8	喝酒的人心理更为健康，因为他们看得开		
9	无论何时睡觉，只要睡够了，就是健康的		
10	有坚定的信念与精神追求，就不会得心理疾病		
11	抑郁症者都是性格软弱的人		
12	真正有学问的人，是不会患上心理疾病的		
13	饮食与心理健康的关系很小		
14	一般的心理疾病即使不治疗，也可以在一段时间后好转		
15	因心理疾病而结束自己生命的人，都是学识有余、智慧不足		
16	心理疾病不会遗传		
17	心理学专家不会患上心理疾病		
18	情绪与血管变化没有关系		
19	短小就是精华，个子矮的人一般比个子高的人心理更健康		
20	心理是大脑对客观世界的反映，因此，心理变化与其他脏腑功能的变化无关		
21	一般而言，那些全力沉浸在事业中的人，是心理更为健康的人		
22	一般而言，爱好体育的人心理更为健康		
23	努力奋斗，百分百成功，是一种不合理思维		

参考答案在附录后，可以翻开自己去看。任何一道题的判断都要有十足的根据，可以自问自己做得如何。

上面的表格内容只是知识性的，也就是基本的心理健康素养。真正的主动健康行为是很难测量的，因为知识与行动之间总是有很大距离，甚至是截然相反的。当然，现代年轻人的心理学知识也普遍提高了，之所以不去践行，在很多时候实在是工作压力下客观条件的约束所致。这也就是王阳明一直强调的"知行合一"的重要意义：发挥主观能动性，去践行自己的知识，才能不断接近自我完善。

笔者发现，现代很多有知识的人，在环境的塑造下，竟然形成了"自我剥削"式或"自我虐待"式的工作行为习惯。比如，每天都要强迫自己学习到深夜 11 点甚至凌晨 1 点，才肯放过自己。并主动发起饭局，抽烟与喝酒也不节制，好像胃与肺都是别人的，与自己无关。他们很多人相信"一分努力，一分收获"，并努力不断寻找更有挑战性的环境，直到使自己陷入不能胜任的境地。在他们的意识之中，健康是放在事业之后的，至少在行动上是这样的。

努力的行为不断在试探健康弹性的底线，直到这根弦突然断裂，直接把人击倒。因此，行动起来才是身心健康的关键。

第二节　健康饮食

饮食健康与否，与身心健康有紧密的关系。因此，健康的饮食是主动健康的重要策略之一。尤其是大学生，由于生活约束较少，饮食的随意性较大，能按照科学方式进行饮食的学生比较少。用零食代替正餐、不吃早餐的现象比较普遍，也有一些学生盲目节食减肥，也有部分学生大吃大喝。大学生的课业一般较重，学习比较繁忙，如上午有四节课，晚上有时也有课。如果营养跟不上，就会在课堂上出现疲倦、注意力不集中、思维能力下降的情况。长期随意饮食，必定会损害身心健康。

要形成良好的用餐规律。为了适应身体生物规律的变化，每天的吃饭时间、餐次与两餐的间隔都要适当安排。一般而言，在学校中一日三餐的时间是这样安排的：

早餐 6：00—7：00，午餐 11：30—12：00，晚餐 17：30—18：00。一日三餐要定时并且定量，当然，身体不适则可调整。

在能量分配上，每天三餐的分配情况大致为早餐 30%，午餐 40%，晚餐 30%。

为了营养均衡，应该做到不挑食、不偏食与不忌食；吃饭时要专心进餐，尽量少交谈，细嚼慢咽。饭前便后一定要洗手，不吃过期变质的食物。

在日常生活中，可按照"一、二、三、四、五"来大致安排自己的饮食："一"指每天一包奶，这是补钙的最好方式；"二"是每天摄入 2 份高蛋白食品，1 个鸡蛋或 100g 鸡肉或 100g 豆腐或 50g 瘦肉或 100g 鱼；"三"是每天要有 300g 主食，以便提供当天身体活动所需要的能量；"四"是四句话，即"有粗有细，不甜不咸，三顿定时，七八分饱"；"五"是 500g 水果与蔬菜。

根据中国营养学会的建议，一男大学生每天应该吃谷类食物 250g～400g、蔬菜 300g～500g、水果 200g～400g、鱼虾类 50g～100g、畜禽肉 50g～75g、蛋类 25g～50g；每天应该摄入相当于鲜乳 300g 的乳类及乳制品，相当于干豆 30g～50g 的大豆及制品；每天烹调油不超过 30g、食盐不超过 6g。这些食材分配到一日三餐中可以如下安排：

【范例 1】

早餐：牛奶 250g（加 1 汤匙白糖）、发糕 100g（内有红糖 1 匙）；

午餐：包子 150g（肉末 50g、白菜 50g）、小米粥 25g、炒芹菜 200g；

加餐：橘子 200g；

晚餐：米饭 150g、鸡蛋 1 个、炒莴笋 200g（全日烹调用油 2 汤匙）。

【范例 2】

早餐：白米粥 25g、馒头 100g、煎鸡蛋 1 个、咸菜少许；

午餐：米饭 150g、肉丝 50g、炒菠菜 250g；

加餐：苹果 200g；

晚餐：烙饼 150g、熬白菜 250g、豆腐 100g（全日烹调用油 3 汤匙）。

【范例 3】

早餐：豆浆一大碗（加糖 1 汤匙）、油条 100g；

午餐：水饺 150g（猪肉 50g、韭菜 150g）；

加餐：梨 250g；

晚餐：小米粥 50g、花卷 100g、西红柿 200g、炒鸡蛋 1 个、炒胡萝卜 100g、粉丝 20g（全日烹调用油 2.5 汤匙）。

总之，组成每天饮食的主要食材应该包括如下内容：面、米和薯类；绿色或黄色蔬菜；富含蛋白的食物（肉、蛋、奶、鱼虾、豆类制品）；烹调用油；水果和瓜茄；食盐以及其他调味品；少量个人喜欢的特殊食物等。至于具体的食物品种选择，可以按照自己的习惯、经济条件和时间等灵活变通。

此外，要注意其他一些问题。每天 6g 盐，不要超过。白酒可以少喝，但每天不要超过一两。吃饭要温吃，不要太烫。现在的外卖很多是预制食品，食材的质量与卫生皆难保证，所以尽量少吃网上订购的快餐。

营养是一门科学。如果能够根据自己的身心素质制定健康的饮食计划，并严格执行，长期坚持，一定能够大大增强身心健康。

第三节　运动管理

运动即良药。运动是主动心理健康的重要内容之一。但不科学的运动不仅不会带来身心健康，反而会带来很多伤害。什么时候开始运动、开展什么样的运动以及如何不断激励自己坚持运动，这些都需要学习与不断实践。下面会对这些内容进行比较详细的讲解。

一、运动的评估与准备

先从自己体育运动的测量开始。这个测量有利于评估自己是否锻炼充分。填写之前请认真阅读说明，后面有计分与解释的说明。

根据自己的实际情况选择圈有数据的方格，以表明自己参加相关活动的水平。

从不：几乎从不参加；

每月：大约一个月一次；

每周：大约一周一次；

经常：每周二次到三次；

有氧：每周四次以上。

表 11.2　运动水平调查表　　　　　　　　　单位：分

编号	运动项目	从不	每月	每周	经常	有氧
1	游泳	0	1	2	3	4
2	散步（每天 1500 米）	0	1	2	3	4
3	长途步行	0	1	2	3	4
4	家务劳动（包括打扫卫生、买菜）	0	1	2	3	4
5	骑自行车	0	1	2	3	4

编号	运动项目	从不	每月	每周	经常	有氧
6	跳健美操	0	1	2	3	4
7	打羽毛球或乒乓球	0	1	2	3	4
8	打篮球	0	1	2	3	4
9	踢足球	0	1	2	3	4
10	打太极拳	0	1	2	3	4
11	快走	0	1	2	3	4
12	慢跑	0	1	2	3	4
13	健身运动	0	1	2	3	4
14	钓鱼	0	1	2	3	4
15	跳交际舞或广场舞蹈等	0	1	2	3	4

在回答了上面的问题之后，计算出所有分数的总和。并数下所有计分不是0的项目的数量，以这个数字除以刚才得出的总和，得到的数值就是有氧运动指标。最后，对照下表中的有氧锻炼指标指数，以及百分比，就可以发现自己锻炼是否达标。

表 11.3 锻炼达标自评表

有氧锻炼指标	1	1.25	1.5	1.75	2	2.5	3	3.5	4
	高风险			一般水平				很好	
百分比	20	30	40	50	60	70	80	90	100

如果基本达标，就能够起到身心健康维护的作用。此外，由于大学生是年轻人，正是身体发育的最后阶段，因此，原则是中等强度运动每天要1个小时以上，这是最为理想的状态。

下面介绍锻炼的准备工作。

很多人不注意锻炼的准备工作。实际上，锻炼准备与锻炼本身一样重要。每项运动都包括热身、锻炼与结束三个阶段。在正式运动之前，进行10分钟左右的热身是很有必要的。最好是做一些伸展性的动作，一来使肌肉放松，二来慢慢提高体温。当然，散步就不用了，而快步与慢跑等比较剧烈的运动是必须有热身环节的。

锻炼结束后，需要 10 分钟左右的时间来逐渐降低体温，锻炼越剧烈，时间越长，结束的时间就应该越长。轻松地走走，做些缓慢、柔和的动作等都是可以的。如果结束动作不充分，肌肉会持续充满血液，同时有毒物质会持续停留在肌肉里，引起骨肉酸痛或其他不适。

锻炼是一个生命的过程。刚开始时，可以进行轻度的、短时间的运动。当健康水平提高或者身体适应后，再逐渐增加强度和长度。最后，要将锻炼视为一项持续性的生命活动，而非一个改善身体的阶段性工具，不要强迫自己必须减少多少体重、参加多少比赛或者要自己跑得更快、变得更有力等。改善作用是不可能一直持续的，在很多时候，身体机能达到一个水平就不会再改善了，只能维持这个水平。这时，自己的目标就是要维持现有成果。

要为了健康而锻炼。科学的锻炼必须遵守一些规则或方法。首先，锻炼的首要目标是追求有氧健康，而不是身强力壮。有氧健康意思是，吸收、转换和排出氧气的能力。如果想让自己身体强壮，那么，健身运动就可以；但是，同时还需要其他运动方式来增强内脏的健康。因为健身运动是无氧运动，它对内部脏腑功能刺激作用不是很大。用中医来说，无氧运动不会最大增益于气机的运行。

其次，要达到有氧健康的改善，必须关注四个方面：锻炼的类型、频率、持续时间和运动强度。这四个方面相互作用，共同决定锻炼的健康效果。

在锻炼频次上，可以每周进行三次到四次，每次 30 分钟到 50 分钟。从健康角度来讲，这种锻炼频率是最为基本的。当然，也可以每天锻炼，但不要让自己太累。在不锻炼的日子，可以进行更为轻松的活动，这其实也是锻炼。

运动项目的选择应该适合自己的生理能力。但了解不同锻炼项目的消耗热量情况是很有益处的。下表（表 11.4）提供了这样的信息。通过这个表格，可以明白一个道理：为了健康而锻炼时不用学习马拉松选手那样进行更多的有氧运动，只需要每周坚持三四次，每小时消耗 200 大卡到 300 大卡的热量就可以了。

从表中可以看出，慢步走每小时消耗的热量为 200 大卡，而中等强度的锻炼是每小时要消耗 300 大卡的热量。可见，很多运动都可以提供足够的有氧锻炼。比如，以每小时走 5 千米的速度走 3.2 千米，就足够了。

表 11.4　70 公斤体重的男性在不同项目运动中每小时消耗的能量　单位：分

编号	行为	每小时消耗的热量
1	睡觉	65
2	躺着	77

续表

编号	行为	每小时消耗的热量
3	坐着休息	100
4	放松站立	105
5	穿脱衣服	118
6	快速打字	140
7	轻微锻炼	170
8	慢走（4.2千米每小时）	200
9	一般活动	290
10	正式锻炼	450
11	游泳	500
12	跑步（8.5千米每小时）	570
13	强度很大的锻炼	600
14	快走（8千米每小时）	650
15	爬楼梯	1100

　　在计划规律性的运动之前，最好先评估下自己的健康状况。这里介绍一种简易的方式来评价自己的身体健康状况。在自己休息与安静时，计算平均每分钟的心跳次数。用自己左手拇指轻按右手寸口，平静呼吸，看着计时器，如果每分钟脉搏跳动次数在80次以上，则说明自己的健康状况较差，需要改善；如果安静状态下脉搏跳动次数在70~80次之间，说明身体健康状态尚可，但也需要运动强化；如果自己一直有锻炼的习惯，安静状态下自己的脉搏跳动次数低于70次，那么，说明身体健康状况良好。另一种更为简单的方式，就是让自己平静下来，记录20秒内的脉搏次数，然后再乘以3，即可得出每分钟的脉搏跳动次数。

　　在决定运动之前，还要好好检查下自己的身体条件如何。有时候，身体条件不允许盲目运动，否则会导致非常严重的后果。

表11.5　决定运动之前身体状况自查表

编号	项目表述	选项	
1	在体检中发现心脏有问题	是（　　）	否（　　）
2	自己的关节特别是腿、腰关节有问题	是（　　）	否（　　）

编号	项目表述	选项	
3	经常感到乏力或头晕	是（　）	否（　）
4	自己胃部或心口部位有时疼痛	是（　）	否（　）
5	自己右臂内侧、小指内侧有时有闪电般放射性疼痛	是（　）	否（　）
6	自己血压较高	是（　）	否（　）
7	自己有糖尿病	是（　）	否（　）
8	年龄已经超过 40 岁，并且没有运动习惯	是（　）	否（　）
9	还有其他不可以剧烈运动的原因	是（　）	否（　）

认真核对上面表格中的内容。即使有一项是"是"，在进行锻炼之前，也要去做一个正规的体检，并且询问医生的建议。

在学校中有些大学生不喜欢运动，或许是学习太累，或者是课外事务太多，或者是自己的身体肥胖，或者其他原因。如果是这样，那么可以从最基本的活动开始，比如，每天散步 40 分钟，或者每天较快地走上 3000 步左右。

不提倡一开始就进入高强度运动，比如，打篮球、踢足球、快跑、长跑或爬山。这一节运动管理指的是健康、科学的运动，而不是去准备参加比赛。记住，健康锻炼不是为了争强好胜，不是为了争抢名次。每一个人的身体条件不同，运动方式、频次、时间与强度都是不同的。不合适的运动只会损害自己的健康，而不是增益于健康。

二、运动的比较与选择

有很多运动项目可供选择。到底选择哪一种，与自己的目的也有关系。为了缓解自己的抑郁心境或焦虑紧张的心情，有氧运动就是最有效的，包括快走、慢跑、户外骑车、健身操、游泳、乒乓球或羽毛球等。有氧运动可以使几乎所有大块肌肉都活动起来，并对骨骼给予连续刺激，增强五脏六腑的功能，特别是心、肺功能；此外，肌肉运动也会对血管形成压缩性刺激，从而增强血管的功能。通过运动，体内会发生很多微观层次的生物化学变化，从而增强大脑调节情绪的功能。总之，身心交互，良好的有氧运动可以大大改善心理状态。

如果是为了塑造自己的美好体型，或者增强自己的肌肉力量，那么可以在运动计划中加入举重或其他同等强度的运动项目。当然，如果自己的心脏或血压有问题，就不能这样做。如果是想通过运动来建设自己的人际关系网络，那么可以参与互动式的运动项目，如篮球、足球、乒乓球、羽毛球或远游运动等。如果是想控制体重或者减肥，那么快走、慢跑、野外骑车等，都是最好的运动项目。此外，如果只是想散散心，消除内心的烦闷，那么徒步远足也是可以的，而且，速度较快的徒步远行既可以增强腿部肌肉力量，也可以增强身体耐力。

研究表明，运动的多样性对促进身心健康的效果会更大。比如，每周两次乒乓球、篮球或瑜伽等社会性的体育运动，再加三次快走、慢跑或爬山等中等强度的有氧运动。由于不同项目在健身与健心方面的功效不同，不同的运动搭配就如同食材搭配一样，可以相互弥补不足，发挥整体健康效果。此外，一种运动常常使人厌倦，多种项目——特别是加上社会交往性质的运动——搭配则可以保持运动的新鲜感，还可以获得与人沟通交流的机会。下面介绍最常见的三种运动。

（一）最佳有氧运动——快走

中国名医胡大一认为，并非任何运动都有益于健康，也不是运动量越大、越剧烈、流汗越多，健身效果就越好。有氧运动是增益健康的最有效方式，其中，快走既安全、简便，效果又最好。此外，与慢跑相比，快走还不易导致关节与韧带的损伤①。

快步行走也被称为"速度行走"，在提升耐力的同时，不会过多产生自由基，也极少损伤肌肉、骨骼。有学者做过一项研究：将年龄在 50~60 岁之间的中老年妇女随机分为 3 组，要求她们每次快走 4800 米，每周 5 次；但组别之间的速度要求不同，第一组要求共走 60 分钟，每 20 分钟走 1600 米；第二组要求共走 45 分钟，每 15 分钟 1600 米；第三组要求共走 36 分钟，但每 12 分钟走出 1600 米。这样每组坚持 6 个月后，参与者的身体健康水平都有所提高：第一组妇女的耐力提高了 45%，第二组为 9%，第三组为 16%。研究表明，第三组（12 分钟内走 1600 米）的锻炼效果最好。三组参与者中，没有一人的韧带、肌肉或骨骼受伤。但是，在其他研究中发现，这个年龄段的女性如果参加慢跑，通常会有至少 30% 的人遭受不同程度的运动损伤。

医学专家建议，无论年龄，快走锻炼时，先轻松步行 5 分钟至 15 分钟来热身，接着以中等速度走 15 分钟至 30 分钟，最后再大步流星地走 30 分钟。这样整体上的锻炼效果会很好，又不会出现运动损伤或运动风险。

运动必须达到一定的心率范围才能产生最好的健康收益。在快走项目中，年龄不同，合适的心率范围也是不同的。一般而言，以每分钟计算脉搏跳动次

---

① 胡大一. 快走——最佳有氧代谢运动［J］. 健康世界，2013（6）：18-19.

数，那么 20 岁年轻人达到 120 次至 140 次，30 岁到 40 岁的人达到 115 次至 130 次，50 岁的人达到 100 次至 120 次，60 岁的人达到 95 次至 110 次。这样，健身效果最优，同时也不会出现危险。

大约在 10 多年前，普遍认为在运动时最好不要饮水，即使是高强度与长时间的运动亦是如此。但是，现在研究表明，运动期间适量饮水有利于健康。如果在快走中感到口渴，就应该及时补充适量的水分。原因在于，身体缺水，会导致耐力下降，同时，缺水会使血液浓度增高，不利于血液的正常循环，甚至会引起脑血管疾病。如果机体失去 5% 的水分，健康就会受到伤害，而当损失 10% 的水分时，就会有生命危险。

快走运动一般时间较长，如果期间出汗，则应该相应地补充水分，可以在快走过程中小口小口地饮用淡水或淡盐水。在快走结束之后，再饮用少量。最好不要在快走过程中大量增加身体水分，以免增加肠胃负担。

（二）最受人喜欢的运动——慢跑

慢跑被认为是一项古老而又悠久的运动项目。慢跑很容易普及，简便易行、成本低廉，在全民主动健康规划中占有非常重要的地位。慢跑的身心健康效果获得了很多研究的支持。比如，以睡眠障碍的大学生为测试，发现慢跑运动可以改善他们的认知功能。[1] 慢跑与简化太极拳皆可以显著降低大学生的抑郁水平。[2] 对临床精神病人的研究发现，慢跑可以显著改善他们的焦虑与抑郁症状。[3] 跑步作为心理治疗的有效辅助手段，在国外很早就受到了重视。[4]

与其他众多的运动项目相比，慢跑有很多优势。首先，慢跑的动作很简单，是人类与生俱来的一种自然能力。和跳跃、快走一样，每个人只要能够自己站立，就能够慢跑。简而言之，只要掌握必要的健身原则，就能够在不大的场地中进行。几乎可以随时、随地展开，健身效果还相当好。其次，慢跑是一种大众健身项目，任何年龄的人、无论性别、人数多少，都可以开展。其他项目则不同，比如，乒乓球运动，除了需要一定的设备之外，还需要至少两个人一起才行；篮球、足球等皆是如此；而艺术体操则只有女性才能参加；拳击运动多

---

① 刘旭，罗霄，崔铭芮，等. 慢跑运动对睡眠障碍大学生认知功能的影响 [J]. 世界睡眠医学杂志，2017，4（6）：397-400.

② 宋小燕，杜宾，杜昊滢. 太极拳与有氧慢跑对师范类女大学生抑郁情绪影响程度研究 [J]. 当代体育科技，2017，7（15）：107-108.

③ 岳淑英. 慢跑运动对精神病人情绪影响的研究 [J]. 中国全科医学，2000（3）：211.

④ FREDERIC L. Running as an Adjunct to Psychotherapy [J]. Social Work，1980，25（1）：20-25.

是男性，但也有很多规则，而且显得暴力，很容易受伤；武术运动年龄较小的人不容易掌握，老人也会受到限制。只有慢跑与快走，几乎没有任何限制。第三，慢跑运动锻炼全面，健身健心效果非常好，并且有其他运动项目所没有的健康价值。比如，它可以提高人的基本活动能力、环境适应能力以及免疫力；对心肺功能有很好的强化作用；能够提高身体整体素质；特别能够促进儿童与青少年的身体形态发展；特别能够改善消极心境或情绪等。

在进行慢跑运动时，需要掌握正确的方法。第一是关注呼吸。如果只使用鼻呼吸，肺通气量为80L/min，而同时使用口与鼻进行呼吸，肺通气量则可达到173L/min。并且由于呼吸频率不会过快，从而有效延迟了呼吸肌疲劳的到来。口腔呼吸还有利于散发体内产生的热量。需要注意的是，在寒冷的冬天，呼吸时不宜张口太大，因为这会增强冷空气对呼吸道与肺的不良刺激。

二是要注意跑步的姿势。在进行慢跑时，两臂要放松，两腿要保持弹性，以免关节受伤。当然也没有必要学习专业运动员的姿势，只要身体放松，以一种适合自己的速度进行就可以了。呼吸要均匀，摆臂要自然，两三步一呼一吸，有助于调节心肺功能。身体要自然略向前倾，以自己舒适为度。过于前倾，会使背部肌肉疲劳；而后仰，则会引起胸腹部位紧张。

有些慢跑姿势明显不当。比如，步幅过大，这样会导致腾空时间长、重心起伏大、落地力量大，从而振动也会大，就会伤害到关节。此外，腿外翻或后翻，俗称"八字脚"，在慢跑时也会导致膝关节受伤；最后跑步时不要左右摇摆，这样会增强体能消耗，也会容易因失去平衡而跌倒。

此外，慢跑还需要注意一些事项。在心率方面，心率每分钟不超过180次减去年龄数时较好；运动前要先热身，让身体与心理有所准备；运动后要舒展身体，充分放松全身。出汗后不要用冷水擦身，而要用温水。一般而言，跑步运动起初可以少跑一些，让身体逐渐适应，然后再慢慢加大运动量，最后加至每天跑步3000米到4000米。慢跑进行时，不要憋气，呼吸要自然舒适。由于是一般的健身运动，所以跑步时不宜太快，不宜冲刺，距离不要太长，在整个过程中可以慢跑与快跑交替进行，以便对心脏有更好的刺激。

（三）传统运动——太极拳

2020年12月17日太极拳成功申请为世界级非物质文化遗产，其独特的医学价值、健身价值、文化价值与教育价值受到了全世界的瞩目，并在国内国外掀起了太极拳热。太极拳不仅是中国传统武术中最具代表性的拳种之一，更融汇了中国的哲学、医学、兵法、美学等，从特定角度来看集中体现了中华民族的性格与智慧。在技术层面，太极拳着眼于手、眼、身、法、步等一系列动作技术元素的协调与配合，从而达到对身体的自由运用和整体素质的提高。在文化层面，太极拳汲取了儒、释、道、中医等传统文化的核心精髓，为其基本拳理充实了丰富的生命科学基础与社会人文背景，充分展现了中国文化的基本精神文明。

太极拳具有"强体防病"的科学性。自太极拳运动出现以来，健体养生功能一直伴随其左右，它的医学价值也时常被人们探讨。陈王庭赞誉陈氏太极拳"祥推用意终何在，延年益寿不老春"，"夫太极拳者，乃道家练气固精之妙术，修身养性之秘诀，日常习之，非惟可以健强筋骨，实有祛病延年之功"。其核心指向于生命能量的摄取、积蓄、养护、配置、调控以及有效运用等一系列问题上面，涉及整个生命活动与所有相关环境条件相互作用的自我管理和动态调适。同时，太极拳注重整体而非某一单方面的作用。世界卫生组织（WHO）对人的健康定义为"一种身体上、精神上和社会上的完满状态，而不只是没有疾病和虚弱现象"。这种定义说明，在强身健体的整体效用方面，太极拳明显区别于其他体育项目。另一方面，太极拳注重的不是病后的康复与治疗，而是病前的预防和保健，并全面涉及自然、社会和人三大层面之间的协调互动，阮纪正先生将其称为"大养生"。曾几何时，随着现代西方医疗仪器的发展，人们普遍相信现代科学仪器下的数据显示，对太极拳的价值产生了怀疑。但是，近几年西方研究者对太极拳的实验分析充分显示了其独特的应用价值。全世界练习太极拳的人口数量不断增加，太极拳申请世界非物质文化遗产的成功，从侧面证明了其科学的医用价值。

目前，国外很多研究关注太极拳的健身与健心效果。研究表明，太极拳可以提高老年人的记忆能力、注意能力以及执行功能。[1] 根据 2013 年的一项回顾性研究，发现太极拳可以较好地辅助治疗抑郁症，研究建议将太极拳作为抑郁症治疗的优先替代疗法。[2] 太极拳运动是一种身心锻炼，可以整体改善身心健康。练习太极拳可以使大脑在代谢产物和肌肉能量学上发生显著的积极变化。[3]

初学简易式太极拳，要做到姿势端正、下肢稳定、动作舒松和动作均匀。

---

① 梁东梅，唐文清，骆聪，等．太极拳锻炼促进老年人认知功能的研究综述［J］．体育学刊，2014，21（4）：5.

② SHARMA M, HAIDER T. Tai Chi as an Alternative or Complementary Therapy for Patients With Depression：A Systematic Review［J］. Journal of Evidence-Based Complementary & Alternative Medicine, 2013, 18（1）：68-74.

③ MIN Z, LIAO H, SREEPADA L P, et al. Tai Chi Improves Brain Metabolism and Muscle Energetics in Older Adults［J］. Journal of Neuroimaging, 2018, 28（4）：359-364.

当动作基本掌握后，就要做到动作连贯、圆活、协调。练习了一段时间之后，要着重将劲力、意念、呼吸和动作自然结合起来进行练习，做到动作轻灵沉着，周身完整统一。最后要达到：呼吸和动作相协调、虚实分明、意识引导动作、连绵不断和劲力完整。

实际上，平时可以随时练习其中几个动作，只要放松，动作标准，做到以意引动，就可以起到健身调心的效果。可以在办公室、课室、操场等地点，静心做上几个动作，以小积大，以少累多，效果慢慢就表现了出来。最忌急躁，想马上取得健康效果，这几乎是不可能的。从主动健康视角来看，太极拳确实是一种值得选择的运动。

三、用行为管理促进锻炼

这一部分将谈论自我行为管理的一些方法。这些方法照样可以用来改变其他行为，比如吸烟或垃圾食品，以及性格上的不及或过及。

1. 清晰可行的目标。目标要清晰，应该清楚知道自己要达到的具体目标，如想在 3 个月内减去体重 5 千克，或者每周要锻炼 3 次，每次 40 分钟。目标一定要用具体数字来表达，并且可以测量。

其次，目标要具有挑战性，但也要可行。一个月减肥 10 千克一般来说是不可行的，除非伤害自己的身体，而一个月减肥 3 千克，就显得既有挑战性，又可实际达到。我们不是运动达人，要给自己设置一个中等努力就能达到的目标。

2. 用小的成功不断强化自信。心理学研究表明，自信在行动中非常重要。真正的自信必须是努力挣来的。在运动中设置中等或者小步快走式的目标，每实现一个小目标就是对自己的激励，这样自信心就会增强，运动就会坚持下去。

3. 将长期目标切割为短期目标。在明确自己的长期目标之后，就可以将它分割为无缝的短期目标，以待短期目标完成后一步一步靠近长期目标。比如，计划先坚持锻炼三个月尝试下效果，那么，小目标可以定为每周运动。每周只运动 4 次是比较容易坚持的。小胜累积成大胜，小目标不断实现也会成为大目标。

4. 给自己提供清晰的反馈信息。反馈非常重要，它告诉你现在进展如何。如果没有反馈，大多数人很难坚持下来。因为你不知道锻炼效果如何。实际上，只有经过长期锻炼才可能有效果，这也是为什么很多人难以坚持的原因。如果是减轻体重，可以每周检测，并用表格记录下来，这样的反馈很清晰，对行为的激励作用也很强。但如果是为了提高身心健康水平，那么，清晰反馈则难以获得，但依然可以记录血压变化、精力感觉、情绪变化等表现来激励自己。一般而言，锻炼之后会心情舒畅，这就是反馈，就是强化。最好把积极的锻炼结果记录下来，经常阅读，以提高行为的坚持性。

5. 要奖励自己。自我奖励是非常重要的。根据行为主义，行为会受到结果强化。奖品一定要是自己喜欢的，它可以强化锻炼行为。当完成一个小目标后，可以奖励自己一双新的运动鞋或看 2 个小时喜欢的电影。当然，当没有完成目标时，还可以惩罚自己，如将自己的零用钱交给家人保管等。奖励就是强化，人类的很多行为都是在强化过程中增强的，这一点非常重要。

6. 分析环境，排除阻碍因素。人的行为深受环境左右。如果认真记录自己的饮食行为，可能会发现当有朋友在场时，自己会吃得较少。如果想控制自己吃零食，那么在家中就不要有零食。

分析环境，找出哪些因素会增强自己出去锻炼的愿意，哪些因素会减少自己出去锻炼的想法。然后，在家中将增强锻炼意愿的事物放在容易触及的地方，而将减少出去锻炼意愿的事物放到自己看不到的地方。比如，通过日记记录发现，每当下午 5 点快出去锻炼时，就会发现自己很喜欢的电视节目开始了。显然，电视成为阻碍因素。这样，就可以将电视锁起来，然后将钥匙放在自己的办公室。如果发现将运动鞋放在门口更能增强出去锻炼的意愿，那就多买几双放在门口。

7. 将边角时间充分利用起来。生活或工作中总有一些边角时间，或者是纯粹用来浪费的时间，把这些时间充分利用起来进行锻炼。比如，可以做一些柔软性的体操，或者从椅子上站起来到外面散步，抑或做一些弯腰与伸展的动作。记住，对现代人来说，非休息时间的躺或坐——特别是久坐——是最伤害身体的。当然，生活应该有让自己彻底休息的时间，所以没有必要为浪费边角时间而自责。

第四节　学会休假

休假是指放下所有的工作与责任，让自己充分休息以恢复、调整身心功能。工作时间过长导致的慢性压力已经成为现代人身心健康的隐形杀手。比如，研究表明，工作时间过长可以导致抑郁症与焦虑症[1]，也会增加心脑血管疾病、糖尿病与肥胖病的风险。在社会竞争中，很多人已经习惯了长时间工作，实际上已经形成了自我剥削甚至是自我虐待的心态而不自知。很多人带着身心疲倦上

---

[1]　付贵. 挪威研究：工作时间过长易致焦虑和抑郁［J］. 健身科学，2009（7）：1.

床，即使勉强睡了8个小时，醒来时也还是觉得紧张、压抑与劳累，这可能与缺少休假有关。因此，舍得安排自己休假是非常重要的健康投资。否则，压力不断积累，最终会伤害身心健康。

本书强烈建议这样来安排自己的休假时间：

每天让自己充分休息1个小时；

每周至少让自己完全休息1天；

每12周到15周强行让自己完全休息1周。

在私营企业中工作的人，或者临时打工者，很少有公休假期。明智的做法是，即使不要工资，少赚些收入，也要给自己放假。在休假时间内，尽量不要从事与工作相关的任何事情，甚至不接与工作相关的电话，完全让自己放松，身心放松。

研究发现有三种休假方式对健康非常有益：消遣时间、休息时间与关系时间。要让自己有足够的非工作时间，来进行上述三种活动。一般而言，关系时间与消遣时间可以同时进行，而休息时间则不同，只能用来完全放松，充分休息，任何事情都要放在一边。

（1）消遣时间。消遣就是做自己喜欢的事情，从事爱好的活动。在活动中让自己放松，以恢复身心上的良好状态。消遣活动可以是多种多样的，包括听音乐、逛街、欣赏电影、运动甚至是做家务，只要自己喜欢。消遣活动可以在工作周内进行，也可以在周末进行，完全取决于自己的安排。可以自己一个人消遣，也可以与家人朋友一起消遣，当然，这也同时就是关系时间了。

（2）休息时间。它意味着要放下所有事情，不仅是工作，家务也要放下，什么事情也不做，给自己彻底休息放松的机会。在休息期间，可以练习冥想，可以听自己喜欢的音乐，可以洗个澡，然后好好睡个午觉。真的什么都不要去做，不要去管，所要做的，就是让一切保持现状。现代社会给人太多压力，人们总是想在海绵里挤出时间去追求成功，却不知这种工作狂会使自己过早衰老，失去身心健康。而彻底休息是一种反现实的安排，是一种奢侈。

（3）交际时间。顾名思义，就是与别人建立交际关系的闲暇时间。每个人都需要一定的社会支持，即在心理上获得他人的理解、尊重与帮助，同时也给予他人理解、尊重与支持。人际关系是三个同心圆，最里面的是亲人、家人，中间的是最好的朋友，最外层是一般朋友或陌生人。关系时间主要用来与自己的亲人或最好的朋友建立巩固情感关系。当然，由于时间的有限性，在关系时间内，要妥善安排自己与妻子、孩子、父母等亲人的相处时间，以建立平衡的、合适的人际关系网络。

生活与事业放慢节奏，安排时间来满足自己多方面的心理需要，包括亲情、尊重、心理安全以及理解与支持，这对于自己的身心健康非常有益。如果不去花费时间来建设这些重要的人际关系，不仅自己的正常心理需要得不到满足，也相当于剥夺了亲人与朋友在这方面满足的机会，间接给亲人与朋友带来了痛苦与不满。

每个人的时间都是一天 24 个小时，要从自己的生命历程中寻找休假时间，首先必须改变"只有成功才活得有价值"的歪曲信念。成功的定义是非常多元的，如果将成功定义为只有通过减少休息、忽略亲情甚至失去健康才能达到的目标，那么这必定是一种不合理信念。即使成功了，也毫无人生意义。在很多时候，这样的奋斗方式，就如同在跑步机上跑步，看似一直在努力奔跑，实则在幸福感方面一直在原地踏步。

不要把自己变成工作狂，甚至自我压榨、自我剥削。工作狂是一种病态式的工作方式，它毁坏了生活的美好。将所有的时间与精力投注到工作中去，忽略了亲人的感受、无视朋友的感情，不仅给别人带来了痛苦，也会伤害自己的健康。

当然，生存压力对于大多数人来说都比较大。为了在职业竞争中获得优势，延长工作时间常常是无奈之举，因为并不是一个人变成了工作狂，很多人都这样。这时，一个辅助性的办法就是提高工作效率，充分利用实际工作时间，同时也不要树立太具有野心的职业目标。工作与生活的平衡才是现代人追求的理想状态。

第五节　健康睡眠

失眠或者其他睡眠障碍所导致的身心健康伤害要比人们想象的严重得多。比如，睡眠不好不仅晚上痛苦，而且白天精力不足，工作效率也较低，并且会导致工作疲劳，下班后不得不放弃部分社会交往，从而降低了生活质量。睡眠不足对身心健康的危害具有累积效应。很多人并不明白自己欠下的睡眠债，直到身体健康亮出红灯才发现这一点。睡眠不足可以显著降低人的免疫能力，比如，经常失眠的人比较容易感冒，精神恢复能力下降，抵御其他病邪的能力不足，等等。

那么，到底睡眠多少小时才是健康的？这个并没有统一标准。一般而言，成年人每天需要至少 8 个小时左右。实际上人与人之间的差距非常大，有些人平时睡 4 至 5 个小时就可以了，而有些人需要睡眠 9 至 10 个小时。一般而言睡眠少于 6 个小时即为正常者，称为"短时睡眠者"，而多于 9 个小时以上者，为"长时睡眠者"。通常，只要睡眠的质与量能够确保白天的工作效率与灵敏度，就是健康的睡眠。

可以使用下面"失眠严重程度指数量表"来评估自己的失眠程度。

请根据自己最近两周的实际情况，作答下面问项：

表 11.6 失眠严重程度指数量表   单位：分

得分	0	1	2	3	4
1. 你入睡困难的情况是	从不	偶尔	有时	经常	总是
2. 在睡眠中易惊醒的情况是	从不	偶尔	有时	经常	总是
3. 你早醒的情况是	从不	偶尔	有时	经常	总是
4. 你对当前的睡眠	很满意	满意	一般	不满意	很不满意
5. 当前的睡眠对你的工作	没有干扰	有轻微干扰	有些干扰	有较多干扰	有很多干扰
6. 失眠对你的生活质量	没有影响	有轻微影响	有些影响	有较大影响	有很大影响
7. 你对当前的睡眠	从不担心	偶尔担心	有时担心	经常担心	总是担心

如果得分在 14 分以上，说明你的失眠程度已经比较严重，需要自己调适或去咨询医生。

通常，失眠有三种模式：躺在床上很难入睡；可以入睡，但睡眠较浅，中间醒来多次，然后又迷糊睡过去；入睡较晚，但醒来很早。无论哪一种模式，实质上都属于失眠。

失眠的原因很多，身体疾病、环境不适（如卧室外噪音很多）以及生活习惯（如睡前喝酒或抽烟）都可能导致失眠，但这里主要涉及常见的心理原因。抑郁症与焦虑症是两个非常多见的心理原因，当然，如果睡眠很好也不可能罹患抑郁症与焦虑症。从中医理论来看，失眠的根本原因是"阳不入阴"，即推动活跃的功能（阳）不能被主管静止的功能（阴）所限制。也可以这样理解，由于生理病理过程、情绪活动以及环境因素，阴阳失去平衡从而不能按照正常的生理节律入眠。

在没有生理疾病的情况下，很多人实际上并不明白自己失眠的原因。为了认真分析失眠的心理原因，记录睡眠日记是一个很好的方法。除此之外，最好再记录前一天的活动以及情绪状况或内心感受。这些日记可以帮助自己掌握失眠情况以及可能的原因，也有利于找到改善睡眠的方法。

表 11.7　睡眠早晨日记

早起后填写，有关时间不必精确，估计即可	周一	周二	周三	周四	周五	周六	周日
昨天午睡了吗？如果是，大约睡了多长时间							
服用了促进睡眠的药物吗？如果是，记录下服用时间与用量							
昨晚你何时关灯准备睡觉的							
昨晚用了多长时间才入睡的							
昨晚入睡后醒了多少次							
昨晚入睡醒来后，醒了多长时间							
昨晚最后一次中途醒来在什么时候							
昨晚睡着的时间共有多长							
和上个月平均睡眠相比，你昨天睡的如何？从下面 5 个选项中选择一个							
总体而言，你今天精神状态如何？从下面 5 个选项中选择一个							
和上个月平均水平相比，昨天睡得怎么样：1. 差很多；2. 有点差；3. 差不多；4. 稍好一点；5. 好很多							
总体恢复情况怎么样：1. 一点儿没恢复；2. 稍微恢复了一点；3. 恢复尚可；4. 恢复较好；5. 完全恢复了，很好							

下面是记录白天活动的表格。

表 11.8 白天活动日记

日期	事件描述	情绪以及强度（用 1 至 5 整数表示，数字越大，情绪越强烈）	内心认知或想法	身体感受
周一				
周二				
周三				
周四				
周五				
周六				
周日				

要想改变自己的睡眠，就要坚持记录睡眠情况以及白天的活动情况。至少要记录 1 个月，记录后，最好每天简要分析昨天白天活动对昨晚睡眠的影响。然后是每周分析，最后是每个月来一次总结。这样，就极有可能发现影响自己睡眠的心理与行为因素。

通过日记的分析与引导，排除影响睡眠因素后，很多人的睡眠会获得改善，甚至完全恢复正常。但是，依然有很多人即使没有明显的抑郁与焦虑症状，也难以进入高质量的睡眠。此时，首先要戒掉不良的行为习惯：

1. 刺激性的饮品。咖啡、酒类、浓茶等。

2. 刺激性的活动。包括蹦迪、唱歌、跳舞、打麻将或打扑克、观看情节激动的影视节目等。

3. 睡前摆弄手机。现在手机已经成为人们的外部器官，但上床后回复信息、刷视频等严重影响睡眠。记住，上床前要将手机关为静音，并放置于手臂触及之外的地方。

其次，练习按摩放松法。这一方法是通过中医穴位的自我按摩与冥想或放松，而逐渐调节身心平衡，从而改善睡眠。

（1）用温水泡脚。浸泡的高度尽量接近膝部，以便使小腿部的所有穴位受到温水的刺激。在水温控制上，如果是夏天，使用温水即可，感觉到温暖而又不至于出汗的程度。如果在较冷的冬天，可以使用较热的水，以形成较强刺激。泡脚时间大约 20 分钟即可，至少要 15 分钟以上。一般不要超过 30 分钟。

（2）上部穴位按摩。在泡脚的过程中，便可以进行上部穴位按摩了。首先按摩百会穴，用拇指之外的四指第一节指腹轻轻按住穴位，向左按揉15圈，然后向右按揉15圈。其次按摩太阳穴，用食指与中指第一节指腹，轻按穴位，按揉方法如上。再次按合谷穴，用左手拇指尖掐住穴位，其余四指紧并，托住右手手掌，按揉方法如上。结束后用右手按摩左边合谷穴。最后按内关穴，先用左手拇指掐住穴位，其余四指绕向右小臂背后托住，以配合拇指掐住内关穴，按摩方法如上。结束后再用右手按揉左边内关穴位。

（3）下肢穴位按摩。泡脚结束后，擦干。首先按摩阳陵泉，用两手中指指尖各掐住左右两穴，按揉方法如上。其次按摩太溪穴，左手与右手各掐住一个，按揉方法如上。最后，用两手四指或拇指摩擦涌泉穴或整个脚掌，可以从脚跟向脚趾方向进行，按擦大约50次。

（4）放松调息练习。参照腹式呼吸法。练习15分钟至20分钟。

结束后，喝两大口温开水，以便排毒。然后上床休息，准备入睡。因为入睡是一个自然过程，记住不要强迫自己，让它自然到来。闭上眼睛，即使辗转反侧，也可以起到一定的休息效果。

注意，穴位按摩时用力不要太重，也不要太轻，以中度并且感觉舒适为度。阳陵泉与太溪穴宜用力大一点，不然刺激太轻。本方法的穴位按摩可以调节身体的阴阳平衡，不仅对失眠，对其他亚健康状态也有很好的调整作用。

以上整个程序进行完毕需要花费约1个小时，至少隔天进行一次。

需要指明的一点是，要使睡眠模式从失眠走向健康入眠，需要一个较长的过程。在这一过程中，每天坚持记录睡眠日记与白天活动日记是必要的，因为这样可以监控自己的情绪与行为以及按摩放松法的效果。

另外有一种布钦疗法也可以尝试。据说，这是一种比较有效的治疗失眠的方法，具体方法是：

（1）明白床只是用来睡觉的，在床上不能看书、玩手机、思考白天的事情。

（2）只有当困乏的时候，才能上床睡觉。

（3）如果难以入睡，就起来到客厅的黑暗里坐着，或者做些简单的轻劳动让自己疲乏。这样做的目的主要是让自己更为劳累。

（4）重复步骤3，如果有必要就多次重复步骤3。

（5）无论晚上睡眠如何白天都准时起床，以便形成良好的睡眠习惯。

（6）如果不是很困乏，尽量白天不要睡觉。

第六节 412 经络锻炼法

身心健康是人生的终身成就。只有身心健康才能更好地实现自我、享受人生，同时为社会、家庭做出最大的贡献。高校大学生尽管年龄较轻，但学习压力大，静坐时间长，这本身对健康就非常不利。从高中生到大学生，再到将来的硕士生，这种生活方式可能延续 10 年以上。如果到毕业参加工作后仍然延续这样高压静坐少动的生活方式，即使没有明显的身心异常，也基本上处于亚健康状态了。

现在的人类疾病谱已经与过去大大不同。对现代人而言，非传染性的慢性疾病成为主要的致死原因，包括糖尿病、心脑血管疾病、高血压、肥胖等。大学生正处于身体发育的重要时期，也是预防这些疾病的关键时期。据调查表明，约有 40% 的大学生有前期高血压。[①] 因此，寻找一种简单有效的锻炼方法来预防疾病，并促进大学生身心健康就显得非常必要。

考虑大学生的学习生活特点，以及抑郁和焦虑等心理问题较多的情况，在此推荐一种身心双调的锻炼方法，即 412 经络锻炼法。这一方法对身体的整体功能有很好的调节作用，对上述所列疾病皆有良好的辅助治疗效果，同时又能调节心神，缓解压力之下的紧张情绪。412 经络锻炼法不需要特别大的场地，在办公室、课室或走廊里即可进行；而且整套练习可以拆开进行，适合工作繁忙的现代人。在 412 经络锻炼法中，"4"代表 4 个穴位，"1"代表腹式呼吸，"2"代表两腿走路和下蹲运动。

下面是详细操练介绍。

（1）合谷穴。此穴在第二掌骨贴近大拇指的终点。所谓第二掌骨就是指食指下面连接手腕的这根骨头。合谷穴功能颇多，可镇静止痛、通经活经、清热解表等。按揉时，左手掌心面向右手手心，其余四指紧并，并托住右手手掌，以左手拇指掐住右手合谷穴。拇指掐住穴位时，由上向下用力，但也不要过度使力。可以先顺时针揉一圈，然后拇指放松，旋即再由上向下按下，再逆时针揉一圈。反复操作，可按揉两至三分钟，再换手操作，按揉左手合谷穴。

（2）内关穴。腕横纹上 2 寸，掌长肌腱与桡侧腕屈肌腱之间。或者使用简

---

① 张秋梅，闾驰. 大学新生高血压前期与静息心率的相关性［J］. 中国学校卫生，2018，39（9）：1381-1383.

易取穴法，左手无名指、中指与食指并拢，然后放置于右手腕上，使左手无名指侧紧靠右手近端掌横纹，此时左手食指正下方与右手臂中线交叉点即内关穴。按揉时，用左手拇指尖掐住右边内关穴，其余四指绕后托住右手臂。拇指掐住穴位时，由上向下用力，但也不要过度使力。可以先顺时针揉一圈，然后拇指放松，旋即再由上向下按下，再逆时针揉一圈。反复操作，可按揉两至三分钟，再换手操作，按揉左手内关穴。

（3）耳后穴位区。耳郭后面区域是足少阳胆经经过之处。由于肝胆相表里，而血压升高与肝气活动有关，因此，按摩此区域有利于调节血压。将耳郭向后压，贴住后面的硬骨，此时耳郭所覆盖区域即耳后穴位区。按摩时摘除眼镜，拇指以外的四指并拢，用并拢的四指端绕到耳郭后按压在硬骨上，先顺时针按揉5圈，再逆时针按揉5圈。反复操作，进行2分钟至3分钟。

（4）足三里。足三里的准确位置在外膝眼下三寸处（拇指以外的四指并拢，即三寸），在胫骨前嵴外侧一个横指处，按压足三里有酸胀感觉。足三里是人体非常重要的穴位，具有滋补、强身作用，可以增强人体免疫力。按揉时，用右手拇指掐住右腿上的足三里穴，其余四指并拢握住小腿肚子。其余动作同上。按揉右边足三里穴位之后，再按揉左边。

腹式呼吸可参见第九章。在进行腹式呼吸时，要注意全身放松，意守丹田。练习时可仰卧、可端坐、可如太极桩。

这里想再强调下，腹式呼吸的功效远远超越了西方学者所说的身体放松。实际上，由意识控制下的、慢而深的腹式呼吸首先激活了体表的9条经络（双侧的肾、胃、脾和肝经以及任脉），其次是腹部的运动激活了五脏六腑的经络和气血运行，可以说腹式呼吸本身也是一种经络上的有效刺激。最后，腹式呼吸时由于小腹上下运动，可以直接按摩肾脏、大小肠等脏腑。因此，每天练习10分钟左右的腹式呼吸，对身心健康有非常大的益处。

最后是下蹲运动。在进行下蹲运动时，要全身放松，双脚放开与肩同宽，自然站立。双臂伸直，平举到胸前，并开始下蹲到最低体位，然后双腿用力，直立站起。如果体质较差，可以借助身边能够支撑的东西，比如说床、桌子、院子里的柱子、树木等都可以。如果这样还做不到，或者膝盖受伤，可以半蹲。下蹲时间与强度要根据自身情况而定，一般每日1次，每次5分钟至10分钟即可。运动量要维持在每次活动之后稍有气喘，脉搏跳动在120次以内，全身感到舒适为度。

在这里做一个提醒。412锻炼法的穴位按揉、下蹲以及腹式呼吸三者之间并没有明显的顺序，也可以分散进行，没有必要一下子做完。但在饭前饭后半个小时之内不要进行。当情绪很激动或者身体严重不适时，也不要进行。孕妇在怀孕期间不要按揉合谷穴，以免伤害胎气。

课后练习题

1. 辨析题。请分析下面的观点，看其是否有道理，并列出支持和反对该观点的事实或理由。

（1）心理学专家不会患上心理疾病。

（2）如果知行分离，再多的心理学知识也不能起到维护心理健康的作用。

（3）糖尿病、高血压、冠心病皆属于心身疾病，即心理社会因素会对疾病的发生发展有重要影响。

（4）大学生年龄轻，正是努力奋斗的年纪，现在就开始保养身心健康，为时尚早。

（5）疾病重在预防，心理疾病也是如此。

2. 建议阅读文献：

（1）明志君，陈祉妍. 心理健康素养：概念、评估、干预与作用［J］. 心理科学进展，2020，28（1）：1-12.

这篇文章介绍了心理健康素养的概念、测量与应用，可加深对心理健康素养概念的理解。

（2）沈鹤军，景涛，王正伦. 5 种传统保健体育项目对中老年人多维心理及免疫功能影响的对比研究［J］. 中国中医药信息杂志，2013，20（2）：5.

这篇文章介绍了慢跑、太极拳、八段锦等对老年人心理健康的益处，值得一读。

（3）王丹，高煜，郑晓萌，等. 中学生健康危险行为与心理健康状况的关系［J］. 中国学校卫生，2021，42（5）：693-696.

这篇文献介绍了睡眠、吸烟等生活行为对心理健康的影响，进一步说明健康生活方式是心理健康的前提。

3. 回答下面的问题。

（1）《健康中国 2030 规划纲要》提出要塑造自主自律的健康行为。你认为自主自律的健康行为应该包括哪些内容？为什么？

（2）请评估自己的锻炼行为、睡眠行为以及休假情况对身心健康的潜在影响。

4. 饮食健康行为诊断。

这里提供一个饮食健康行为的粗略诊断量表。分值越高，表明自己的饮食行为越健康。如果分值在 45 分至 50 分之间，说明饮食行为不太健康，需要调整；如果分值低于 45 分，说明自己的饮食已经处于高风险区域，需要尽快调整。

每天：一天一次或更多；

经常：未达一天一次但每周都有；

偶尔：一个月几次，但未达一周一次（一个月 2、3 次）；

几乎不：一个月不超过一次。

表 11.9　饮食行为自查表　　　　　　　　单位：分

编号	饮食行为描述	几乎不	偶尔	经常	每天
1	吃水果、蔬菜、坚果	1	2	3	4
2	喝牛奶	1	2	3	4
3	膳食荤素搭配	1	2	3	4
4	每天喝一瓶或更多软饮料	4	3	2	1
5	吃糖果、糖或糕点	4	3	2	1
6	吃得过饱	4	3	2	1
7	两餐之间吃零食（除了补充一些水果之外）	4	3	2	1
8	边看书、电脑或玩手机边吃东西	4	3	2	1
9	忽略早餐	4	3	2	1
10	忽略午餐	4	3	2	1
11	忽略晚餐	4	3	2	1
12	体重正常，还在节食减肥	4	3	2	1
13	服用减肥药	4	3	2	1
14	喝酒（超过一两以上）	4	3	2	1
15	吃夜宵	4	3	2	1

第十二章

常见轻度心理异常的自我调适

本章介绍焦虑症、抑郁症与强迫症以及其他性格偏常的自我调适。在学习本章内容之前，请思考下面的问题：

（1）根据自己的抑郁、焦虑或强迫经历，谈谈自己以往是如何应对的。

（2）很多大学生有不同程度的抑郁、焦虑或强迫倾向，请分析这些心理异常的产生原因。

（3）你认为在当今充满压力的社会中，应该如何有效预防抑郁、焦虑和强迫症？

（4）根据前面章节的自我评估，你发现自己有哪些较为明显的性格偏常？

第一节　焦虑症的自我调适

焦虑是常见的日常生活情绪，每个人都体验过或长或短的焦虑情绪。焦虑情绪是神经症的主要症状，比如，在焦虑症、强迫症与恐怖症中，常常伴有焦虑、紧张与不安。一般的日常焦虑情绪多是偶发的，程度轻、时间短，不属于心理疾病。

焦虑症是一种最常见的神经症，并多以慢性的、无明显指向的焦虑发作为表现，或者说是一种广泛性的焦虑障碍。患者一般有不幸的早期生命经历，并且经历了近期的诱发情境。如果在 6 个月或更长的时间内经常出现下列大部分症状，则可能是焦虑症，应该引起足够重视：

心悸、出汗（如手心、头部、躯干）、口干、有时头晕、呼吸短浅且快，小便次数增多；

容易疲劳、精力不足、身体无力感明显；

入睡困难，并且睡眠不深，容易惊醒；

总是感到心里紧张、担忧，但又无明显的事由；

内心的紧张、不安与担心不能自己，难以控制；

坐立不安，心中忐忑，不能使自己放松下来；

注意力不能集中，熟悉的平常事情也很难静心完成。

看看自己是否有上述症状，同时加上第六章中的焦虑自我评估，就可以基本上确定自己是否有焦虑症。在此需要注意，有些人在罹患焦虑症之后主要以躯体感觉为主，如感觉呼吸憋闷或短浅、脸上有时一阵发热、躯体很容易疲倦等，但通过现代医学检测也查不到躯体有病，这更加重了心理的苦恼。

应对焦虑症时，首先要以心理基本理论的理解、自己早期健康禀赋的了解为基础。尽管当前可能有明显的诱发事件或环境，但始终要坚持全面的视野。

一旦觉得自己有焦虑症的可能，就要及时就医。除了专业的治疗之外，自己也应该积极主动地采取一些应对手段，以更有效地缓解焦虑情绪。音乐、体育锻炼都是较好的自治方式，这里主要介绍放松训练与不合理认知的策略。

应对策略一：放松训练

焦虑发作时，经常会有明显的躯体症状，比如手发抖、胃部紧张、躯体部分僵硬等，而放松训练有助于缓解这些躯体感觉。躯体在放松之后，也非常有利于缓解情绪体验，如紧张与恐惧。根据中医理论，人的身体与心理是一个整体，身体调整也会明显改善心理功能。本书的前面章节介绍了规范的放松训练程序，自己可以依葫芦画瓢，找一个安静的环境尝试对自己实施全身放松。

在放松训练完成后，自己可以进行全身感觉扫描，体验是否身体的每一部分都得到了明显的放松，如果发现还有感觉紧张的部位，就重新开始，将精力集中在没有得到缓解的部位，将其彻底放松。

全身放松之后要认真体验放松之后的感觉，包括呼吸、心跳、身体舒服程度、内心平静与否等，要从自己的努力中寻找更多积极的反馈以鼓励自己，增强自己的自信心。放松训练也可以采取气功或冥想的方式，或者简单的静坐，只关注自己的呼吸，想象自己在扫描全身每个脏腑，躯体上的每一个部分，让它们全部放松，然后将意念若离若聚地放在鼻尖之下的呼吸之上，结束后慢慢站起来。

应对策略二：去除灾难性思维

灾难性思维经常导致不可控制的高水平焦虑，甚至是慢性焦虑症。所谓灾难性思维，就是指想象某种灾难性事件很快就会发生在自己身上，但实际上这种事情发生的概率极低，甚至是不可能的。比如，一听到说自己远方的亲人生病了就很快想到绝症，从而担心忧虑紧张；看到有个别同龄人突然中风住院，就开始异常担心自己的身体状况。灾难性思维也是一种极端化的思维，其基本模式是"如果……我应该怎么办？"灾难性思维又是一种自动思维，在遇到事件刺激后总是第一时间启动，并带来严重的情绪反应与不适应行为。

灾难性思维形成的原因很可能是生命早期发生了一些不可控的可怕事件，给个体带来了非常大的心理阴影，导致个体总是无理由地担心类似事件的再次发生。随着成长，此类担心害怕被泛化到其他类似情境中，从而产生了广泛性焦虑症。这种思维一旦形成，就会高估消极后果的发生概率，同时低估自己应对此类事件的能力。比如，大学生总是担心自己一毕业即失业（实际上非常可能），而失业对自己的家庭绝对是灾难性的打击（夸大了后果）。然而实际情况是，毕业后只要自己不是太挑剔工作类型，总是会找到养活自己的工作机会。

现实生活中，人们总会遇到这样那样的困难或难关，尽管会给生活带来很大的不快或伤痛，但现实中无法克服的困难发生的概率到底有多大呢？焦虑症患者的真实情境是：天大的事情极有可能不会发生，但自己先被焦虑情绪打倒了！如果克服了这种灾难性自动思维，同时采用实事求是的、比较客观的思维方式，焦虑情绪很快就会好转。

以下三个步骤对摆脱灾难性思维非常重要：

首先，识别出灾难性思维；

其次，质疑这种灾难性思维的合理性；

最后，用合理思维取代这种灾难性不合理思维。

前面章节中的内观认知疗法可借鉴。下面是一个相关例子。

案例：总是担心害怕自己得癌症

灾难性思维：我经常感觉自己身体无力、精神也不是太好。我家族中有一位已经得了癌症去世了。我得了癌症怎么办？如果真的这样，就太可怕了！（然后就是紧张、焦虑、担心）

识别不合理思维：案例中的不合理思维是"身体欠佳，如果我得了癌症，怎么办？"识别这种不合理思维时，首先要找到事件本身，尽管这些事件可能带有主观性（比如感觉身体不舒服），然后分析此事件导致的后续推论。在这一案例中，事件线索是"经常感觉自己身体无力、精神也不是太好。我家族中有一位已经得了癌症去世了"，而基于此所形成的推论是"我也有可能会得癌症，我得了癌症怎么办？"这里，事件本身与自己得癌症之间有多大的联系？身体不适是平常事，人吃五谷谁能无病？而有病就一定是癌症吗？尽管健康养身之类的文章经常讨论癌症对生命的杀伤力，但其概率是极低的。实际上，不良情绪如担忧、害怕等可以加速癌症患者的死亡。

用合理的思维代替扭曲的思维：身体无力、精神不足，确实是身体不适，到底是什么情况得去医院检查。而亲人得癌症也远远不能导致自己也得癌症。总之，前面这些事件或事实并不能直接推导出自己很快就会得癌症。每一个人都可能得癌症，我和正常人得癌症的概率差不多。这样，合理的思维是"现在身体欠佳，可能有病，需要到医院去检查；亲人得癌症去世，并不意味着自己也会得癌症。还是去医院检查下再说"。这就是正常的、比较符合客观事实的思维方式，然后到医院检查就是了。

当然，由于早期经历的原因，即使知道自己有灾难性思维的缺点，当遇到类似早期经历的事件时，内心的焦虑与担忧水平也会升高，但还不会达到焦虑症的水平。

焦虑症常常伴随很多躯体症状，如头晕、头痛、头重、眼眶周围不适、眼涩、视物模糊感、咽喉部位的异物感，甚至消化不良。这里建议使用躯体调适技术，如放松训练、412 经络锻炼法以及腹式呼吸训练。特别是后面两种技术，能够有效调节全身气机并安定心神。一旦自己感觉到焦虑，就可以练习呼吸技术或者放松技术，哪怕只练习一分钟都是有用的。

平时一定要尽量确保健康的生活方式，包括饮食、锻炼与睡眠。

轻度焦虑症也可以用内观认知疗法加上放松技术去自助调适。可以参考前面章节。

最后强调，一定要行动起来，用行动去改善自己的情绪。在很多时候，情绪是不受意志控制的，但会受制于行动。积极健康的行动会带来积极健康的情绪，而被动不动则会导致消极情绪。重复开展正确积极的行动可以培养愉快的情绪，有助于自己从不健康的泥潭中走出来。

第二节　抑郁症的自我调适

通过前面章节的学习，我们已经知晓抑郁症发病的过程或原因，无非就是先天因素、生命早期经历以及现在的诱发情境。严格来说，抑郁症是不能被治愈的，因为过去经历的伤害是不能被彻底消除的，没有人能够回到过去。主动健康行为能够达到的效果只是消除或大大缓解抑郁症的症状，使其不再严重影响我们的正常生活或工作。或者说，主动健康能够使我们带病生活。

抑郁情绪是每个人经常体验到的，但一般的抑郁情绪维持时间较短，并不算抑郁症。但是，当自己有持续时间较长的低落情绪并且伴有消瘦、失眠的表现时，就要与自己以往的状态进行对比，认真自我检查以便确认自己的心理状态。此外，还要看自己是否有如下症状或特征：

心境很低落，但又没有严重的创伤事件发生，如亲人去世；

对生活没有兴趣，对以往感兴趣的活动失去了兴致；不想与外界联系，想把自己封闭起来，甚至不与亲人朋友往来；

感觉精力不足，很容易疲劳；

胃口下降，不想吃东西，导致体重下降较快；

睡眠模式发生了明显改变，嗜睡或失眠或早醒或睡得很轻；

记忆力、思维能力与注意力下降，反应迟钝；

认为自己活得没有价值，自责、愧疚，感觉比不上人；

有自杀想法，或者想到去死，甚至付诸行动；

对异性失去兴趣，对性行为失去兴致。

如果有上述大部分特征，并且已经持续了 15 天以上，表明自己确实有了明显的抑郁症状，此时就要及时进行干预了。

研究表明，尽管抑郁症能够损害患者的社会功能，但大部分抑郁症状是能够被控制的，社会功能的恢复也会比较理想。这里关键是要有一个主动健康的心态，即自己的求生意愿要强，并且要及早进行治疗。根据第六章提到的量表去测量或评估自己的心理状况，如果发现自己有了明显的抑郁症状，就要及时采取如下应对活动：

首先，迅速评估自己的现实生活环境或工作环境。

主动健康要求每个人都要了解自己的遗传状况、早期经历以及现实的身心状况，即了解自己的健康禀赋。在这个基础上如果发现自己的情绪不太正常，就要及时反思自己目前的生活或工作环境。比如，是否家庭出现了巨大的变故，如亲人去世；是否自己事业上受到了严重挫折；是否工作压力太大使自己难以应对；等等。一般而言，认真分析自己情绪变化的现实诱因有利于找到更多的现实应对方法。比如，如果是工作压力太大而导致了抑郁症，可以更换自己的工作环境，或者放低自己的事业目标。当然，如果能够摆脱环境，是最好的第一步策略。

其次，使用内观认知日记法自我调整。

在专业治疗的同时，自己的积极配合对缓解病情、走向康复具有重要意义。研究表明，在内观认知疗法的基础上每天写日记是一种有效的自我康复策略。通过日记写作，可以保持或恢复自己的思维能力与注意力，并且克服因为抑郁情绪而导致的畏惧、懒散心态。实际上，让自己忙起来，有事儿可做，是减缓抑郁情绪的重要方法之一。

内观日记第一步：记录日常活动。用日记来记录自己是如何度过时间的。可以将自己醒来后的时间进行分段，如一个小时为一段，然后将自己心情低落和心情愉快时所进行的活动记录下来。

内观日记第二步：活动评价。反思、审视全天所记录的活动，首先将那些自己喜欢或使自己愉快的活动圈出来并且给予评分，给自己带来最大欢乐的活动可以得 8~10 分，带来一般欢乐的活动得 4~7 分，带来很少快乐的活动得 1~3 分。然后再将那些使自己感到困难的活动圈出来也给予评分，使自己感到最为困难的活动得 8~10 分，使自己感到较为困难的活动得 4~7 分，使自己感到有点困难的活动得 1~3 分。最后要计算出每天在活动中自己体验到的快乐分数与困难分值。

内观日记第三步：增加活动。要努力督促自己，要求自己尽可能完成让自己感到困难的活动，同时多去完成让自己感到愉快的活动。尽量提高自己每天的快乐分数，同时降低困难分值。这样就可以逐渐增强自信，慢慢缓解抑郁情绪。

内观日记第四步：制定行动计划。在内观日记的基础上制定未来的活动计划，比如，要求自己要完成哪些感到困难的事情，要完成哪些使自己感到愉快的事情。也可以用简单的内观程序反思自己到底害怕什么，以及自我否定观念是否真的合理等。可以通过活动不断体现自己的能力与价值，不断鼓励自己去尝试新的生活。

再次，找人聊天、沟通，寻求理解支持。

抑郁症患者一般不会主动与人沟通交流，这是一个很麻烦的问题。一般而言，当抑郁症患者与人交流的活动增加之后他们的情绪就会慢慢好转。在抑郁症患者之中，有一部分人的主动健康意愿较强，会努力说服自己走出自我封闭，主动找要好的朋友甚至陌生人进行交流沟通。心理学研究发现，如果有人倾听、理解自己内心的想法与苦恼心结就很容易打开，这对抑郁缓解有相当大的帮助。电话沟通也是一种很好的办法，拨通自己以前朋友的号码，向他们诉说自己的烦恼，宣泄自己的情绪，也是一种获得社会支持的途径。在现实生活中有些人善于自我开导，一旦有伤心、抑郁心境，他们会去旅行或者与朋友一起运动，这也可以获得心理上的支持。

最后，及时就医治疗。

抑郁症是比较难以治疗的心理疾病。一旦发现自己有明显的抑郁症状，就要及时地寻求专业人士的帮助，如心理咨询师或者心理治疗师。研究表明，心理咨询与药物治疗结合可以很快控制抑郁症状，并且疗效保持时间较长，患者的社会功能恢复较快。因此,不能简单地以心理咨询来代替药物治疗。

此外,一定要让自己保持健康的生活方式,包括健康饮食、适量锻炼,同时尽量保持良好的睡眠。这些内容可以参考前面的相关章节。任何疾病都是预防为主,防治结合。预防的最好方式就是践行主动健康理念,抑郁症的预防也不例外。

第三节 强迫症的自我调适

上面章节已经较为详细地介绍了强迫症这一心理疾病。强迫症的病因是比较复杂的,既有生理的原因也有心理与社会的原因。约有 2/3 的强迫症患者本身就有强迫性人格倾向,其主要表现为:努力掌控环境、注重细节、做任何事情都力求准确、完善,但即使这样也依然会有"不安全""不完善"和"不确定"的感觉与担心。精神分析理论认为,潜意识中的原始自我试图冲破意识中的理想自我的抑制,从而产生了强迫行为。也有人从小受到心理创伤或者年幼时期在家庭环境中习得了焦虑经验,成年后受到刺激而发展为强迫症。约有 5%左右的强迫症具有明显的遗传倾向。生化研究揭示 5-羟色胺系统功能增强与强迫症发病有关。而现实工作的严格要求与奖惩机制也是强迫症的诱因。

此外,从认知角度来看,强迫症患者有许多异于常人的认知特征:(1)高估风险;(2)责任心强;(3)对无关紧要、不相关的观念或想法有一种强烈的控制心理;(4)无法忍受不确定性或模棱两可;(5)完美主义;等等。

实际上,上述认知特点几乎每一个人都有,只是程度不同而已。正常人也会在某个方面有强迫倾向的表现,如反复核对数字、经常想到底有没有外星人、总是非常仔细地查看自己的衣服是否干净整洁,等等。但正常人不会因为这些强迫倾向本身而努力去消除它,所以一般不影响正常生活与工作。

但是,当一个不必要、厌恶的观念出现时,如果一心想要控制它、不让它出现,或者总是努力去摆脱它、与它斗争,这样就会导致另一层强迫观念出现,即如何消除它与控制它。如果不能阻止这些观念与想法自动蹦出来,就会导致焦虑情绪甚至身体反应,强迫症就产生了。这就是精神交互作用。

所以,强迫症应对的第一步就是:理解强迫症产生的原因,它是由于精神交互作用才产生的。

强迫症的痛苦实际上包含了两部分:一部分是强迫行为或观念本身所带来的痛苦,它损害了正常的个人功能;另一部分是想强迫消除它而放大的痛苦,即想努力克服强迫症状但又不能克服而带来的衍生痛苦。第二部分痛苦完全是自我折磨造成的。相对而言，第一种痛苦比较容易消失，而第二种痛苦则需要技巧或策略去消除，不能硬来，否则又会形成新的强迫。

那么，如何阻止第二部分痛苦的出现呢？这需要理解、接受第一部分痛苦，把它当成自己本身的一部分，不要试图努力去消除它，要学会与它共存，或者带病生存、生活或工作。精神痛苦常常是人的一种主观体验，是自己制造出来的。比如，如果是自己的恋人拧了自己的脸庞，虽然生理上感到疼痛，但心理上却会感受到幸福与甜美；但是，如果是仇人拧了自己的脸庞，自己不仅有生理疼痛，心理疼痛更甚，并总是想报复。可见，精神痛苦确实与自己的理解、认知有关。同样，那些强迫观念与行为是自己本身的东西，不要去讨厌它，要尽量在思想上宽容它们的存在。不要总想着怎样消灭它们，要想着如何与它们一起生活，甚至交个朋友。如果采取这种态度，就能够理解与接受第一部分痛苦。

在很多临床治疗过程中，往往将强迫症患者进行小屋隔离，其间不能进行任何活动，就是躺着或坐着，不能出来，任由强迫症状出现。这实际上就是直面强迫观念及其症状，而患者什么也不能做。结果就是，强迫观念袭来即使什么也不做，不展开那些多余的强迫行为，也不会发生灾难性后果。所以，努力接受这些强迫观念吧，它们不会有什么危害。

在此总结强迫症自助的第二步：觉察症状，坦然接受症状，把它视为自己的一部分。

在理解、接受第一部分的不适与痛苦之后，就要用实际行动来促进自己的成长。具体而言，就是当强迫观念来临时不要与它纠缠，要赶快行动起来做正常生活或工作需要的事情，或者自己喜欢的事情。行动是非常重要的，只有让自己行动起来才能转移自己的注意力，不与强迫症状纠缠不清。比如，可以去运动，并给自己设定一个目标、一个行动计划。同时，要经常记录自己如何带着强迫观念去做更有意义的事情，要能够在这个过程中体验到快乐、体验到成就感、体验到自己的成长，并以此来不断激励自己。总之，就是要在承认与接受那些讨厌的症状的基础上，尽量发挥自己的长处，发展自己的潜在力量，更好地去生活。

这就是强迫症自助的第三步：顺其自然，为所当为。换言之，就是要带着症状去生活，让其自然减轻，并在自己成长过程中形成新的思维与行为习惯。

每个人的具体情况不同，但在自助过程中如下一些要点是相同的：

（1）明白每个人都有自己的烦恼，很多烦恼是不可能消灭的。要认真分析自己的症状、烦恼产生的原因，比如自己是否很内向、喜欢追求完美、爱钻牛角尖、对自己的症状过分关注等，还要关注环境中的压力、家庭事件等对自己的刺激。

（2）要勇敢地通过切实行动来打破强迫观念与行为之间的恶性循环。在分析自己性格中的优势与不足的基础上，充分发挥性格中的优势，把注意力投向外部，去做正常生活要求做的事情，让自己忙起来。即使强迫观念出现，也不要紧张，更不要停下来，要在忙碌中让它减少。要和症状交朋友，不要刻意去控制它、消灭它。最后，要提前预知人生中不同阶段的烦恼，并做好应对的心理准备，在行动中不断完善自己的人格特征，提高挫折耐受力。

很多强迫症患者可能有不合理的观念，或非理性思维，或认知歪曲。如完美主义、过度自责、万一后果、非黑即白、片面固执等，可以参考第九章的认知调整技术进行慢慢矫正。

（1）完美主义观念。如果无法做到尽善尽美，那就说明自己无能。过度追求完美的人容易陷入强迫性检查、强迫性思考、强迫性怀疑的思想误区。

（2）非黑即白观念。看问题简单粗暴，对所有的人或事只有好坏的区分，只有对错的区分。如"这不是一件好事就是一件坏事""这个人是一个好人，那个人做了伤害我的事，肯定是个坏人"。

（3）万一后果。不怕一万就怕万一的思想误区。如"我不知道家门锁好了没有，万一没锁好，小偷进家门了怎么办？"

（4）过度自责。将后果夸大，并且完全将责任归己。如"这一切都是我导致的，都是我的错，我不能原谅自己，我恨我自己"。

（5）片面固执。片面的思想误区。如"就是那次偶然的事件，让我陷入了强迫症的痛苦之中"。

也可以结合下表来应对这些认知歪曲。

表 12.1　不合理的思维记录表

具体情境	不合理思维内容	应对	实践
在什么样的环境或情境中，产生了不合理的观念或歪曲思维	具体是什么不合理观念或歪曲思维	可以用什么样的健康思维或积极观念来取而代之	用好的思维观念取代后，感觉如何

如果发现自己用合理的思维取代了不合理的观念或歪曲思维，并在实践中发现自己又有了进步，一定要表扬自己，这就是行为主义的强化原理。

强迫症患者还可能伴随高焦虑与明显的躯体症状，如胸闷、头痛、恶心、手抖、心慌等。在这种情况下，可以参考第九章中的放松训练或冥想。在此，强烈建议练习腹式呼吸以及 412 经络锻炼法中穴位按摩部分，这样就可以较好地解决身体上的不适感受。

每天要养成良好的生活习惯，包括饮食、锻炼与睡眠。因为身体健康与心理健康是交互影响的。

第四节　其他性格偏常的自我矫正

性格是一个人的行为模式。每个人的性格都是在先天遗传基础上与后天生活经历中逐渐形成的。因此，性格的核心成分具有顽固性，要彻底改变它是很不容易的。但是人是有主观能动性的，在生活压力或生存压力下，很多性格是可以适当改变的。比如，当大火来临时，无论是内向的人还是外向的人，都会快速逃生；在纪律严明的课堂上，无论是什么性格的人都会默不作声，至少装作认真听讲的样子。所以，环境与自律是改变性格显现的关键。

这里主要谈谈人际关系敏感、偏执、敌对、A 型人格、C 型人格和 D 型人格的纠偏问题。这些人格的测量在前面的章节中已经讲到了。

在自我矫正之前，先要熟悉这些人格或性格的具体含义，特别是量表中出现的项目表述，只要认真针对这些项目表述来检核、修正自己的行为，就可以在很大程度上纠正相应的人格或性格特征。

矫正或纠偏，这里的含义是对过及的行为表现进行弱化，对不足的行为表现进行强化。那么，什么是过及与不足，如何判断？此时如果参考其他教材中的常模分数，是没有意义的。因为每一个数字都是抽象的，不能具体地反映到现实生活中。

人的行为皆有三个指向，即他人、事务与自己。所以判断自己的行为过及还是不足，首先从这三个方面来看：（1）自己的行为方式是否伤害到别人或者损害到自己的人际关系，这可以通过别人的反馈知晓；（2）自己的行为方式是否有利于自己将工作或事务较好地完成；（3）自己的行为是否伤害到自己的身心健康。

此外，还要看周围人是如何处理事情、待人接物的，然后对照自己的行为方式，就可以知道自己的不足或过及。要观察别人对照自己，学习那些积极向上、有正能量、成功的人，这非常有利于判断自己是行为过及或行为不足。

最后，针对人格或性格的不良方面，要认真分析背后的原因针对性地进行矫正。如果是情绪常常过及，就练习腹式呼吸或肌肉放松技术；如果是认知上的问题，就参考内观认知疗法，找出自己的不合理观念或信念，并以合适的观念取而代之。

比如，人际关系敏感这一性格缺陷。首先看它包括的典型行为：同异性相处时害羞不自在；感到比不上别人；感到别人对自己不友好，不喜欢自己等。从这些项目可以看出，人际关系敏感其实就是感到自卑、缺少自信，同时也可能缺少一些人际交往技巧。这里关键是缺少自信。明白了这种性格的含义，也明白了其根本原因，然后就是纠偏了。

如何去做呢？关键是建立自信。自信是挣来的，是踏实努力获得的。寻找自己身上的相对优势并强化它，让它成为更好的优势；同时尽量去弥补自己的不足，如果这种不足或缺点根本不能弥补，或者弥补所需要的代价很大，那么就先集中精力发展自己的优势。如果自己智商不高，那是否可以有更好的身材？如果身材还是一般，那是否可以让它更为健康？如果依然不具备这些基础的资质，那么是否可以努力学习一门专业技能，让技能成为自己的明显优势？有了自信之后，再去逐渐提高自己的人际交往技能。当然，这也可以同时进行。

在这里需要明白，人格或性格就是自己的外在行为，也包括情绪表现。凡是涉及情绪过及的，如愤怒、激动、大发脾气，都可以通过呼吸练习、放松技能来加以抑制或调整。这可以参考前面的第九章。在过及情绪发作之前，先提醒自己深呼吸，并赶快放松自己的身体，那股邪火就下去了。在敌对性格中主要是情绪过及，正是由于情绪过及才会导致行为极端。练习腹式呼吸和肌肉放松技术是非常适用的。同时也要提醒自己，敌对性格对自己的身体健康是非常不利的，如果知道这一点，就应该下定决心改变敌对性格。

偏执性格主要是敌对、嫉妒、固执或自私，也与人际关系有关。这种性格主要与自己的早期生活经历有关。其纠正首先从认知入手，找到背后的不合理观念，用证据来驳斥这些不合理的看法、猜疑或信念。比如，总是想责怪别人制造麻烦，那就要认真去寻找别人故意制造麻烦的证据，最终很可能发现，别人是无意给你带来了麻烦。此外，偏执性格如果没有过及情绪推动过及行为，就不会有偏执倾向。因此，经常练习情绪调节技术是非常有益的。

在矫正 A 型人格、C 型人格和 D 型人格时，可以针对每一个项目，进行更有针对性的矫正练习。比如，A 型人格主要是容易发怒，对别人的缺点与毛病不能容忍，对别人的无视以牙还牙等。C 型人格主要是急躁、易怒并且生闷气。D 型人格常常感到不愉快，很少与人交谈，心情常常很差，经常闷闷不乐，等等。总之就是情绪很压抑，易怒、易悲、易忧。

凡是情绪过及的情况，都可以通过练习腹式呼吸、肌肉放松来进行缓解，同时在生活中也要随时提醒自己，每当情绪即将爆发时就要赶快深呼吸几次，这样过及情绪就下去了。平时也要经常与人一起运动，这样可以让不良情绪在运动中消散，同时也使体内气机顺畅，心情也跟着舒畅起来。在认知上也要做一些改变，比如 A 型人格的人，要明白做事快并不意味着做事质量高，明白之后就会更愿意主动去弱化人格中过及的方面。

行为主义的行为塑造与强化在自我矫正中是非常有用的。针对任何性格偏常都可以灵活地使用行为矫正技术。具体步骤如下：

（1）明确要改变的具体行为。比如要改变的是发怒，更具体一点儿就是不对别人发怒，包括语言攻击、身体攻击、情绪激动等。

（2）明确目前是过及还是不足。如发怒一般是过及。

（3）行为记录。具体分析发怒的背景、当时情境、自己如何发怒，并用数据标明程度。如下表 12.2 中的内容。

表 12.2　过及情绪记录表

时间	情绪	程度	背景	具体情境
2022 年 1 月 6 日	愤怒	4	前天主管规定了上班迟到要扣发工资奖金	上班路上交通不便，与别人有小摩擦，想到上班要迟到故发怒，迁怒于别人并骂人
2022 年 2 月 5 日	愤怒	3	……	……
2022 年 3 月 7 日	急躁	4	……	……

注释：情绪强度用 1 至 5 的整数表示，数值越大表示越强烈。

（4）行为矫正。提醒自己在类似场合中要深呼吸，暗示自己放松身体，并记录改进过程与结果。如下表 12.3 的内容。

表 12.3 过及情绪控制记录表

时间	情绪	背景	具体情境	控制策略	情绪强度	结果
2022 年 4 月 5 日	发怒	车间里很热,很多同事都在抽烟	自己不喜欢吸烟,提醒他们不听,自己很愤怒	暗示自己放松并深呼吸了三次,然后走出了车间,最终没有发怒	3	最终没有发怒,在呼吸放松后怒气下去了
2022 年 7 月 4 日	发怒	……	……	……	……	……
2022 年 7 月 25 日	急躁	……	……	……	……	……

（5）表扬或激励自己。当自己取得进步后,一定要记得表扬和肯定自己,这样才能不断获得进步。也可以将欲改变性格的有关项目写在一个小的日记本上,在空闲时间中拿出来阅读、浏览,以时刻提醒自己要注意这几个方面。自己给自己施加压力,自己鞭策自己,才能将自己的不良性格慢慢矫正过来,这是一个长期的过程。

课后练习题

1. 辨析题。请分析下面的观点,看其是否有道理,并列出支持和反对该观点的事实或理由。

（1）抑郁、焦虑或强迫症不会同时出现在一个人身上。

（2）抑郁、焦虑与强迫症一般不会出现躯体症状。

（3）放松训练、腹式呼吸或 412 经络锻炼法,都是建立在身心交互理论基础之上的,通过躯体刺激进而改善心理功能。

（4）大学生一般智力较高,可以轻易通过自助或自我调适而治愈抑郁、焦虑或强迫症。

（5）平时锻炼、健康饮食以及良好睡眠对抑郁、焦虑或强迫症没有多大预防意义。

2. 建议阅读文献或书籍:

（1）司天梅, 杨彦春. 中国强迫症防治指南［M］. 北京:中华医学电子音像出版社, 2016.

该书详细介绍了强迫症的发病原因、医学治疗方法与自我调适方法。

（2）施旺红．强迫症的森田疗法［M］．西安：第四军医大学出版社，2010.

该书详细介绍了强迫症的森田疗法——一种自然的生活哲学。

（3）连山．作自己的心理医生［M］．北京：中国华侨出版社，2014.

该书详细介绍了焦虑与抑郁的自我调适方法。

3. 回答下面的问题。

（1）通过课程学习，你将如何行动来预防心理疾病？将自己的计划写出来。

（2）知行分离是很多人在健康道路上的缺点。根据自己所处环境与实际情况，你将如何实施自己的健康追求计划？

拓展阅读1

如何寻找与利用专业帮助

目前，心理问题或心理亚健康困扰着不同年龄的人群。对于大学生而言，一旦遇到这种困扰可以先努力自我调适，如果感觉自我不能很好应对则应当尽快寻求专业帮助。

能够提供心理咨询或治疗服务的机构比较多，如心理热线、社区心理咨询中心、医院的心理门诊以及更为正规的精神病院等等。这些机构所提供的服务各有所长，应该根据自己的情况去做出选择。

一般而言，紧急突发的心理危机，如自杀尝试、人际冲突或情绪爆发，可以通过心理热线获得及时帮助。而一般时间较长又不严重的心理不适或心理亚健康问题，在常见的心理咨询中心就可以得到比较好的帮助。如果有神经症、较为严重的抑郁症状、焦虑症状或其他以人格障碍为基础的心理疾病，则必须获得正规医院的诊断与治疗。而躁狂抑郁症、精神分裂症等更为严重的精神障碍，只有接受长期的心理与药物综合干预，才能确保治疗效果。前面提到的恐怖症与精神病性，也需要借助专家的帮助与治疗，才能尽快向好的方向发展。

当决定去寻求专业帮助时，可以根据以下两点来选择较好的心理专业人士。

（1）专业资格。这个很重要。可以事先通过多种途径来了解咨询师的专业背景。有些咨询师口才表达能力很强，实际上其专业资质很一般。看其学术背景如何，如果是在高校中从事心理专业的教学与研究，那么其心理咨询资质则较为可信。很多从业者花钱购买一个心理咨询师资格证，就开始从事心理治疗工作，凭借较好的印象管理（如外貌、口才以及咨询室布置）来欺骗心理患者。在正式签约之前，一定要多方了解，不然损失钱财又不见得有实际效果。

（2）咨询师的理论水平。通过了解其教育经历、专业学位情况、所接受的训练，以及在初次接受咨询过程中所表现出来的心理专业知识等，就可以做出基本判断。当然，这个前提是心理患者也要有一定的心理学知识或素养。

在利用专业帮助时，自己也要努力配合，才能获得更好的效果。须知，外因通过内因起作用。

（1）要有时间保证。很多心理不适或亚健康是一种痼疾，甚至从生命早期就开始形成。一些严重的心理问题更是如此。所以一旦选定了专业帮助，就不能三天打鱼两天晒网。必须与咨询师或治疗师商量好疗程，自己努力调整生活或工作安排，确保治疗的时间。有些心理患者需要经过几年的不间断干预，心理功能才能逐渐恢复正常。

（2）做好经济准备。心理咨询或治疗的价格一般较高，在有些县城也会达到每小时100元至300元，甚至更高。而心理功能的矫正往往是一个较为长期的过程，因此，最好准备10000元至20000元的治疗或咨询费用。在决定寻求专业帮助之前，必须有经济花费的心理准备。

（3）准备接受心理改变的痛苦。心理治疗有时需要揭开以往的伤疤，同时也要面对新认知、新行为形成过程中的焦虑、紧张、冲突、不适应等心理痛苦，这些都是不能避免的，无论是精神分析疗法、行为疗法还是认知疗法，皆是如此。在某个治疗阶段，这些痛苦甚至会超过心理疾病本身给自己带来的痛苦。不痛不悟、小痛小悟、大痛大悟，新的生命是在痛苦中诞生的。

那么，通过专业帮助心理功能是否就一定能够恢复健康呢？也不一定，或者说恢复程度受很多因素影响。

（1）早期健康禀赋的差异。早期创伤延续时间越长、创伤类型越多，则越难以治愈。

（2）病人与心理异常症状的共存和谐程度。病人越是适应症状，对症状的拒斥心理越弱，治愈的难度也就越大。

（3）心理异常症状的严重程度。与生理疾病一样，病情越严重、越顽固，则越难治愈。精神分裂症基本上不适于心理治疗，因为病人对治疗的反应极差。焦虑症通常一年即可治愈，而抑郁症则需要3年至5年，甚至不能治愈，只能带病生存。

（4）病程与年龄。病程越短、年龄较小，则心理功能越容易康复。年轻人的亚健康与心理问题一般容易治愈，特别是最近一年内发病的情况。50岁以上的心理疾病患者，治愈的难度就很大了。

（5）患者的心理悟性与素养。患者有很扎实的心理学理论知识，或者有较好的心理健康素养，在咨询师与治疗师的帮助下则比较容易恢复健康。

（6）患者主动健康的能力。患者对专业人士的依赖性越低，主动健康能力越强，则恢复希望越大。

一般而言，心理功能的完全恢复比较困难。首先，心理问题一般存在于无形之中，认知、情绪皆具有潜行、蛰藏的特性，如同潜意识一样，别人包括自己很难觉察到问题根源。其次，很多心理异常实际上对个体的心理功能有一定的保护作用，这种保护同时也强化了心理功能的异常。比如，成年人在受到挫折后采用了否认的防御机制，否认本身说明心理功能不健康，但同时否认又暂时减轻了内心痛苦。这样患者就会对心理异常具有一定的适应能力，没有明显的排斥心理。所以在现实中，很多患者要求专业帮助，但同时又排斥改变自己。

拓展阅读 2

自我调适克服社会恐惧症

社交恐惧症也被称为社交焦虑症，是一种在社交公开场合感到恐惧或担忧的心理疾病。有这种心理疾病的人最怕在陌生人面前或可能被别人观察的场合中进行交往或活动，因为他们担心自己行为表现不佳或不当而受到别人不好的评价或嘲笑，从而给自己带来羞辱或难堪。

自我调适的具体方法：

（1）首先要查明自己社交恐惧产生的深层次原因，这可以参考前面相关的心理健康理论；然后找出那些不合理的观念。

（2）要不断暗示自己有能力克服这种心理障碍。信心是非常重要的，同时也要提高自己的交往技能，了解一般的交往程序，观察别人在交往时的一般言行并去模仿。然后在比较熟悉的圈子里勇敢主动地与人打招呼，以此来获得信心。切记信心是最为重要的，只有在实践中才能获得信心。

（3）想象训练。平时可以在独处时想象自己在一个陌生人较多的场合中，主动与别人打招呼；想象很多人在看着自己，感受其所带来的恐惧与焦虑，并使用放松技术或呼吸技术来应对。不断想象这种场景，鼓励自己勇敢面对这种场景带来的反应。

（4）采用强迫法，分小步向前进。首先，练习到商场中购物，主动与店员打招呼、讨论价格。其次，参加一些人数很少的聚会，主动与他们认识。再次，主动参加陌生人较多的聚会，并主动大声发言，观察别人对自己的反馈。最后，可以挑战自己，主动与自己害怕的人沟通交流。每进行一次尝试，都要奖励自己，给自己打气。实际上在公众场合讲话，即使表现不好，真正有修养的人也是不会嘲笑你的。这样一步一步提高自己，就会慢慢克服社交恐惧症。

附录

心理健康素养调查表

项目编号	项目表述	对	错
1	通过心理治疗，抑郁症可以彻底治愈		×
2	有精神分裂症的人可能会看到一些并不真正存在的事物	√	
3	无法解释的身体疼痛或疲劳可能是抑郁症的先兆	√	
4	与正常人一样，抑郁症患者同样害怕死亡		×
5	整体上看，从小从逆境走出来的人，在压力面前心理更健康		×
6	有躁郁症的人，会表现出情绪的急剧变化	√	
7	一个人衣着邋遢、不修边幅，可能是抑郁的先兆	√	
8	喝酒的人心理更为健康，因为他们看得开		×
9	无论何时睡觉，只要睡够了，就是健康的		×
10	有坚定的信念与精神追求，就不会得心理疾病		×
11	抑郁症者都是性格软弱的人		×
12	真正有学问的人，是不会患上心理疾病的		×
13	饮食与心理健康的关系很小		×
14	大部分心理疾病即使不治疗，也可以在一段时间后自动好转		×
15	因心理疾病而结束自己生命的人，都是学识有余、智慧不足		×
16	心理疾病不会遗传		×
17	心理学专家不会患上心理疾病		×
18	情绪与血管变化没有关系		×
19	短小就是精华，个子矮的人一般比个子高的人心理更健康		×

项目编号	项目表述	对	错
20	心理是大脑对客观世界的反映，因此心理变化与其他脏腑功能的变化无关		×
21	一般而言，那些生活中有目标追求的人，是心理更为健康的人	√	
22	一般而言，爱好体育的人心理更为健康	√	
23	努力奋斗，百分百成功，是一种不合理思维	√	

参考文献

一、中文文献

专著

[1] 张积家.普通心理学 [M] .广州：广东高等教育出版社，2004.

[2] 顾瑜琦，马莹.变态心理学 [M] .北京：人民卫生出版社，2009.

[3] 埃尔德.大萧条的孩子们 [M] .田禾，马春华，译.南京：译林出版社，2002.

[4] 何裕民，刘文龙.新编中医基础理论 [M] .北京：北京医科大学、中国协和医科大学联合出版社，1996.

期刊

[1] 叶浩生.身心二元论的困境与具身认知研究的兴起 [J] .心理科学，2011，34（4）.

[2] 陈文贵.A 型人格者如何远离心血管病 [J] .心血管病防治知识，2014（1）.

[3] 洪韵琳，张冀岗.癌症与 C 型性格 [J] .中华医学杂志，1993，73（1）.

[4] 李涛，冯菲.社交焦虑解释偏差：研究范式、特征及矫正 [J] .心理科学进展，2013，21（12）.

[5] 李美华，白学军.执行功能中认知灵活性发展的研究进展 [J] .心理学探新，2005，25（2）.

[6] 刘翔平，曹新美.给心理健康教育注入积极心理学因素 [J] .教育研究，2008（2）.

[7] 蒋文跃，李志新，韩巍，等.从成人疾病胎源说看中医药优生学的现代价值与发展前景 [J] .江苏中医药，2009，41（3）.

[8] 高延，杨玉凤，洪琦，等.妊娠期生活事件影响新生儿神经行为发育的多因素分析 [J] .中国儿童保健杂志，2004，12（6）.

[9] 庞炜，蒋马莉，谢雯，等. 妊娠期接受应激刺激可降低大鼠学习记忆能力 [J]. 西安交通大学学报（医学版），2002（3）.

[10] 石智雷，吴志明. 早年不幸对健康不平等的长远影响：生命历程与双重累积劣势 [J]. 社会学研究，2018（3）.

[11] 洪岩璧，刘精明. 早期健康与阶层再生产 [J]. 社会学研究，2019，34（1）.

[12] 李祥臣，俞梦孙. 主动健康：从理念到模式 [J]. 体育科学，2020，40（2）.

[13] 董传升. 走向主动健康：后疫情时代健康中国行动的体育方案探索 [J]. 体育科学，2021，41（5）.

[14] 张栋. 李祥臣：主动健康，必要且必然 [J]. 团结，2020（5）.

[15] 李祥臣，俞梦孙. 主动健康：从理念到模式 [J]. 体育科学，2020，40（2）.

[16] 谢冬冬，杨寅，程临静. 新冠疫情期间居家隔离与体育锻炼对心理健康的影响 [J]. 中国临床心理学杂志，2021，29（6）.

[17] 胡芳芳，张娇，高兆溶，等. 城乡社区低龄老人体育锻炼与心理健康的关系 [J]. 中国心理卫生杂志，2021，35（9）.

[18] 张力为，毛志雄. 体育锻炼与心理健康的关系（综述）[J]. 广州体育学院学报，1995（4）.

[19] 于晓燕，汤婷，赵佳文，等. 个体化康复运动训练联合八段锦运动对冠心病 PCI 术后患者心功能、生活质量和心境状态的影响 [J]. 现代生物医学进展，2022，22（2）.

[20] 梁海秋. 良好人际关系是否可以延长寿命、改善健康？[J]. 心血管病防治知识（科普版），2017（13）.

[21] 陈雪华，郑良姬，陈凤仙. 老年高血压病患者中医情志护理干预疗效观察 [J]. 福建中医药，2010，41（5）.

[22] 张伯源. 心血管病人的心身反应特点的研究——Ⅱ. 对冠心病人的行为类型特征的探讨 [J]. 心理学报，1985（3）.

[23] 李艳兰. 适应不良大学生 A 型人格与防御方式分析 [J]. 中国学校卫生，2011，32（4）.

[24] 叶明志，王玲，张晋碚，等. A 型行为与人格维度、生活事件及心理健康 [J]. 中国心理卫生杂志，2002（8）.

[25] 于肖楠，张建新. D 型人格：心血管疾病的重要心理危险因素 [J]. 心理科学进展，2005，13（1）.

［26］赵智梅，陈晓松．我国 5516 例尸解猝死病例流行特征分析［J］．中国急救医学，2020，40（2）．

［27］殷恒婵，傅雪林．对体育锻炼心理健康效应研究的分析与展望［J］．体育科学，2004（6）．

［28］余锋，徐波，何标，等．运动缓解阿尔茨海默症与改善认知功能的生物学机制［J］．上海体育学院学报，2017，41（1）．

［29］魏红玲，童笑梅．体育运动可有效提高儿童的认知能力［J］．英国医学杂志（中文版），2015，18（12）．

［30］王欣，杨婧．劳动时间长度与健康的关系——基于肥胖视角［J］．人口与经济，2020（1）．

［31］王笑天，李爱梅，吴伟炯，等．工作时间长真的不快乐吗？异质性视角下工作时间对幸福感的影响［J］．心理科学进展，2017，25（1）．

［32］王广慧，苏彦昭．工作时间对劳动者健康影响的阈值效应分析［J］．劳动经济研究，2021，9（4）．

［33］李航宇，魏玉龙，胡庆川，等．气功腹式呼吸调节脏腑气血功能的效应研究［J］．辽宁中医杂志，2021，48（12）．

［34］高红锐，赵蕾，刘焱，等．"七支坐法"冥想对慢性精神分裂症伴焦虑患者的疗效［J］．中国健康心理学杂志，2021，29（11）．

［35］王云霞，蒋春雷．正念冥想的生物学机制与身心健康［J］．中国心理卫生杂志，2016，30（2）．

［36］刘慧莲，刘群，谢红英，等．应用冥想训练减轻心脏病患儿手术后疼痛的效果观察［J］．中华护理杂志，2011，46（8）．

［37］仇爱玫，李遵清．内观认知疗法对抑郁性神经症患者的心理康复效果［J］．国际护理学杂志，2010（10）．

［38］董艳妮，李玉玲．分散内观认知疗法对 PCI 治疗患者睡眠质量的影响［J］．中国医药导报，2012，9（18）．

［39］曹桐，毛富强，田红军，等．内观认知疗法对 40 名大学生心身症状的影响［J］．中国心理卫生杂志，2009，23（4）．

［40］柳雷，刘宏伟，毛富强，等．单亲医学生非理性信念内观认知疗法干预效果评价［J］．中国学校卫生，2013（2）．

［41］胡大一．快走——最佳有氧代谢运动［J］．健康世界，2013（6）．

［42］刘旭，罗霄，崔铭芮，等．慢跑运动对睡眠障碍大学生认知功能的影响［J］．世界睡眠医学杂志，2017，4（6）．

［43］宋小燕，杜宾，杜昊滢．太极拳与有氧慢跑对师范类女大学生抑郁情

绪影响程度研究［J］．当代体育科技，2017，7（15）．

[44] 岳淑英．慢跑运动对精神病人情绪影响的研究［J］．中国全科医学，2000（3）．

[45] 梁东梅，唐文清，骆聪，等．太极拳锻炼促进老年人认知功能的研究综述［J］．体育学刊，2014，21（4）．

[46] 付贵．挪威研究：工作时间过长易致焦虑和抑郁［J］．健身科学，2009（7）．

[47] 张秋梅，阎驰．大学新生高血压前期与静息心率的相关性［J］．中国学校卫生，2018，39（9）．

论文

[1] 柳雷．贫困大学生自卑感内观认知疗法干预研究［D］．天津：天津医科大学，2013.

其他

[1] 杨丽萍，詹向红，陈蕾，等．孕期心理应激影响子代情志和认知发育的近远期效应及胎盘调控机制［C］//首届国际抑郁共病暨第十届全国中西医结合基础理论学术研讨会论文集，2014.

[2] 董亚琦，胡济光，胡君，等．运动对抑郁干预的元分析［C］//中国心理学会．第二十三届全国心理学学术会议摘要集（上），2021.

[3] 王琦，董妍，邢采．积极情绪与健康：研究进展与理论模型［C］//中国心理学会．增强心理学服务社会的意识和功能——中国心理学会成立90周年纪念大会暨第十四届全国心理学学术会议论文摘要集，2011.

[4] 周永．国内首个"主动健康"主题大会召开：从"被动医疗"迈向"主动健康"［EB/OL］．腾讯网，2018-10-30.

[5] 孔松虎，邱玲玲，史友宽，等．体育锻炼对青少年心理健康影响的可能机制研究［G］//中国体育科学学会．第十二届全国体育科学大会论文摘要汇编——专题报告（运动心理学分会），2022.

二、英文文献

专著

[1] PENDER N J, MURDAUGH C L, PARSONS M A. Health promotion in nursing practice［M］.6th ed. Upper Saddle River：Prentice Hall，2011.

[2] TAN S C, GAMALDO A, SARDINA A. Positive Role of Purpose in Life in Health Outcomes and Perspectives on Environment［M］.New York：Oxford University Press（OUP），2020.

[3] FISHER S, REASON J. Handbook of life stress, cognition and health [M]. Chichester New York: John Wiley & Sons, 1988.

期刊 [4] TULLY P J, WINEFIELD H R, BAKER R A, et al. Depression, anxiety and major adverse cardiovascular and cerebrovascular events in patients following coronary artery bypass graft surgery: A five year longitudinal cohort study [J]. BioPsychoSocial Medicine, 2015, 9 (14).

[5] BECK C T. The effect of postpartum depression on maternal-infant interaction: a meta-analysis [J]. Nursing Research, 1995, 44 (5).

[6] PLATT B, WATERS A M, SALEMINK E, et al. A review of cognitive biases in youth depression: attention, interpretation and memory [J]. Cognition & Emotion, 2016, 31 (3).

[7] STUIJFZAND S, PEARCEY S. Research Review: Is anxiety associated with negative interpretations of ambiguity in children and adolescents? A systematic review and meta-analysis [J]. Journal of Child Psychology and Psychiatry, 2018, 59 (11).

[8] RIGGS N R. Relationships between executive cognitive function and lifetime substance use and obesity-related behaviors in fourth grade youth [J]. Child Neuropsychology, 2012, 18 (1).

[9] DICKERHOOF R M. Expressing optimism and gratitude: A longitudinal investigation of cognitive strategies to increase well-being [J]. National Journal of Andrology, 2007, 13 (6).

[10] BUSS D M. Evolutionary social psychology: Prospects and pitfalls [J]. Motivation and Emotion, 1990, 14 (4).

[11] HELWEG-LARSEN M, SHEPPERD J A, et al. Do Moderators of the Optimistic Bias Affect Personal or Target Risk Estimates? A Review of the Literature [J]. Personality & Social Psychology Review, 2001, 5 (1).

[12] MEDVEĎOVÁ ĽUBA. Personality dimensions— "Little five" —And their relationships with coping strategees in early adolescence [J]. Studia Psychologica, 1998, 40 (4).

[13] HELWEG-LARSEN M, SHEPPERD J A, et al. Do Moderators of the Optimistic Bias Affect Personal or Target Risk Estimates? A Review of the Literature [J]. Personality & Social Psychology Review, 2001, 5 (1).

[14] SCHNEIDER S L. In search of realistic optimism: Meaning, knowledge, and warm fuzziness [J]. American Psychologist, 2001, 56 (3).

[15] SALOVEY P, ROTHMAN A J, DETWEILER J B, et al. Emotional states and physical health [J]. American Psychologist, 2000, 55 (1).

[16] LABOTT S M, TELEHA M K. Weeping propensity and the effects of laboratory expression or inhibition [J]. Motivation and Emotion, 1996, 20 (3).

[17] BARKER D J, OSMOND C. Infant mortality, childhood nutrition, and ischaemic heart disease in England and Wales [J]. Lancet, 1986, 327 (8489).

[18] WANG Y, YANG D W, XIE W, et al. EFFECTS OF CHRONIC STRESS ON THE ACTIVITIES OF SOD, GSH–Px AND MDA LEVEL IN FEMALE RATS' BRAIN [J]. Journal of Pharmaceutical Analysis, 2002, 14 (2).

[19] SCHLOTZ W, PHILLIPS D. Fetal origins of mental health: evidence and mechanisms [J]. Brain, Behavior and Immunity, 2009, 23 (7).

[20] XIONG J M, HAI M, HUANG F, et al. Family Cumulative Risk and Mental Health in Chinese Adolescents: The Compensatory and Moderating Effects of Psychological Capital [J]. Psychological Development and Education, 2020, 36 (1).

[21] XU W M, YE C X, FANG Y Y. The Effects of Early Cumulative Family Risk on Internalization Problems in Adolescents: A Dual Mechanism of Resilience [J]. Studies of Psychology and Behavior, 2020, 18 (3).

[22] LIU H X, ZHOU Z L, FAN X J, et al. A mixed method study to examine the mental health problems of college students who had left-behind experiences [J]. Journal of Affective Disorders, 2021, 292.

[23] YANG L, HU Y Y, et al. Childhood adversity and depressive symptoms among middle–aged and older Chinese: results from China health and retirement longitudinal study [J]. Aging & mental health, 2020, 24 (6).

[24] YANG F, LOU V W Q. Childhood adversities, urbanisation and depressive symptoms among middle–aged and older adults: evidence from a national survey in China [J]. Ageing & Society, 2016, 36 (5).

[25] LI Y, LU J H. Study of the Effect of Childhood Adversity on Depression among Chinese Older Adults [J]. Journal of Population Studies, 2020, 42 (4).

[26] LI Y, LU J H. Childhood Adversity and Depression among Older Adults: Results from a Longitudinal Survey in China [J]. Global Clinical and Translational Research, 2019, 1 (1).

[27] POLLOCK J S, TREIBER F A, et al. Adverse Childhood Experiences and Blood Pressure Trajectories From Childhood to Young Adulthood The Georgia Stress and

Heart Study [J]. Circulation: An Official Journal of the American Heart Association, 2015, 131 (19).

[28] NELSON Ⅲ C A. Hazards to Early Development: The Biological Embedding of Early Life Adversity [J]. Biological Psychiatry, 2018, 83 (9).

[29] FOGEL R W, GROTTE N. Major Findings from The Changing Body: Health, Nutrition, and Human Development in the Western World since 1700 [J]. Journal of Economic Asymmetries, 2011, 8 (2).

[30] KASL S V, COBB S. Health Behavior, Illness Behavior, and Sick Role Behavior. I. Health and Illness Behavior [J]. Archives of Environmental Health An International Journal, 1966, 12 (2).

[31] HONG S A, PELTZER K. Dietary behaviour, psychological well-being and mental distress among adolescents in Korea [J]. Child and Adolescent Psychiatry and Mental Health, 2017, 11 (1).

[32] KHALID S, WILLIAMS C M, REYNOLDS S A. Is there an association between diet and depression in children and adolescents? A systematic review [J]. British Journal of Nutrition, 2016, 116 (12).

[33] CHI X L, LIANG K X, CHEN S T, et al. Mental Health problems among Chinese adolescents during the COVID-19: The importance of nutrition and physical activity [J]. International Journal of Clinical and Health Psychology, 2020, 21 (3).

[34] ALY J, ENGMANN O. The Way to a Human's Brain Goes Through Their Stomach: Dietary Factors in Major Depressive Disorder [J]. Frontiers in Neuroscience, 2020, 14.

[35] STANTON R, HAPPELL B. Exercise for mental illness: A systematic review of inpatient studies [J]. International Journal of Mental Health Nursing, 2014, 23 (3).

[36] NAGAMATSU T. Effect of exercise on depression [J]. Japanese Journal of General Hospital Psychiatry, 2013, 25 (3).

[37] BRIDLE C, SPANJERS K, PATEL S, et al. Effect of exercise on depression severity in older people: systematic review and meta-analysis of randomised controlled trials [J]. British Journal of Psychiatry the Journal of Mental Science, 2012, 201 (3).

[38] MATSUURA Y, WATANABE Y, TANIGUCHI H, et al. Acupuncture for the Treatment of Depression and Physical Symptoms in Chronic Bipolar Disorder: A

Case Report ［J］. Clinical Medicine Insights: Case Reports, 2020, 13.

［39］PILKINGTON K, KIRKWOOD G, et al. Acupuncture for anxiety and anxiety disorders—a systematic literature review ［J］. Acupuncture in medicine : journal of the British Medical Acupuncture Society, 2007, 25（1-2）.

［40］VALLES-COLOMER M, FALONY G, DARZI Y, et al. The neuroactive potential of the human gut microbiota in quality of life and depression ［J］. Nature microbiology, 2019, 4（4）.

［41］ELDER JR G H. The life course as developmental theory ［J］. Child development, 1998, 69（1）.

［42］GEORGE L K. Taking time seriously: A call to action in mental health research ［J］. Journal of Health and Social Behavior, 2014, 55（3）.

［43］WARREN J R. Does growing childhood socioeconomic inequality mean future inequality in adult health? ［J］. The Annals of the American Academy of Political and Social Science, 2016, 663（1）.

［44］LEVINE M E, COLE S W, WEIR D R, et al. Childhood and later life stressors and increased inflammatory gene expression at older ages ［J］. Social science & medicine, 2015, 130.

［45］MONTEZ J K, HAYWARD M D. Cumulative Childhood Adversity, Educational Attainment, and Active Life Expectancy Among U.S. Adults ［J］. Demography, 2013, 51（2）.

［46］FERRARO K F, SCHAFER M H, WILKINSON L R. Childhood Disadvantage and Health Problems in Middle and Later Life: Early Imprints on Physical Health? ［J］. American Sociological Review, 2016, 81（1）.

［47］EVANS G W, KIM P. Childhood poverty and health: Cumulative risk exposure and stress dysregulation ［J］. Psychological Science, 2007, 18（11）.

［48］DANNEFER D. Cumulative advantage/disadvantage and the life course: Cross-fertilizing age and social science theory ［J］. The Journals of Gerontology Series B: Psychological Sciences and Social Sciences, 2003, 58（6）.

［49］DIPRETE T A, EIRICH G M. Cumulative advantage as a mechanism for inequality: A review of theoretical and empirical developments ［J］. Annual review of sociology, 2006, 32.

［50］FERRARO K F, SHIPPEE T P. Aging and cumulative inequality: How does inequality get under the skin? ［J］. The Gerontologist, 2009, 49（3）.

［51］SCHAFER M H, WILKINSON L R, FERRARO K F. Childhood（mis）

fortune, educational attainment, and adult health: Contingent benefits of a college degree? [J] . Social forces, 2013, 91 (3) .

[52] LLOYD D A, TAYLOR J. Lifetime cumulative adversity, mental health and the risk of becoming a smoker [J] . Health, 2006, 10 (1) .

[53] LLOYD D A, TURNER R J. Cumulative lifetime adversities and alcohol dependence in adolescence and young adulthood [J] . Drug and alcohol dependence, 2008, 93 (3) .

[54] GREENFIDLD E A, MARKS N F. Violence from parents in childhood and obesity in adulthood: using food in response to stress as a mediator of risk [J] . Social science & medicine, 2009, 68 (5) .

[55] DALEY A. Exercise and depression: a review of reviews [J] . Journal of clinical psychology in medical settings, 2008, 15 (2) .

[56] JAYAKODY K, GUNADASA S, HOSKER C. Exercise for anxiety disorders: systematic review [J] . British journal of sports medicine, 2014, 48 (3) .

[57] CHEON H U. The Structural Relationship between Exercise Frequency, Social Health, and Happiness in Adolescents [J] . Sustainability, 2021, 13 (3) .

[58] COHEN R, BAVISHI C, ROZANSKI A. Purpose in Life and Its Relationship to All-Cause Mortality and Cardiovascular Events [J] . Psychosomatic Medicine, 2016, 78 (2) .

[59] HAINES V Y, MARCHAND A, GENIN E, et al. A balanced view of long work hours [J] . International Journal of Workplace Health Management, 2012, 5 (2) .

[60] CHUNG Y K, KWON Y-J. Long working hours and work-related cerebro-cardiovascular disease in Korea [J] . Industrial Health, 2013, 51 (5) .

[61] TARIS T W, KOMPIER M A, GEURTS S A, et al. Professional efficacy, exhaustion, and work characteristics among police officers: A longitudinal test of the learning - related predictions of the demand—control model [J] . Journal of Occupational and Organizational Psychology, 2010, 83 (2) .

[62] VIRTANEN M, STANSFELD S A, FUHRER R, et al. Overtime work as a predictor of major depressive episode: a 5-year follow-up of the Whitehall II study [J] . PloS One, 2012, 7 (1) .

[63] FEIN E C, SKINNER N. Clarifying the effect of work hours on health through work-life conflict [J] . Asia Pacific Journal of Human Resources, 2015, 53

(4).

[64] SHEN H, CHEN M J, CUI D H. Biological mechanism study of meditation and its application in mental disorders [J]. General Psychiatry, 2020, 33 (4).

[65] HÖLZEL B K, CARMODY J, VANGEL M, et al. Mindfulness practice leads to increases in regional brain gray matter density [J]. Psychiatry Research: Neuroimaging, 2011, 191 (1).

[66] JEITLER M, BRUNNHUBER S, MEIER L, et al. Effectiveness of jyoti meditation for patients with chronic neck pain and psychological distress—A randomized controlled clinical trial [J]. The Journal of Pain, 2015, 16 (1).

[67] PAVLOV S V, REVA N V, LOKTEV K V, et al. Impact of long-term meditation practice on cardiovascular reactivity during perception and reappraisal of affective images [J]. International Journal of Psychophysiology, 2015, 95 (3).

[68] ROCHE L T, HESSE B M. Application of an integrative yoga therapy programme in cases of essential arterial hypertension in public healthcare [J]. Complementary Therapies in Clinical Practice, 2014, 20 (4).

[69] MCEWEN B S, SEEMAN T. Protective and Damaging Effects of Mediators of Stress: Elaborating and Testing the Concepts of Allostasis and Allostatic Load [J]. Annals of the New York Academy of Sciences, 1999, 896 (1).

[70] FAVA G A, MCEWEN B S, GUIDI J, et al. Clinical characterization of allostatic overload [J]. Psychoneuroendocrinology, 2019, 108.

[71] FREDERIC L. Running as an Adjunct to Psychotherapy [J]. Social Work, 1980, 25 (1).

[72] SHARMA M, HAIDER T. Tai Chi as an Alternative or Complementary Therapy for Patients With Depression: A Systematic Review [J]. Journal of Evidence-Based Complementary & Alternative Medicine, 2013, 18 (1).

[73] ZHOU M, LIAO H J, SREEPADA L P, et al. Tai Chi Improves Brain Metabolism and Muscle Energetics in Older Adults [J]. Journal of Neuroimaging, 2018, 28 (4).

论文

[1] DUBITSKY S S. The effects of laboratory-induced mood on secretory immunoglobulin A in saliva [D]. Miami: Florida International University, 1994.